天
丛
地
书
人

杨国荣 导读

〔明〕王守仁 撰

〔宋〕陆九渊 撰

象山语录

阳明传习录

上海古籍出版社

图书在版编目（CIP）数据

象山语录/〔宋〕陆九渊撰；阳明传习录/（明）王守仁撰；杨国荣导读. —上海：上海古籍出版社，2000.12（2014.12 重印）
（天地人丛书）
ISBN 978-7-5325-2801-1

Ⅰ.①象…　②阳…Ⅱ.　①陆…②王…③杨…Ⅲ.①象山语录－注释　②陆九渊（1139～1193）－哲学－研究③阳明传习录－注释④王守仁（1472～1528）－哲学－研究　Ⅳ.①B244.8②B248.2

中国版本图书馆 CIP 数据核字（2000）第 47077 号

天地人丛书

象 山 语 录

〔宋〕陆九渊撰　杨国荣导读

阳明传习录

〔明〕王守仁撰　杨国荣导读

上海世纪出版股份有限公司
上海古籍出版社
出版、发行

（上海瑞金二路 272 号　邮政编码 200020）

（1）网址：www.guji.com.cn
（2）E-mail：guji1@guji.com.cn
（3）易文网网址：www.ewen.co

新华书店上海发行所发行经销　上海交大印务有限公司印刷
开本 850×1168　1/32　印张 10　插页 3　字数 19,000
2000 年 12 月第 1 版　2014 年 12 月第 6 次印刷
印数：10,401–11,500
ISBN　978-7-5325-2801-1
B·316　定价：24.00 元

出　版　说　明

儒家自孔子开派以来,留意的是修(身)齐(家)治(国)平(天下)之道,礼乐刑政之术,其间虽有仁义中和之谈,但大抵不越乎日常道德之际。汉唐诸儒治经,大多着重名物训诂、典章制度,罕及本体。及至宋儒,始进而讨究原理,求垂教之本原于心性,求心性之本原于宇宙。故原始儒学的特色是实践的、情意的、社会的、人伦的,而源于宋,延及明清的儒学(即理学)的特色则是玄想的、理智的、个人的、本体的。

北宋周敦颐作太极图,阐发心性义理之精微,奠定了理学的基础。此后理学昌盛,大致可分三大系统:二程(程颢、程颐)、朱熹一系强调"理",陆九渊(象山)、王守仁(阳明)一系注重"心",张载、王夫之(船山)一系着眼"气"。清初的颜元(习斋)初尊陆王,转宗程朱,最终回归原始儒学,以"实文,实行,实本,实用"为治学宗旨。

《天地人丛书》选取宋明及清初诸位大儒简明而有代表性的哲学著作凡8部,为《周子通书》(以清道光二十六

年何绍基刻《宋元学案》本为底本）、《张子正蒙》（以清同
治四年金陵刻《船山遗书》本为底本）、《二程遗书》（以清
同治十年涂宗瀛刻《二程全书》本为底本）、《朱子近思录》
（以明嘉靖吴邦模刻本为底本）、《象山语录》（以上海涵芬
楼影印明嘉靖刻《象山先生全集》本为底本）、《阳明传习
录》（以明隆庆六年谢廷杰刻《王文成公全书》本为底本）、
《船山思问录》（以民国二十二年上海太平洋书店排印《船
山遗书》本为底本）、《习斋四存编》（以民国十二年四存学
会排印《颜李丛书》本为底本）。每部书前冠以专家导读，
勾勒其理论框架，剔抉其精义奥妙，探索其学术源流、文
化背景，以期在帮助读者确切理解原著的同时，凸现一代
宗师的学术个性；同时，整套丛书亦勾画出儒学前后发展
的主线：是问津宋以后儒学演进、下探当代新儒学源流必
读的入门书。

上海古籍出版社
2000 年 4 月 18 日

目　　录

象山语录导读

杨 国 荣

陆九渊(1139—1193),字子静,自号存斋,曾讲学于贵溪应天山,并将应天山易名为象山(《年谱》),由此又被称为象山先生。陆九渊一生不重著述,留下的大多是往来书信、单篇杂著及语录等。陆九渊死后,陆九渊的儿子将其论著编成《象山先生全集》,初为 32 卷,后陆续增加《语录》、《年谱》等,成为 36 卷。在明正德以前,《语录》系另行,尚未编入全集,但从内容看,它却较集中地、多方面地反映了陆九渊思想的特征。

作为理学的一个重要分支,陆九渊思想的形成与发展,始终没有离开理学本身的衍化过程,事实上他的哲学在某种意义上即表现为对程、朱一系,特别是朱熹理学的回应;因此,欲把握其心学,便不能不对其批评对象——朱熹哲学作一考察。

一、陆九渊心学形成的理论背景

心、性关系是理学所辨析的重要问题,正是对心性的关注,使理学常常被称为"心性之学"。在陆九渊以前,二程(程颢、程颐)和朱熹曾对心、性关系作了较为系统的考察。

在程、朱那里,心泛指一般的精神活动及精神现象,并与人的感性存在相联系。二程说:"在人为性,主于身为心。"(《二程遗书》卷十八)与身相对的心侧重于人类的本质,身则首先与个体的感性生命相联系。主于身既意味着心的灵明知觉对形体的制约,又蕴含着感性存在对心的渗入。

心作为灵明知觉与感性存在的统一,更多地表现为一种本然(本来如此的形态)。从本然到当然(应当达到的形态),便涉及心与理、心与性的关系。朱熹认为,心与理并不彼此分离:"心与理一。"(《朱子语类》卷五)理与心的统一并不是指心与理彼此等同或融合为一,它具体展开为心具理:"心包万理,万理具于一心。"(同上,卷九)所谓心具理,也就是理内在于心而主宰心。具于心之理,也就是性:"理在人心,是之为性。"(同上,卷九十八)在程、朱那里,性和理的关系与心和理的关系颇有不同,性作为在心之理,与理具有同一性,在此意义上,程、朱一再强调性即理:"性即理也,在心唤作性,在事唤作理。"(同上)心与理则更多地表现为一种包含关系,所谓心具众理、心包万理,都点出了此义。这种关系所侧重的主要是相互联系的两个方面:即心以理为内容,理为心之主宰。这样,按程、朱的看法,讨论性,诚然可说性即理(此"即"有合一义);但谈到心,则不可在相同意义上说心即理。

在对心与性的内涵分别加以解说的同时,程、朱又对二者的关系作了规定。朱熹曾以太极和阴阳比喻性和心：“性犹太极也，心犹阴阳也。”(《朱子语类》卷五)太极在程、朱那里常常被视为理的最高形态，阴阳则是气；正如在天道观上，理决定气一样，在心性关系上，性决定心。心与性的如上关系，往往被更简要地概括为“心以性为体”(同上)。可以看出，在心性之域，程、朱的注重之点更多地在于确立人性的至上地位。

从性为本体的前提出发，朱熹批评“以心来说性”(同上，卷四)。以心说性意味着将性还原为心，或者说，以心来规定性。与之相对，程、朱更倾向于化心为性。这一点，在以上分析中已不难窥见，而在人心与道心说中则可进一步看出。人心主要与人的感性存在(形体)相联系，道心则出于普遍的义理，并因此纯而又纯。就其以理为内容而言，道心与性相通，事实上，朱熹亦肯定了这一点：“性则是道心。”(同上，卷六十一)在程、朱看来，人心与道心的合理关系应当是人心听命于道心，而以道心为主则意味着化人心为道心：“以道心为主，则人心亦化而为道心矣。”(《答黄子耕》，《朱文公文集》卷五十一)就其内在逻辑而言，化人心为道心与化心为性乃是相互关联的两个方面，二者指向同一目标：即以理性本体净化感性之域。

如上倾向在程、朱的性情论中得到了进一步展示。情属于广义的心，作为心的一个方面，它处于感性经验的层面。心性关系的具体展开，便逻辑地涉及性与情的关系。在《颜子所好何学论》中，程颐提出了性情关系上的两种原则，即“性其情”与“情其性”。性其情之说最初出于王弼(参见王弼《周易·乾卦》注),其基本涵义是以性统情和化情为性;情其性则意味着以情抑制性。程颐吸取并发挥了王弼性其情之说,以此拒斥了情其性,情性关系上的这一原则,后来亦得到朱熹的一再肯定。与化人心为道心一样,性其情表现了理性本质的泛化趋向:所谓"性其情",实质上意味着情感的理性化。在这一过程中,与感性存在相联系的人之情开始失去了其相对独立的品格:它唯有在同化于普遍的理性本体之后,才能存在于主体意识。不难看出,性为心之体在此表现为理性本质对情感经验的消融。

程、朱以性即理、性为心之体、化心为性、性其情等展开了其心性说,其中的内在主题是建构性的本体地位。当程、朱以理为心之内容并相应地以性为心之体时,心已开始被化约为性,而通过化人心为道心、性其情等过程,心向性的泛化则获得了更具体的内涵。在程、朱那里,性的具体内容表现为当然之则:"性者,人之所受乎天者,其体则不过仁、义、礼、智之理而已。"(朱熹《孟子或问》,《四书或问》卷十四)这里的仁、义、礼、智即当然之则,它在本质上属理性规范,作为当然之则的内化,性所凸现的乃是普遍的理性本质。这样,性—理的一再提升与强化,其逻辑的指归便是确立超验的理性本体。从理论上看,理性是人不同于其他存在(例如动物)的本质之一,程、朱强调性即理,着重从理性的层面将人与其他存在(如禽兽)区分开来。然而,过分地突出理性的本体,也往往容易将人本身理解为抽象的存在。当朱熹要求以道心净化人心时,便多少忽视了现实的人所具有的丰富规定,而将其片面地视为理性的化身。从这种前提出发,人的多方面的发展便很难落实:理性的优先,趋向于抑制对感性存在以及情感、意志、直觉之维的关注,程、朱正是由此多少引向了本质主义。

心性关系上的以上思路,也体现于对外部世界的看法上。理学奠基人周敦颐曾作太极图,以此作为宇宙万物演化的基本模式。在《太极图说》中,周敦颐对这一宇宙图式作了如下概述:无极或无形之太极是万物存在的最高根据,这种终极的根据同时构成了宇宙之源。由无极和太极衍生出阴阳之气,阴阳之气又分化为金、木、水、火、土五行,由此进一步形成了春、夏、秋、冬四时的变化,天地万物的化生。可以看到,在周敦颐那里,存在的考察与宇宙论难分难解地纠缠在一起。

周敦颐的如上看法,在朱熹那里也得到了折射。与周敦颐相近,朱熹亦将无极(太极)理解为终极的存在(本体),并以此本体为阴阳之气的本源。按朱熹的看法,由经验现象(具体万物)向上追溯,则万物源于五行,五行产生于阴阳二气,阴阳二气又本于太极,故太极为万物的最终本源;自终极的存在往下推,则太极又散现于经验对象。“本”“末”按其原意应属本体论范畴,但在朱熹那里,它们又与宇宙的生成过程联系在一起:万物被视为“末”,太极则被视为“本”;本体与现象、存在与根据这一类本体论的问题,与宇宙的起源、演化、构成等宇宙论的问题彼此交错,使朱熹对存在的考察与周敦颐一样,带有明显的思辨构造意味。

当然,较之周敦颐,朱熹的存在理论上又有其自身的特点。与周敦颐基本上停留于宇宙的生成图式有所不同,朱熹并不满足于仅仅提供一幅宇宙论的世界图景,而是试图从质料与形式的关系上对存在作出进一步的说明。在朱熹看来,世界是一个有序的结构,其中理、气各有自身的定位:"天地之间,有理有气。理也者,形而上之道也,生物之本也;气也者,形而上之器也,生物之具也。是以人物之生,必禀此理,然后有性;必禀此气,然后有形。"(《答黄道夫》,《朱文公文集》卷五十八)在万物的形成过程中,理的作用类似形式因,气则近于质料因;理作为事物的根据(形而上之道)构成了某物之为某物的本质,气则赋予某物以具体的外部形态。理、气(道、器)各有其功能,不可彼此越界。

理、气作为生物之本与生物之具,虽有不同功能,但在具体的对象(物)上,又彼此相依而不可相离。有气而无理,则物便缺乏内在根据;有理而无气,则物便难以获得现实性。广而言之,也可以说,理与气本身不可分:"天下未有无理之气,亦未有无气之理。"(《朱子语类》卷一)理与气的这种相互联系,首先表现为一种逻辑关系:从逻辑上说,既然理与气是具体事物二个不可或缺的条件,则说到理,气便在其中;同样,谈到气,理亦包含于内。

由此可以看到,朱熹对存在的考察大致表现为二重向度,即宇宙论的构造与逻辑的推绎;前者(宇宙论的构造)侧重于从世界的生成、演化过程说明存在,后者则更多地是从理气的逻辑关系上规定存在。这二重向度尽管着重点不同，但又蕴含着一种共同的趋向，即在人的认识活动（知）与实践活动（行）之外考察存在。这种就天道而论天道的进路，使朱熹很难摆脱思辨的走向。从理论上看，处于人的认识与实践领域之外的存在，可以归入本然界；对这种存在，我们除了说它是自在的或本然的外，无法作出更多的说明，而所谓自在或本然，也是相对于人的知与行而言。如果把注重之点仅仅指向这种处于知和行过程之外的本然界，并试图由此出发对存在作出说明，则总是无法避免思辨的构造。在朱熹的"宇宙论地说"与"逻辑地说"中，我们不难看到这一点。

考察存在的超验进路，也使朱熹的体系蕴含了难以克服的理论困难。如前所述，朱熹上承周敦颐而以太极为终极的本体（"万化之根"），作为万化之根，太极先于万物并超然于万物之上，这种看法很难避免世界的二重化。朱熹一再将作为万化根本的太极与具体对象区分开来：即太极超越于特殊时空，即并非存在于具体的时间和空间之中。正是太极这种超然于具体事物的性质，使之成为生物之本；一旦将其与具体事物混而为一，则太极便不成其为万化之根的本体。在这里，作为万化之根的太极与有形的特殊对象便处于两个序列，前者（太极）属形而上的本体界，后者（物）则属形而下的现象界；前者"是一个净洁空阔的世界，无形迹"（《朱子语类》卷一），后者则有形有迹而处于特殊的时空之中。从太极到二气、五行、万物的思辨行程，只是提供了一种宇宙生成的模式，而并没有真正解决形上之域与形下之域的对峙,如何统一这二重世界,是朱熹始终无法解决的理论难题。

宇宙论的构造是如此,理气关系的逻辑考察同样一开始便潜下了自身的问题。根据理与气之间的逻辑关系,有理便有气,气在则理亦含于其中,理气无先后可言。然而,在朱熹那里,由超验的前提出发,"宇宙论地说"与"逻辑地说"往往相互交错,而理气在逻辑上的共存与理气的生成关系,亦常常纠缠在一起。理生气,是一种生成关系;有气则理即在内,则是一种逻辑关系。二者所指本不相同,但朱熹却将其合而为一。与之相应的便是"理气无先后"与"理气有先后"这两种矛盾命题间的无穷徘徊:"此本无先后之可言,然必欲推其所从来,则须说先有是理。"(《朱子语类卷一》)逻辑上的无先后与生成关系上的有先后构成了一个思辨的怪圈,而循沿超验的进路则始终难以走出这一怪圈。

与心性之辩上提升性体以及本体论强调太极对万物的主宰相应,在道德实践中,程、朱一系的理学更为注重天理对行为的制约。天理既有其本体论意义,又是伦理学领域的普遍规范,在程、朱看来,后一意义上的理即构成了道德行为所以可能的条件:道德实践即在于认识普遍之理,然后按照理而行。作为普遍的规范,理具有超验的性质。在解释"仁"这一规范时,朱熹具体地指出了这一点:"仁者,天之所以命我而不可不为之理也。"(《论语或问》卷一)"命"是天理对主体的外在命令。在此,作为行为者的我与作为普遍规范的天理,构成了相互对待的二极,而我的行为则表现为对普遍规范的自觉服从。

作为天之所命,规范已不仅仅是一种当然,而且同时具有了必然的性质:所谓"不可不为",便已含有必须如此之意。事实上,朱熹确实试图融合当然与必然,从如下所论,便不难看到此种意向:"君臣、父子、夫妇、长幼、朋友之常,是皆必有当然之则,而自不容已,所谓理也。"(《大学或问》卷二)自不容已,表现为一种必然的趋势,将当然之则理解为自不容已之理,意味着以当然为必然。作为自不容已的外在命令,天理同时被赋予某种强制的性质:遵循天理并不是出于自我的自愿选择,而是不得不为之,所谓"孝悌者,天之所以命我而不能不然之事也"(同上,卷一),即表明了此点。这种出于天之所命的行为,显然带有受制于外在命令的特点。

当然,在天之所命与自我的外在对峙之外,朱熹亦曾从另一角度讨论当然之则与自我的关系,在道心与人心说中,便可看到这一点。从形式上看,道心作为主体之中的理性规定,已取得了某种内在的形态,它对人心及行为的制约,也相应地似乎具有了主体"自我决定"的意义。不过,如果作进一步的考察,便不难看到,朱熹所谓道心,并不是本真的自我,作为天理的内化,它更多地带有超越个体的性质:道心与人心之分,同时也表现了超验之理与个体存在的对峙。朱熹要求人心绝对地听命于道心,意味着以内在化的普遍之理主宰人的行为选择;尽管规范的作用方式有内在与外在之别,但在肯定行为应无条件地服从普遍规范这一点上,二者又似乎并无二致。

程、朱要求行为出于普遍的理性规范,无疑注意到了道德行为应当是自觉的。这种看法避免了将道德实践混同于自发的冲动或感性的活动,并从一个方面突出了道德的崇高性及其尊严。然而,规范作为普遍的律令,又带有超验的性质,仅仅强调以普遍规范"命"我,不仅无法避免道德实践的他律性(被动地遵循外在命令),而且往往容易使行为趋于勉强而难以达到自然向善。事实上,在天之所命或道心之命的形式下,道德规范常常便成为一种强制性的律令,而出于规范则不免给人以服从异己律令之感。外在天理与主体的这种对峙,构成了程、朱理学内含的又一理论问题。

二、心学的趋向与问题

与朱熹将二程一系的理论在理论上加以完备化几乎同时,陆九渊也形成了其心学体系。陆九渊虽然并未置身于理学思潮之外,但在不少问题上却与朱熹存在重要分歧。他们一再往返辩驳,就理气关系等展开论战。

陆九渊曾致书朱熹,对朱熹在理气关系上的观点提出批评,认为朱熹将阴阳之气仅仅视为形器,而把它排斥在道之外,表明不懂得道、器之分。这可以看作是对朱熹将理(道)归结为超验实体的责难。按陆九渊的看法,道与器是不可分割的,道并不存在于具体事物之外:"道外无事,事外无道。"(《语录上》,《陆九渊集》第395页,中华书局,1980年)这种看法多少否定了朱熹将世界二重化的思维趋向。

在方法论上,陆九渊认为朱熹在治学过程中未能把握道:"晦翁之学自谓一贯,但其见道不明,终不足以一贯耳。"具体而言,其问题主要表现在过于枝蔓。他曾致信朱熹,直截了当地对此提出批评:"揣量模写之工,依放假借之似,其条画足以自信,其节目足以自安。"(《语录上》,《陆九渊集》第420页)以节目自安,也就是停留于具体枝节而不能从总体上见道。在赴鹅湖之会的途中所作的一首诗中,陆九渊更以"支离事业竟沉浮"相讥。这些议论显然是对朱熹执着于"铢分毫析"的治学方法而发。黄宗羲曾指出:"先生(指陆九渊)之学,以尊德性为宗,谓先立乎其大,而后大之所以与我者,不为小者所夺,夫苟本体不明,而徒致工夫于外索,是无源之水也。同时紫阳(指朱熹)之学,则以道问学为主,谓格物穷理,乃吾人入圣之阶梯,夫苟信心自是,而惟从事于覃思,是师心自用也。两家之意见既不同。"(《宋元学案·象山学案》)尊德性与道问学的分野当然有多方面的涵义,从方法论上看,它首先便表现为明见心体与铢分毫析的对峙。

在伦理学与价值观上,陆九渊对天理与人欲的对立也颇为不满:"天理人欲之言,亦自不是至论,若天是理,人是欲,则是天人不同矣。"(《语录上》,《陆九渊集》第395页)这里当然不是肯定人欲的正当性,而是反对把天理与作为主体的人彼此对立起来;在否定"天是理,人是欲"这种论点的背后,是对朱熹将外在天理与个体存在对立起来的批评。

　　然而,陆九渊固然注意到了朱熹哲学的某些内在痼疾,但其体系又包含着自身的问题。在心性关系上,与程朱"性即理"的命题相对,陆九渊提出了"心即理"的命题。在论述这一论点时,一方面,陆九渊一再将心解释为个体之心,要求"尽我之心",并强调此心完全听命于我:"人之于耳,要听即听,不要听即否,于目亦然,何独于心而不由我乎?"(《语录下》,《陆九渊集》第 439 页)在这里心似乎被归入了与耳、目等感官相同的序列,并主要决定于个体的意志。这种完全由个体决定的心(由我之心)实际上已被抽去了理性等普遍规定,而表现为一种个体意识。

　　另一方面,陆九渊又反复强调心的普遍性品格:"心只是一个心。某之心,吾友之心,上而千百载圣贤之心,下而千百载复有一圣贤,其心亦只如此。"(同上,第 444 页)"东海有圣人出焉,此心同也,此理同也;西海有圣人出焉,此心同也,此理同也;南海、北海有圣人出焉,此心同也,此理同也。"(《陆九渊集》第 388 页)千百年前与千百年后,主要是就时间关系而言,东海、西海等等,则涉及空间关系;就是说,无论何时,无论何地,只要有人存在,则其心便无实质的区别。在此,心又呈现为一种超越时空的存在,并与普遍之理重合,而其个体性的品格则相应地被架空。

　　陆九渊的以上看法在理论上显然颇难相容:当他将心与耳目等感官并提,并称其为"我之心"时,心似乎与特定的感性的存在彼此一致;而当心被界定为时间上永恒(无上下古今之分)、空间上无界(无东南西北之别)的存在时,它又获得了超验的品格。对心体的以上二重规定,使陆九渊的心学很难摆脱内在的紧张。

在方法论上,陆九渊提倡所谓"简易"工夫。作为一种方法论原则,简易工夫主要包含两方面的内容:其一,与辨析相对的"石称丈量"。陆九渊曾对两种方法作了比较:"急于辨析,是学者大病。虽若详明,不知累我多矣。石称丈量,径而寡失;铢铢而称,至石必谬;寸寸而度,至丈必差。"(《陆九渊集》第140页)所谓辨析,即是朱熹所主张的铢分毫析,石称丈量,则是直接从整体上把握。陆九渊以后者否定前者,多少把认识活动理解为一种离开具体分析而顿悟整体的过程,它在逻辑上很难避免空疏之弊。其二,直指本心:"不专论事论末,专就心上说。"(《语录下》,《陆九渊集》第469页)它既意味着以本心为认识的终极目标,又往往导向以吾心为绝对真理。正是以上述观点为前提,陆九渊强调:"学苟知本,六经皆我注脚。"(《语录上》,《陆九渊集》第395页)这种方法论原则无疑具有限制经学独断论之意,但它同时亦容易导向师心自用。

由强调直指本心,陆九渊进而提出了"自作主宰"论。所谓自作主宰,首先意味着摆脱外部对象的制约:"夫权皆在我,若在物,即为物役矣。"(《语录下》,《陆九渊集》第464页)这种看法要求将作为主体性存在的人与作为对象的物区分开来,反对将人视为从属于物的对象;它上承了儒家的仁道原则,拒斥了人的物化趋向。同时,"权在我",亦蕴含着注重个体自我选择之意,相对于朱熹过分地强调自觉原则而忽略行为的自愿向度,陆九渊将自我视为选择的主体,无疑更多地注意到了道德行为的自愿品格,它对后来王阳明的心学也产生了重要影响。

　　从总的方面看,在陆九渊的后学中,心学中的个体性的方面往往受到了更多的关注。陆九渊的弟子杨简便由强调个体性而进一步将自我视为第一原理:"天地,我之天地;变化,我之变化。""在天成象,在地成形,皆我之所为也。"(《慈湖遗书》卷七)在这里,"我"多少被理解为世界的第一原理,它从历史影响这一层面表明,陆九渊的心学虽然包含二重向度,但对"吾心"、"自我"的强化,似乎构成了更主导的方面。

象 山 语 录

〔宋〕陆九渊

语　录　上

"道外无事,事外无道。"先生常言之。

道在宇宙间,何尝有病,但人自有病。千古圣贤,只去人病,如何增损得道?

道理只是眼前道理,虽见到圣人田地,亦只是眼前道理。

唐虞之际,道在皋陶;商周之际,道在箕子。天之生人,必有能尸明道之责者,皋陶、箕子是也。箕子所以佯狂不死者,正为欲传其道。既为武王陈《洪范》,则居于夷狄,不食周粟。

《论语》中多有无头柄的说话,如"知及之,仁不能守之"之类,不知所及、所守者何事;如"学而时习之",不知时习者何事。非学有本领,未易读也。苟学有本领,则知之所及者,及此也;仁之所守者,守此也;时习之,习此也。说者说此,乐者乐此,如高屋之上建瓴水矣。学苟知本,《六经》皆我注脚。

天理人欲之言,亦自不是至论。若天是理,人是欲,则是天人不同矣。此其原盖出于老氏。《乐记》曰："人生而静，天之性也；感于物而动，性之欲也。物至知知，而后好恶形焉。不能反躬，天理灭矣。"天理人欲之言盖出于此。《乐记》之言亦根于老氏。且如专言静是天性，则动独不是天性耶？《书》云："人心惟危，道心惟微。"解者多指人心为人欲，道心为天理，此说非是。心一也，人安有二心？自人而言，则曰惟危；自道而言，则曰惟微。罔念作狂，克念作圣，非危乎？无声无臭，无形无体，非微乎？因言庄子云："眇乎小哉！以属诸人；謷乎大哉！独游于天。"又曰："天道之与人道也相远矣。"是分明裂天人而为二也。

动容周旋中礼，此盛德之至，所以常有先后。

言语必信，非以正行。才有正其行之心，已自不是了。

古人皆是明实理，做实事。

近来论学者言："扩而充之，须于四端上逐一充。"焉有此理？孟子当来，只是发出人有是四端，以明人性之善，不可自暴自弃。苟此心之存，则此理自明，当恻隐处自恻隐，当羞恶，当辞逊，是非在前，自能辨之。又云：当宽裕温柔，自宽裕温柔；当发强刚毅，自发强刚毅。所谓"溥博渊泉，而时出之"。

夫子问子贡曰："汝与回也孰愈？"子贡曰："赐也何敢望回。回也闻一以知十，赐也闻一以知二。"此又是白著了夫子气力，故夫子复语之曰："弗如也。"时有姓吴者在坐，遽曰："为是尚嫌少在。"先生因语坐间有志者曰："此说与天下士人语，未必能通晓，而吴君通敏如此。虽诸君有志，然于此不能及也。"吴逊谢，谓偶然。

子贡在夫子之门，其才最高，夫子所以属望，磨砻之者甚至。如"予一以贯之"，独以语子贡与曾子二人。夫子既没三年，门人归，子贡反筑室于场，独居三年然后归。盖夫子所以磨砻子贡者极其力，故子贡独留三年，报夫子深恩也。当时若磨砻得子贡就，则其材岂曾子之比。颜子既亡，而曾子以鲁得之。盖子贡反为聪明所累，卒不能知德也。

子贡言"性与天道不可得而闻"，此是子贡后来有所见处。然谓之"不可得而闻"，非实见也，如曰"予欲无言"，即是言了。

天下之理无穷，若以吾平生所经历者言之，真所谓伐南山之竹，不足以受我辞。然其会归，总在于此。颜子为人最有精神，然用力甚难。仲弓精神不及颜子，然用力却易。颜子当初仰高钻坚，瞻前忽后，博文约礼，遍求力索，既竭其才，方如有所立卓尔。逮至问仁之时，夫子语之，犹下克己二字，曰"克己复礼为仁"。又发露其旨，曰："一日克己复礼，天下归仁焉。"既又复告之曰："为仁由己，而由人乎哉？"吾尝谓此三节，乃三鞭也。至于仲弓之为人，则或人尝谓"雍也仁而不佞"。仁者静；不佞，无口才也。想其为人，冲静寡思，日用之间，自然合道。至其问仁，夫子但答以："出门如见大宾，使民如承大祭，己所不欲，勿施于人。"只此便是也。然颜子精神高，既磨砻得就，实则非仲弓所能及也。

颜子问仁之后,夫子许多事业,皆分付颜子了,故曰:"用之则行,舍之则藏,惟我与尔有是。"颜子没,夫子哭之曰:"天丧予。"盖夫子事业自是无传矣。曾子虽能传其脉,然参也鲁,岂能望颜子之素蓄。幸曾子传之子思,子思传之孟子,夫子之道,至孟子而一光。然夫子所分付颜子事业,亦竟不复传也。

学有本末,颜子闻夫子三转语,其纲既明,然后请问其目。夫子对以非礼勿视、勿听、勿言、勿动。颜子于此洞然无疑,故曰:"回虽不敏,请事斯语矣。"本末之序盖如此。今世论学者,本末先后,一时颠倒错乱,曾不知详细处未可遽责于人。如非礼勿视、听、言、动,颜子已知道,夫子乃语之以此。今先以此责人,正是躐等。视、听、言、动勿非礼,不可于这上面看颜子,须看"请事斯语",直是承当得过。

天之一字,是皋陶说起。

夫子以仁发明斯道,其言浑无罅缝。孟子十字打开,更无隐遁,盖时不同也。

自古圣贤发明此理,不必尽同。如箕子所言,有皋陶之所未言;夫子所言,有文王、周公之所未言;孟子所言,有吾夫子之所未言,理之无穷如此。然譬之弈然,先是这般等第国手下棋,后来又是这般国手下棋,虽所下子不同,然均是这般手段始得。故曰:"其或继周者,虽百世可知也。"古人视道,只如家常茶饭,故漆雕开曰:"吾斯之未能信。"斯,此也。

此道与溺于利欲之人言犹易,与溺于意见之人言却难。

涓涓之流,积成江河。泉源方动,虽只有涓涓之微,去江河尚远,却有成江河之理。若能混混,不舍昼夜,如今虽未盈科,将来自盈科;如今虽未放乎四海,将来自放乎四海;如今虽未会其有极,归其有极,将来自会其有极,归其有极。然学者不能自信,见夫标末之盛者便自荒忙,舍其涓涓而趋之,却自坏了。曾不知我之涓涓虽微却是真,彼之标末虽多却是伪,恰似担水来相似,其涸可立而待也。故吾尝举俗谚教学者云:"一钱做单客,两钱做双客。"

傅子渊自此归其家,陈正己问之曰:"陆先生教人何先?"对曰:"辨志。"正己复问曰:"何辨?"对曰:"义利之辨。"若子渊之对,可谓切要。

此道非争竞务进者能知,惟静退者可入。又云:学者不可用心太紧,今之学者,大抵多是好事,未必有切己之志。夫子曰:"古之学者为己,今之学者为人。"须自省察。

夫民合而听之则神,离而听之则愚,故天下万世自有公论。

先生与晦翁辩论,或谏其不必辩者。先生曰:"女曾知否? 建安亦无朱晦翁,青田亦无陆子静。"

不曾过得私意一关,终难入德。未能入德,则典则法度何以知之?

居象山多告学者云:"女耳自聪,目自明,事父自能孝,事兄自能弟,本无欠阙,不必他求,在自立而已。"

生于末世,故与学者言费许多气力,盖为他有许多病痛。若在上世，只是与他说："入则孝，出则弟。"初无许多事。

千虚不博一实，吾平生学问无他，只是一实。

或问："先生何不著书？"对曰："六经注我，我注六经。韩退之是倒做，盖欲因学文而学道。欧公极似韩，其聪明皆过人，然不合初头俗了。"或问："如何俗了？"曰："符读书城南三上宰相书是已。至二程方不俗，然聪明却有所不及。"

正人之本难，正其末则易。今有人在此，与之言汝适某言未是，某处坐立举动未是，其人必乐从。若去动他根本所在，他便不肯。

释氏立教，本欲脱离生死，惟主于成其私耳，此其病根也。且如世界如此，忽然生一个谓之禅，已自是无风起浪，平地起土堆了。

"无它，利与善之间也。"此是孟子见得透，故如此说。或问："先生之学，当来自何处入？"曰："不过切己自反，改过迁善。"

有善必有恶，真如反覆手。然善却自本然，恶却是反了方有。

人品在宇宙间迥然不同。诸处方哓哓然谈学问时，吾在此多与后生说人品。

此道之明，如太阳当空，群阴毕伏。

典宪二字甚大，惟知道者能明之。后世乃指其所撰苟法，名之曰典宪，此正所谓无忌惮。

朱元晦曾作书与学者云："陆子静专以尊德性诲人，

故游其门者多践履之士,然于道问学处欠了。某教人岂不是道问学处多了些子?故游某之门者践履多不及之。"观此,则是元晦欲去两短,合两长。然吾以为不可,既不知尊德性,焉有所谓道问学?

吾之学问与诸处异者,只是在我全无杜撰,虽千言万语,只是觉得他底在我不曾添一些。近有议吾者云:"除了'先立乎其大者'一句,全无伎俩。"吾闻之曰:"诚然。"

复斋家兄一日见问云:"吾弟今在何处做工夫?"某答云:"在人情、事势、物理上做些工夫。"复斋应而已。若知物价之低昂,与夫辨物之美恶真伪,则吾不可不谓之能。然吾之所谓做工夫,非此之谓也。

后世言学者须要立个门户。此理所在安有门户可立?学者又要各护门户,此尤鄙陋。

人共生乎天地之间,无非同气。扶其善而沮其恶,义所当然。安得有彼我之意?又安得有自为之意?

二程见周茂叔后,吟风弄月而归,有"吾与点也"之意。后来明道此意却存,伊川已失此意。

吾与常人言,无不感动,与谈学问者,或至为仇。举世人大抵就私意建立做事,专以做得多者为先,吾却欲殄其私而会于理,此所以为仇。

吾与人言,多就血脉上感移他,故人之听之者易,非若法令者之为也。如孟子与齐君言,只就与民同处转移他,其余自正。

今之论学者只务添人底,自家只是减他底,此所以不同。

宇宙不曾限隔人，人自限隔宇宙。

"《乾》以易知，《坤》以简能。"先生常言之云："吾知此理即《乾》，行此理即《坤》。知之在先，故曰《乾》知太始。行之在后，故曰《坤》作成物。"

夫子平生所言，岂止如《论语》所载，特当时弟子所载止此尔。今观有子、曾子独称子，或多是有若、曾子门人。然吾读《论语》，至夫子、曾子之言便无疑，至有子之言便不喜。

先生问学者云："夫子自言'我学不厌'，及子贡言'多学而识之'，又却以为非，何也？"因自代对云："夫子只言'我学不厌'，若子贡言'多学而识之'，便是蔽说。"

学者须先立志，志既立，却要遇明师。

"攻乎异端，斯害也已。"今世类指佛、老为异端。孔子时佛教未入中国，虽有老子，其说未著，却指那个为异端？盖异与同对，虽同师尧、舜，而所学之端绪与尧、舜不同，即是异端，何止佛、老哉？有人问吾异端者，吾对曰："子先理会得同底一端，则凡异此者，皆异端。"

"子不语怪力乱神。"夫子只是不语，非谓无也。若力与乱，分明是有，神怪岂独无之？人以双瞳之微，所瞩甚远，亦怪矣。苟不明道，则一身之间无非怪，但玩而不察耳。

"可与适道，未可与立，可与立，未可与权。'棠棣之华，偏其反而，岂不尔思，室是远而。'子曰：'未之思也，夫何远之有？'"上面是说阶级不同，夫子因举诗中"室是远而"之语，因以扫上面阶级，盖虽有阶级，未有远而不可进者也。因言李清臣云："夫子删诗，固有删去一二语者，如《棠棣》之诗，今逸此两句，乃夫子删去也。"清臣又言："《硕人》之诗，无'素以为绚兮'一语，亦是夫子删去。"其说皆是。当时子夏之言，谓绘事以素为后，乃是以礼为后乎？言不可也。夫子盖因子夏之言而删之。子夏当时亦有见乎本末无间之理，然后来却有所泥，故其学传之后世尤有害。"绘事后素"，若《周礼》言"绘画之事后素功"，谓既画之后，以素间别之，盖以记其目之黑白分也，谓先以素为地非。

柴愚参鲁，夫子所爱。故子路使子羔为费宰，子曰："贼夫人之子。"以此见夫子欲子羔来磨砻就其远者大者。后来子羔早卒，故属意于曾子。

"叩其两端而竭焉。"言极其初终始末，竭尽无留藏也。

"江汉以濯之，秋阳以暴之，皓皓乎不可尚已。"此数语自曾子胸中流出。

《咸有一德》之《书》，言"惟尹躬暨汤，咸有一德"。以此见当时只有尹、汤二人，可当一德。

皋陶论知人之道曰："亦行有九德，亦言其人有德，乃言曰'载采采'。"乃是谓必先言其人之有是德，然后乃言曰："某人有某事，有某事。"盖德则根乎其中，达乎其气，不可伪为。若事，则有才智之小人可伪为之。故行有九德，必言其人有德，乃言曰"载采采"，然后人不可得而廋也。

后世言伏羲画八卦，文王始重之为六十四卦。其说不然。且如《周礼》虽未可尽信，如《筮人》言三《易》，其经卦皆八，其别皆六十有四。"龟筮协从"亦见于《虞书》，必非伪说。如此，则卦之重久矣。盖伏羲既画八卦，即从而重之，然后能通神明之德，类万物之情，而扶持天下之理。文王盖因其《繇辞》而加详，以尽其变尔。

《系辞》首篇二句可疑，盖近于推测之辞。

吾之深信者《书》，然《易系》言："默而成之，不言而信，存乎德行。"此等处深可信。

伊川解《比卦》"原筮"作"占决卜度"，非也。一阳当世之大人，其"不宁方来"，乃自然之理势，岂在它占决卜度之中？"原筮"乃《蒙》"初筮"之义。原，初也，古人字多通用。因云：伊川学问，未免占决卜度之失。富贵不能淫，贫贱不能移，威武不能屈，非知道者不能。扬子谓"文王久幽而不改其操"，文王居羑里而赞《易》，夫子厄于陈蔡而弦歌，岂久幽而不改其操之谓耶？

自周衰以来，人主之职分不明。《尧典》命羲和敬授人时，是为政首。后世乃付之星官、历翁，盖缘人主职分不明所致。孟子曰："民为贵，社稷次之，君为轻。"此却知人主职分。

《诗·大雅》多是言道，《小雅》多是言事。《大雅》虽是言小事，亦主于道，《小雅》虽是言大事，亦主于事。此所以为《大雅》、《小雅》之辨。

秦不曾坏了道脉，至汉而大坏。盖秦之失甚明，至汉则迹似情非，故正理愈坏。

汉文帝蔼然善意，然不可与入尧舜之道，仅似乡原。

诸公上殿,多好说格物,且如人主在上,便可就他身上理会,何必别言格物。

杨子默而好深沉之思,他平生为此深沉之思所误。

韩退之《原性》,却将气质做性说了。

近日举及荀子《解蔽篇》,说得人之蔽处好。梭山兄云:“后世之人,病正在此,都被荀子、庄子辈坏了。”答云:“今世人之通病恐不在此。大概人之通病,在于居茅茨则慕栋宇,衣敝衣则慕华好,食粗粝则慕甘肥,此乃是世人之通病。”

《春秋》北杏之会,独于齐桓公称爵。盖当时倡斯义者,惟桓公、管仲二人。《春秋》于诸国称人,责之也。

古者风俗醇厚,人虽有虚底精神,自然消了。后世风俗不如古,故被此一段精神为害,难与语道。

因叹学者之难得云:“我与学者说话,精神稍高者,或走了,低者至塌了,吾只是如此。吾初不知手势如此之甚,然吾亦只有此一路。”

人方奋立,已有消蚀,则议者不罪其消蚀,而尤其奋立之太过,举“其进锐者其退速”以为证,于是并惩其初。曾不知孟子之意自不在此。

圣人作《春秋》,初非有意于二百四十二年行事。又云:《春秋》大概是存此理。又云:《春秋》之亡久矣,说《春秋》之缪,尤甚于诸经也。

尝阅《春秋纂例》,谓学者曰:“啖赵说得有好处,故人谓啖赵有功于《春秋》。”又云:“人谓唐无理学,然反有不可厚诬者。”

后世之论《春秋》者，多如法令，非圣人之旨也。

千古圣贤若同堂合席，必无尽合之理。然此心此理，万世一揆也。

铢铢而称之，至石必缪；寸寸而度之，至丈必差；石称丈量，径而寡失，此可为论人之法。且如其人，大概论之，在于为国、为民、为道义，此则君子人矣；大概论之，在于为私己、为权势，而非忠于国、徇于义者，则是小人矣。若铢称寸量，校其一二节目而违其大纲，则小人或得为欺，君子反被猜疑，邪正贤否，未免倒置矣。

有学者听言有省，以书来云："自听先生之言，越千里如历块。"因云："吾所发明为学端绪，乃是第一步，所谓升高自下，陟遐自迩。却不知指何处为千里？若以为今日舍私小而就广大为千里，非也，此只可谓之第一步，不可遽谓千里。"

吾于人情研究得到。或曰："察见渊中鱼不祥。"然吾非苛察之谓，研究得到，有扶持之方耳。

后世将让职作一礼数，古人推让皆是实情。唐虞之朝可见，非尚虚文，以让为美名也。

尝闻王顺伯云："本朝百事不及唐，然人物议论远过之。"此议论甚阔，可取。

尝问王顺伯曰："闻尊兄精于论字画，敢问字果有定论否？"顺伯曰："有定论。"曰："何以信此说？"顺伯曰："有一画一拐于此，使天下有两三人晓书，问之，此人曰是此等第，则彼二人之言亦同，如此知其有定。"因问："字画孰为贵？"顺伯曰："本朝不及唐，唐不及汉，汉不及先秦古书。"曰:"如此则大抵是古得些子者为贵。"顺伯曰:"大抵古人作事不苟简,尊兄试观古器,与后来者异矣。"此论极是。

傅子渊请教,乞简省一语。答曰:"艮其背,不获其身;行其庭,不见其人。"后见其与陈君举书中云:"是则全掩其非,非则全掩其是。"此是语病。中又云:"阔节而疏目,旨高而趣深。"旨高而趣深甚佳,阔节而疏目,子渊好处在此,病亦在此。又云:子渊弘大,文范细密。子渊能兼文范之细密,文范能兼子渊之弘大,则非细也。

朱济道力称赞文王。谓曰:"文王不可轻赞,须是识得文王,方可称赞。"济道云:"文王圣人,诚非某所能识。"曰:"识得朱济道,便是文王。"

一学者自晦翁处来,其拜跪语言颇怪。每日出斋,此学者必有陈论,应之亦无他语。至四日,此学者所言已罄,力请诲语。答曰:"吾亦未暇详论。然此间大纲,有一个规模说与人。今世人浅之为声色臭味,进之为富贵利达,又进之为文章技艺。又有一般人都不理会,却谈学问。吾总以一言断之曰:胜心。"此学者默然,后数日,其举动言语颇复常。

一学者从游阅数月,一日问之云:"听说话如何?"曰:"初来时疑先生之颠倒,既如此说了,后又如彼说。及至听得两月后,方始贯通,无颠倒之疑。"

三百篇之诗《周南》为首,《周南》之诗《关雎》为首。《关雎》之诗好善而已。

兴于《诗》,人之为学,贵于有所兴起。

洙泗门人,其间自有与老氏之徒相通者,故记礼之书,其言多原老氏之意。

先生在敕局日,或问曰:"先生如见用,以何药方医国?"先生曰:"吾有四物汤,亦谓之四君子汤。"或问:"如何?"曰:"任贤,使能,赏功,罚罪。"

先生云:"后世言道理者,终是粘牙嚼舌。吾之言道,坦然明白,全无粘牙嚼舌处,此所以易知易行。"或问先生:"如此谈道,恐人将意见来会,不及释子谈禅,使人无所措其意见。"先生云:"吾虽如此谈道,然凡有虚见虚说,皆来这里使不得。所谓德行常易以知险,恒简以知阻也。今之谈禅者虽为艰难之说,其实反可寄托其意见。吾于百众人前,开口见胆。"

先生云:"凡物必有本末。且如就树木观之,则其根本必差大。吾之教人,大概使其本常重,不为末所累。然今世论学者却不悦此。"

有一士大夫云:"陆丈与他人不同,却许人改过。"

先生尝问一学者:"若事多放过,有宽大气象;若动辄别白,似若褊隘;不知孰是?"学者云:"若不别白,则无长进处。"先生曰:"然。"

先生云:"学者读书,先于易晓处沉涵熟复,切己致思,则他难晓者涣然冰释矣。若先看难晓处,终不能达。"举一学者诗云:"读书切戒在荒忙,涵泳工夫兴味长。未晓莫妨权放过,切身须要急思量。自家主宰常精健,逐外精神徒损伤。寄语同游二三子,莫将言语坏天常。"

先生归自临安,子云问近来学者。先生云:"有一人近来有省,云一蔽既彻,群疑尽亡。"

先生云:"欧公《本论》固好,然亦只说得皮肤。"看《唐鉴》,令读一段,子云因请曰:"终是说骨髓不出。"先生云:"后世亦无人知得骨髓去处。"

刘淳叟参禅,其友周姓者问之曰:"淳叟何故舍吾儒之道而参禅?"淳叟答曰:"譬之于手,释氏是把锄头,儒者把斧头。所把虽不同,然却皆是这手。我而今只要就他明此手。"友答云:"若如淳叟所言,我只就把斧头处明此手,不愿就他把锄头处明此手。"先生云:"淳叟亦善喻,周亦可谓善对。"

先生云:"子夏之学,传之后世尤有害。"

先生居象山,多告学者云:"汝耳自聪,目自明,事父自能孝,事兄自能弟,本无少缺,不必他求,在乎自立而已。"学者于此亦多兴起。有立议论者,先生云:"此是虚说。"或云:"此是时文之见。"学者遂云:"孟子辟杨墨,韩子辟佛老,陆先生辟时文。"先生云:"此说也好。然辟杨墨佛老者,犹有些气道。吾却只辟得时文。"因一笑。

先生作《贵溪学记》云:"尧舜之道,不过如此,此亦非有甚高难行之事。"尝举以语学者云:"吾之道,真所谓夫妇之愚,可以与知。"

或问:"读《六经》当先看何人解注?"先生云:"须先精看古注,如读《左传》则杜预注不可不精看。大概先须理会文义分明,则读之其理自明白。然古注惟赵岐解《孟子》文义多略。"

有一后生欲处郡庠,先生训之曰:"一择交,二随身规矩，三读古书《论语》之属。”

程先生解《易》爻辞，多得之象辞，却有鹘突处。

人之文章，多似其气质。杜子美诗乃其气质如此。

三代之时，远近上下，皆讲明扶持此理，其有不然者，众从而斥之。后世远近上下，皆无有及此者，有一人务此，众反以为怪。故古之时比屋至于可封；后世虽能自立，然寡固不可以敌众，非英才不能奋兴。

有学者因事上一官员书云：“遏恶扬善，沮奸佑良，此天地之正理也。此理明则治，不明则乱，存之则为仁，不存则为不仁。”先生击节称赏。

先生云：“吾自应举，未尝以得失为念，场屋之文，只是直写胸襟。”故作《贵溪县学记》云：“不徇流俗而正学以言者，岂皆有司之所弃，天命之所遗？”

有学者曾看南轩文字，继从先生游，自谓有省。及作书陈所见，有一语云：“与太极同体。”先生复书云：“此语极似南轩。”

学者不可用心太紧。深山有宝，无心于宝者得之。

有学者上执政书，中间有云：“阁下作而待漏于金门，朝而议政于黼座，退而平章于中书，归而咨访于府第，不识是心能如昼日之昭晰，而无薄蚀之者乎？能如砥柱之屹立，而无渝胥之者乎？”先生云：“此亦可以警学者。”

曹立之有书于先生曰：“愿先生且将孝弟忠信诲人。”先生云：“立之之谬如此，孝弟忠信如何说且将。”

惟温故而后能知新，惟敦厚而后能崇礼。

《易系》上下篇，总是赞《易》。只将赞《易》看，便自分明。凡吾论世事皆如此，必要挈其总要去处。

后世言易数者，多只是眩惑人之说。

"夫人幼而学之，壮而欲行之。"今之论学者，所用非所学，所学非所用。

或有讥先生之教人专欲管归一路者。先生曰："吾亦只有此一路。"

孟子曰："言人之不善，当如后患何？"今人多失其旨。盖孟子道性善，故言人无有不善。今若言人之不善，彼将甘为不善，而以不善向汝，汝将何以待之？故曰："当如后患何？"

见到《孟子》道性善处，方是见得尽。

退之言："轲死不得其传。""荀与杨，择焉而不精，语焉而不详。"何其说得如此端的。

程先生解"频复厉"，言过在失，不在复，极好。

先生在敕局日，或劝以小人阗伺，宜乞退省。先生曰："吾之未去，以君也。不遇则去，岂可以彼为去就耶？"

李白、杜甫、陶渊明皆有志于吾道。

资禀之高者，义之所在，顺而行之，初无留难。其次义利交战，而利终不胜义，故自立。

吾自幼时，听人议论似好，而其实不如此者，心不肯安，必要求其实而后已。

吾于践履未能纯一，然才自警策，便与天地相似。

后世言宽仁者类出于姑息，殊不知苟不出于文致而当其情，是乃宽仁也。故吾尝曰："虞舜、孔子之宽仁，吾于四裔两观之间见之。"

有士人上诗云："手抉浮翳开东明。"先生颇取其语，因云："吾与学者言，真所谓取日虞渊，洗光咸池。"

右门人傅子云季鲁编录

冉子退朝，子曰："何晏也？"对曰："有政。"子曰："其事也。"鲁国无政，所行者亦其事而已。政者，正也。

"志壹动气"，此不待论，独"气壹动志"，未能使人无疑。孟子复以蹶、趋、动心明之，则可以无疑矣。壹者，专一也。志固为气之帅，然至于气之专一，则亦能动志。故不但言"持其志"，又戒之以"无暴其气"也。居处饮食，适节宣之宜，视听言动，严邪正之辨，皆"无暴其气"之工也。

古者十五而入大学，"大学之道，在明明德，在亲民，在止于至善"，此言大学指归。欲明明德于天下是入大学标的，格物致知是下手处。《中庸》言博学、审问、慎思、明辨，是格物之方。读书亲师友是学，思则在己。问与辨，皆须即人。自古圣人亦因往哲之言，师友之言，乃能有进，况非圣人，岂有任私智而能进学者？然往哲之言，因时乘理，其指不一。方册所载，又有正伪、纯疵，若不能择，则是泛观。欲取决于师友，师友之言亦不一，又有是非、当否，若不能择，则是泛从。泛观泛从，何所至止？如彼作室，于道谋，是用不溃于成。欲取其一而从之，则又安知非私意偏说。子莫执中，孟子尚以为执一废百，岂为善学？后之学者，顾何以处此。

学者规模，多系其闻见。孩提之童，未有传习，岂能有是规模？是故所习不可不谨。处乎其中而能自拔者，非豪杰不能。劫于事势而为之趋向者，多不得其正，亦理之常也。

古者势与道合,后世势与道离。何谓势与道合?盖德之宜为诸侯者为诸侯,宜为大夫者为大夫,宜为士者为士,此之谓势与道合。后世反此:贤者居下,不肖者居上,夫是之谓势与道离。势与道合则是治世,势与道离则是乱世。

"如切如磋者,道学也;如琢如磨者,自修也。"骨象脆,切磋之工精细;玉石坚,琢磨之工粗大。学问贵细密,自修贵勇猛。

世人只管理会利害,皆自谓惺惺,及他己分上事,又却只是放过。争知道名利如锦覆陷阱,使人贪而堕其中,到头只赢得一个大不惺惺去。

"阳,一君而二民,君子之道也;阴,二君而一民,小人之道也。"阳奇阴偶。阳,以奇为君,一也;阴,以偶为君,二也。有一则有二,第所主在一。彼小人之事岂遽绝其一哉?所主非是耳。故君子以理制事,以理观象。故曰:"变动不居,周流六虚,上下无常,刚柔相易,不可为典要,唯变所适。"

《书疏》云:"周天三百六十五度四分度之一。"天体圆如弹丸,北高南下。北极出地上三十六度,南极入地下三十六度,南极去北极直径一百八十二度强。天体隆曲,正当天之中央,南北二极中等之处,谓之赤道,去南北极各九十一度。春分日行赤道,从此渐北。夏至行赤道之北二十四度,去北极六十七度,去南极一百一十五度。从夏至以后,日渐南至,秋分还行赤道与春分同。冬至行赤道之南,去南极六十七度,去北极一百一十五度。其日之行处,谓之黄道。又有月行之道,与日相近,交路而过,半在日道之里,半在日道之表。

其当交则两道相合,去极远处,两道相去六度。此其日月行道之大略也。

黄道者,日所行也。冬至在斗,出赤道南二十四度;夏至在井,出赤道北二十四度。秋分交于角;春分交于奎。月有九道,其出入黄道不过六度。当交则合,故曰交蚀。交蚀者,月道与黄道交也。

《孟子》"登东山而小鲁"一章,纰绎诵咏五六过,始云:"皆是言学之充广,如水之有澜,日月之有光,皆是本原上发得如此。"

"牛山之木尝美矣"以下,常宜讽咏。

元晦似伊川,钦夫似明道。伊川蔽固深,明道却通疏。

九畴之数:一、六在北,水得其正。三、八在东,木得其正。唯金火易位,而木生火,自三上生至九,自一数至于九,正得二数,故火在南。自四数至七,亦得四数,故金在西。一变而为七,七变而为九,九复变而为一者:一与一为二,一与二为三,一与三为四,一与四为五,一与五为六。五,数之祖,故至七则为二与五矣,是一变也。至九而极,故曰七变而为九。数至九则必变,故至十则变为一十,百为一百,千为一千,万为一万,是九复变而为一也。

或问:"贾谊、陆贽言论如何?"曰:"贾谊是就事上说仁义,陆贽是就仁义上说事。"

临安四圣观,六月间倾城士女咸出祷祠。或问:"何以致人归乡如此?"答曰:"只是赏罚不明。"

一夕步月,喟然而叹。包敏道侍,问曰:"先生何叹?"曰:"朱元晦泰山乔岳,可惜学不见道,枉费精神,遂自担阁,奈何?"包曰:"势既如此,莫若各自著书,以待天下后世之自择。"忽正色厉声曰:"敏道!敏道!怎地没长进,乃作这般见解。且道天地间有个朱元晦、陆子静,便添得些子?无了后,便减得些子?"

归自临安,汤仓因言风俗不美。曰:"乍归,方欲与后生说些好话。然此事亦由天,亦由人。"汤云:"如何由天?"曰:"且如三年一次科举,万一中者笃厚之人多,浮薄之人少,则风俗自此而厚。不然,只得一半笃厚之人,或三四个笃厚之人,风俗犹自庶几。不幸笃厚之人无几,或全是浮薄之人,则后生从而视效,风俗日以败坏。"汤云:"如何亦由人?"曰:"监司、守令,便是风俗之宗主。只如院判在此,毋只惟位高爵重,旗旌导前,骑卒拥后者,是崇是敬,陋巷茅茨之间,有笃敬忠信好学之士,不以其微贱而知崇敬之,则风俗庶几可回矣。"汤再三称善。次日谓幕僚曰:"陆丈近至城,何不去听说话?"幕僚云:"恐陆丈门户高峻,议论非某辈所能喻。"汤云:"陆丈说话甚平正,试往听看。某于张吕诸公皆相识,然陆丈说话,自是不同。"

须知人情之无常,方料理得人。

《孝经》十八章,孔子于践履实地上说出,非虚言也。

莫知其苗之硕,谓叶干鬔鬆而亡实者也。

"天下之言性也，则故而已矣。"此段人多不明首尾文义。中间"所恶于智者"至"智亦大矣"，文义亦自明，不失《孟子》本旨。据某所见，当以《庄子》"去故与智"解之。观《庄子》中有此"故"字，则知古人言语文字必常有此字。《易·杂卦》中"《随》无故也"，即是此"故"字。当孟子时，天下无能知其性者。其言性者，大抵据陈迹言之，实非知性之本，往往以利害推说耳，是反以利为本也。夫子赞《易》："治历明时，在《革》之象。"盖历本测候，常须改法。观《革》之义，则千岁之日至，无可坐致之理明矣。孟子言："千岁之日至，可坐而致也。"正是言不可坐而致，以此明不可求其故也。

"帝出乎《震》"：帝者，天也。《震》居东，春也。《震》，雷也，万物得雷而萌动焉，故曰"出乎《震》"。"齐乎《巽》"：《巽》是东南，春夏之交也。《巽》，风也，万物得风而滋长焉，新生之物，齐洁精明，故曰"万物之洁齐也"。"相见乎《离》"：《离》，南方之卦也，夏也。生物之形至是毕露，文物粲然，故曰"相见"。"致役乎《坤》"：万物皆得地之养，将遂妊实，六七月之交也。万物于是而胎实焉，故曰"致役乎《坤》"。"说言乎《兑》"：《兑》，正秋也。八月之时，万物既已成实，得雨泽而说怿，故曰"万物之所说也"。"战乎《乾》"：《乾》是西北方之卦也。旧谷之事将始，《乾》不得不君乎此也。十月之时，阴极阳生，阴阳交战之时也，龙战乎野是也。"劳乎《坎》"：《坎》者，水也，至劳者也。阴退阳生之时，万物之所归也。阴阳未定之时，万物归藏之始，其事独劳，故曰"劳乎《坎》"。"成言乎

《艮》":阴阳至是而定矣。旧穀之事于是而终,新穀之事于是而始,故曰"万物之所成终成始也"。

"《易》之为书也,不可远,为道也屡迁。变动不居,周流六虚,上下无常,刚柔相易,不可为典要,唯变所适"。临深履薄,参前倚衡,儆戒无虞,小心翼翼,道不可须臾离也。五典天叙,五礼天秩,《洪范》九畴,帝用锡禹,传在箕子,武王访之,三代攸兴,罔不克敬典。不有斯人,孰足以语不可远之书,而论屡迁之道也。"其为道也屡迁",不迁处;"变动不居",居处;"周流六虚",实处;"上下无常",常处;"刚柔相易",不易处;"不可为典要",要处;"惟变所适",不变处。

"《履》,德之基也;《谦》,德之柄也;《复》,德之本也;《恒》,德之固也;《损》,德之修也;《益》,德之裕也;《困》,德之辨也;《井》,德之地也;《巽》,德之制也。""《易》之兴也,其于中古乎?作《易》者其有忧患乎?"上古淳朴,人情物态,未至多变,《易》虽不作,未有阙也。逮乎中古,情态日开,诈伪日萌,非明《易》道以示之,则质之美者无以成其德,天下之众无以感而化,生民之祸,有不可胜言者。圣人之忧患如此,不得不因时而作《易》也。《易》道既著,则使君子身修而天下治矣。"是故《履》,德之基也",《杂卦》曰:《履》,不处也。"不处者,行也。上天下泽,尊卑之义,礼之本也。经礼三百,曲礼三千,皆本诸此常行之道。"《履》,德之基",谓以行为德之基也。基,始也,德自行而进也。不行则德何由而积?"谦,德之柄也",有而不居为谦,谦者,不盈也;盈则其德丧矣。常执不盈之心,则德乃日积,故曰"德之柄"。既能谦然后能复,复者阳复,为复善之义。人性本善,其不善者迁于物也。知物之为害,而能自反,则知善者乃吾性之固有,循吾固有而进德,则沛然无他适矣,故曰"《复》,德之本也"。知复则内外合矣,然而不常,则其德不固,所谓虽得之,必失之,故曰"《恒》,德之固也"。君子之修德,必去其害德者,则德日进矣,故曰"《损》,德之修也"。善日积则宽裕,故曰"《益》,德之裕也"。不临患难难处之地,未足以见其德,故曰"《困》,德之辨也"。井以养人利物为事,君子之德亦犹是也,故曰"《井》,德之地也"。夫然可以有为,有为者,常顺时制宜。不顺时制宜者,一方一曲之士,非盛德之事也。顺时制宜,非随俗合污,如禹、稷、颜子是已,故曰"《巽》,德之制也"。

　　"《履》,和而至":兑以柔悦承乾之刚健,故和。天在上,泽处下,理之极至不可易,故至。君子所行,体《履》之义,故和而至。"《谦》,尊而光":不谦则必自尊自耀,自尊则人必贱之,自耀则德丧,能谦则自卑自晦,自卑则人尊之,自晦则德益光显。"《复》小而辨于物":复贵不远,言动之微,念虑之隐,必察其为物所诱与否。不辨于小,则将致悔咎矣。"《恒》,杂而不厌":人之生,动用酢醑,事变非一,人情于此多至厌倦,是不恒其德者也。能恒者,虽杂而不厌。"《损》,先难而后易":人情逆之则难,顺之则易,凡损抑其过,必逆乎情,故先难;既损抑以归于善,则顺乎本心,故后易。"《益》,长裕而不设":益者,迁善以益己之德,故其德长进而宽裕。设者,侈张也,有侈大不诚实之意,如是则非所以为益也。"《困》,穷而通":不修德者,遇穷困则陨获丧亡而已。君子遇穷困,则德益进,道益通。"《井》,居其所而迁":如君子不以道徇人,故曰居其所;而博施济众,无有不及,故曰迁。"《巽》,称而隐":巽顺于理,故动称宜,其所以称宜者,非有形迹可见,故隐。

"《履》以和行":行有不和,以不由礼故也,能由礼则和矣。"《谦》以制礼":自尊大,则不能由礼,卑以自牧,乃能自节制以礼。"《复》以自知":自克乃能复善,他人无与焉。"《恒》以一德":不常则二三,常则一。终始惟一,时乃日新。"《损》以远害":如忿欲之类,为德之害。损者,损其害德而已。能损其害德者,则吾身之害,固有可远之道,特君子不取必乎此也。"《益》以兴利":有益于己者为利,天下之有益于己者莫如善,君子观《易》之象而迁善,故曰兴利。能迁善,则福庆之利,固有自致之理。在君子无加损焉,有不足言者。"《困》以寡怨":君子于困厄之时,必推致其命。吾遂吾之志,何怨之有?推困之义,不必穷厄患难及己也,凡有道而有所不可行,皆困也。君子于此自反而已,未尝有所怨也。"《井》以辨义":君子之义在于济物。于井之义,人可以明君子之义。"《巽》以行权":巽,顺于理,如权之于物,随轻重而应,则动静称宜,不以一定而悖理也。九卦之列,君子修身之要,其序如此,缺一不可也,故详复赞之。

"所谓诚其意者,无自欺也"一段,总是修身、齐家、治国、平天下之要,故反复言之。如恶恶臭,如好好色,乃是性所好恶,非出于勉强也。自欺是欺其心,慎独即不自欺。诚者自成,而道自道也,自欺不可谓无人知。十目所视,十手所指,其严若此。

"惟器与名,不可以假人":只当说繁缨非诸侯所当用,不可以与此人,左氏也说差却名了,是非孔子之言。如孟子谓"闻诛一夫纣矣",乃是正名。孔子于蒯聩、辄之事,乃是正名。至于温公谓"名者何,诸侯卿大夫是也",则失之矣。

事不可以逆料,圣贤未尝预料。"由也,不得其死然。""死矣!盆成括。"其微言如此。

此理塞宇宙,谁能逃之?顺之则吉,违之则凶,其蒙蔽则为昏愚,通彻则为明知。昏愚者不见是理,故多逆以致凶;明知者见是理,故能顺以致吉。说《易》者谓阳贵而阴贱,刚明而柔暗,是固然矣。今《晋》之卦,上离以六五一阴为明之主,下坤以三阴顺从于离明,是以致吉;二阳爻反皆不善。盖离之所以为明者,明是理也。坤之三阴能顺从其明,宜其吉无不利。此以明理顺理而善,则其不尽然者亦宜其不尽善也。不明此理,而泥于爻画名言之末,岂可以言《易》哉?阳贵阴贱刚明柔暗之说,有时而不可泥也。

《屯》阴阳始交,一索而得长男,再索而得中男。六三"即鹿无虞,惟入于林中",指下卦之渐入上卦坎险之地。上六"乘马班如,泣血涟如",正孔子曰"吾未如之何也已矣"。虽然,人当止邪于未形,绝恶于未萌,致治于未乱,保邦于未危。

《蒙》九二一爻为发蒙之主,不应更论与六五相得与否,"包蒙""纳妇",即"克家"之事。

束书不观,游谈无根。

染习深者难得净洁。

自明然后能明人。

复斋看伊川《易传》解"艮其背",问某:"伊川说得如何?"某云:"说得鹘突。"遂命某说,某云:"'艮其背,不获其身',无我;'行其庭,不见其人',无物。"

或谓:"先生之学,是道德、性命,形而上者;晦翁之学,是名物、度数,形而下者;学者当兼二先生之学。"先生云:"足下如此说晦翁,晦翁未伏。晦翁之学,自谓一贯,但其见道不明,终不足以一贯耳。吾尝与晦翁书云:'揣量模写之工,依放假借之似,其条画足以自信,其节目足以自安。'此言切中晦翁之膏肓。"

学者答堂试策。先生云:"诸公答策,皆是随问走。答策当如堂上人部勒堂下吏卒,乃不为策题所缠。"

先生于门人,最属意者唯傅子渊。初子渊请教先生,有艮背、行庭、无我、无物之说。后子渊谓:"某旧登南轩、晦翁之门,为二说所碍,十年不可先生之说。及分教衡阳三年,乃始信。"先生屡称子渊之贤,因言:"比陈君举自湖南漕台遣书币下问,来书云:'某老矣,不复见诸事功,但欲结果身分耳。'"先生略举答书,因说:"近得子渊与君举书煞好,若子渊切磋不已,君举当有可望也。但子渊书中有两句云:'是则全掩其非,非则全掩其是。'亦为抹出。"后闻先生临终前数日,有自衡阳来呈子渊与周益公论道五书,先生手不释,叹曰:"子渊擒龙打凤底手段。"

邵武丘元寿听话累日,自言少时独喜看伊川语录。先生曰:"一见足下,知留意学问,且从事伊川学者。既好古如此,居乡与谁游处?"元寿对以赋性冷淡,与人寡合。先生云:"莫有令嗣延师否?"元寿对以延师亦不相契,止是托之二子耳。先生云:"既是如此,平生怀抱欲说底话,分付与谁?"元寿对以无分付处,有时按视田园,老农老圃,虽不识字,喜其真情,四时之间,与之相忘,酬酢居多耳。先生顾学者笑曰:"以邵武许多士人,而不能有以契元寿之心,契心者乃出于农圃之人,如此,是士大夫儒者,视农圃间人不能无愧矣。"先生因言:"世间一种恣情纵欲之人,虽大狼狈,其过易于拯救,却是好人划地难理会。"松云:如丘丈之贤,先生还有力及之否?先生云:"元寿甚佳,但恐其不大耳。'人皆可以为尧舜','尧舜与人同耳',但恐不能为尧舜之大也。"元寿连日听教,方自庆快,且云"天下之乐,无以加于此",至是忽局蹐变色而答曰:"荷先生教爱之笃,但某自度无此力量,诚不敢僭易。"先生云:"元寿道无此力量,错说了。元寿平日之力量,乃尧舜之力量,元寿自不知耳。"元寿默然愈惑。退,松别之,元寿自述:"自听教于先生甚乐,今胸中忽如有物梗之者,姑抄先生文集,归而求之,再来承教。"

先生与学者说及智圣始终条理一章,忽问松云:"智、圣是如何?"松曰:"知此之谓智,尽此之谓圣。"先生曰:"智、圣有优劣否?"松曰:"无优劣。"先生曰:"好,无优劣。然孟子云:其至尔力也,其中非力。如此说似归重于智。"

松曰:"其至尔力也,其中非尔力也,巧也,行文自当如此。孟子不成道其至尔力也,其中尔巧也。"先生曰:"是。"松又曰:"智、圣虽无优劣,却有先后,毕竟致知在先,力行在后,故曰始终。"先生曰:"是。"

先生因为子持之改所吟莺诗云:"百啭吟春不暂停,长疑春意未丁宁。数声绿树黄鹂晓,始笑从来着意听。""绕梁余韵散南柯,争奈无如春色何。剩化玉巢金绰约,深春到处为人歌。"先生言莺巢以他羽成之,至贴近金羽处,以白鹇羽藉之,所以养其金羽也。

有客论诗,先生诵昌黎调张籍一篇云:"李杜文章在,光焰万丈长。不知群儿愚,那用故讥伤?蚍蜉撼大树,可笑不自量。云云。乞君飞霞佩,与我高颉颃。"且曰:"读书不到此,不必言诗。"

中心斯须不和不乐,而鄙诈之心入之;外貌斯须不庄不敬,而慢易之心入之与。告子不动心,是操持坚执做;孟子不动心,是明道之力。

有行古礼于其家,而其父不悦,乃至父子相非不已,遂来请教。先生云:"以礼言之,吾子于行古礼,其名甚正。以实言之,则去古既远,礼文不远,吾子所行,未必尽契古礼,而且先得罪于尊君矣。丧礼与其哀不足而礼有余也,不若礼不足而哀有余也。如世俗甚不经,裁之可也,其余且可从旧。"

有县丞问先生赴任尚何时,先生曰:"此来为得疾速之任之命,方欲单骑即行。"县丞因言及虏人有南牧之意,先生遽云:"如此则荆门乃次边之地,某当挈家以行,未免少迟。若以单骑，却似某有所畏避也。"

临川张次房于历子赋《归去来辞》，弃官而归。杜门经岁，来见先生。先生云："近闻诸公以王谦仲故，推挽次房一出，是否？"次房云："极荷诸公此意，愧无以当之。"先生曰："何荷之云？君子之爱人也以德，细人之爱人也以姑息。凡诸公欲相推挽者，姑息之爱也。次房初归时，一二年间，正气甚盛，后来浸弱，先生教授极力推挽，是后正气复振，比年又浸衰。次房莫未至无饭吃否？若今诸公此举，事势恐亦难行，反自取辱耳。某今有一官，不能脱去得，今又令去荆门，某只得去，若窜去南海，某便着去。次房幸而无官了，而今更要出来做甚？"次房云："恨闻言之晚，不能早谢绝之也。"

松问先生："今之学者为谁？"先生屈指数之，以傅子渊居其首，邓文范居次，傅季鲁、黄元吉又次之。且云："浙间煞有人，有得之深者，有得之浅者，有一见而得之者，有久而后得之者。广中陈去华省发伟特，惜乎此人亡矣！"

有传黄元吉别长沙陈君举，有诗送行云："荷君来意固非轻，曾未深交意便倾。说到七篇无欠少，学从三画已分明。每嗟自昔伤标致，颇欲从今近老成。为谢荆门三益友，何时尊酒话平生？"先生切闻子渊与君举切磋，又起君举之疑，得黄元吉，君举方信子渊之学。松曰："元吉之学，却在子渊之上。"先生曰："元吉得老夫锻炼之力。元吉从老夫十五年，前数年病在逐外，中间数年，换入一意见窠窟去，又数年，换入一安乐窠窟去，这一二年，老夫痛加锻炼,似觉壁立无由近傍。元吉善学,不敢发问,遂诱致诸处后生来授学,却教诸生致问,老夫一一为之问剥,元吉一旦从傍忽有所省。此元吉之善学。"

先生云:"今世儒者类指佛老为异端。孔子曰:'攻乎异端。'孔子时,佛教未入中国,虽有老子,其说未著,却指那个为异端? 盖异字与同字为对。虽同师尧舜,而所学异绪,与尧舜不同,此所以为异端也。"先生因儆学者攻异端曰:"天下之理,将从其简且易者而学之乎? 将欲其繁且难者而学之乎? 若繁且难者果足以为道,劳苦而为之可也,其实本不足以为道,学者何苦于繁难之说。简且易者,又易知易从,又信足以为道,学者何惮而不为简易之从乎?"

先生言:"万物森然于方寸之间,满心而发,充塞宇宙,无非此理。孟子就四端上指示人,岂是人心只有这四端而已? 又就乍见孺子入井皆有怵惕恻隐之心一端指示人,又得此心昭然,但能充此心足矣。"乃诵:"诚者自成也,而道自道也。诚者物之终始,云云。天地之道,可一言而尽也。"

先生言:"胡季随从学晦翁,晦翁使读《孟子》。他日问季随如何解'至于心独无所同然乎'一句,季随以所见解,晦翁以为非,且谓季随读书卤莽不思。后季随思之既苦,因以致疾。晦翁乃言之曰:'然读如"雍之言然"之然,对上同听、同美、同嗜说。'"先生因笑曰:"只是如此,何不早说与他。"

先生言:"吾家治田,每用长大镢头,两次锄至二尺许。深一尺半许外,方容秧一头。久旱时,田肉深,独得不旱。以他处禾穗数之,每穗谷多不过八九十粒,少者三五十粒而已。以此中禾穗数之,每穗少者尚百二十粒,多者至二百馀粒。每一亩所收,比他处一亩不啻数倍。盖深耕易耨之法如此,凡事独不然乎?"时因论及士人专事速化不根之文,故及之。

答曾宅之一书甚详。梭山一日对学者言曰:"文所以明道,辞达足矣。"意有所属也。先生正色而言曰:"道有变动,故曰爻;爻有等,故曰物;物相杂,故曰文;文不当,故吉凶生焉。昔者圣人之作《易》也,幽赞于神明而生蓍,参天两地而倚数,观变于阴阳而立卦,发挥于刚柔而生爻,和顺于道德而理于义,穷理尽性以至于命,这方是文。文不到这里,说甚文?"

松尝问梭山云:"有问松:'孟子说诸侯以王道,是行王道以尊周室? 行王道以得天位?'当如何对。"梭山云:"得天位。"松曰:"却如何解后世疑孟子教诸侯篡夺之罪?"梭山云:"民为贵,社稷次之,君为轻。"先生再三称叹曰:"家兄平日无此议论。"良久曰:"旷古以来无此议论。"松曰:"伯夷不见此理。"先生亦云。松又云:"武王见得此理。"先生曰:"伏羲以来皆见此理。"

或劝先生之荆门,为委曲行道之计。答云:"《仲虺》言汤之德曰:'以义制事,以礼制心。'古人通体纯是道义,后世贤者处心处事,亦非尽无礼义,特其心先主乎利害,而以礼义行之耳。后世所以大异于古人者,正在于此。古人理会利害,便是礼义;后世理会礼义,却只是利害。"

先生言:"吴君玉自负明敏,至槐堂处五日,每举书句为问。随其所问,解释其疑,然后从其所晓,敷广其说,每每如此。其人再三称叹云:'天下皆说先生是禅学,独某见得先生是圣学。'然退省其私,又却都无事了。此人明敏,只是不得久与之切磋。"

先生言:"重华论:'庄子不及老子者三,孟子不及孔子三,其一,不合以人比禽兽。'晦翁亦有此论。"松曰:"孟子言:'人之所以异于禽兽者几希。'惟恐人之入于禽兽。'是禽兽也',为其无君父也。'则其违禽兽不远矣',为其夜气不足以存也。晦翁但在气象上理会,此其所以锱铢圣人之言,往往皆不可得而同也。"先生曰:"使尧、舜、禹、汤、文、武、周公、孔子,七八圣人,合堂同席而居,其气象岂能尽同?我这里也说气象,但不是就外面说,乃曰:阴阳一大气,乾坤一大象。"因说:"孟子之言,如'孟施舍之守气,不如曾子之守约也',此两句却赘了。"

人生而静,天之性也,感物而动,性之欲也,是为不识艮背行庭之旨。

舜"隐恶而扬善",说者曰:"隐,藏也。"此说非是。隐,伏也,伏绝其恶,而善自扬耳。在己在人一也。"为国家者,见恶如农夫之务去草焉,芟夷蕴崇之,绝其本根,勿使能植,则善者信矣",故君子以遏恶扬善,顺天休命也。

成汤放桀于南巢,惟有惭德。汤到这里却生一疑,此是汤之过也。故仲虺作诰曰:"惟天生民有欲,无主乃乱。惟天生聪明时乂。呜呼!谨厥终,惟其始,殖有礼,覆昏暴,钦崇天道,永保天命。"

学者问："荆门之政何先？"对曰："必也正人心乎。"

"人之其所亲爱而辟焉，之其所贱恶而辟焉，之其所畏敬而辟焉，之其所哀矜而辟焉，之其所敖惰而辟焉。"辟，比量也。家中以次之人，以我亲爱、贱恶，而比量之，或效之，或议之，其弊无穷，不可悉究，要其终，实不足以齐其家。

告子与孟子并驾其说于天下。孟子将破其说，不得不就他所见处细与他研磨。一次将杞柳来论，便就他杞柳上破其说；一次将湍水来论，便就他湍水上破其说；一次将生之谓性来论，又就他生之谓性上破其说；一次将仁内义外来论，又就他义外上破其说。穷究异端，要得恁地，使他无语始得。

枚卜功臣之逊，逊出于诚；汉文帝即位之逊，逊出于伪云云。及修代来功诏，称朕狐疑，唯宋昌劝朕，朕已得保宗庙，尊昌为卫将军云云。后世人主不知学，人欲横流，安知天位非人君所可得而私？

夫子没，老氏之说出，至汉而其术益行。曹参相齐，尽召长老诸先生，问所以安集百姓。而齐故儒以百数，言人人殊，参未知所定。闻胶西有盖公，善治黄老言，使人厚币请之。既见盖公，公为言治道贵清静而民自定，推此类具言之；参于是避正堂舍盖公焉。其治要用黄老术，故相齐九年，齐国安集，大称贤相。此见老氏之脉在此也。萧何薨，参入相，壹遵何为之约束。择郡县吏长，木讷于文辞，谨厚长者，即召除为丞相史；吏言文刻深，欲声名，辄斥去之。日夜饮酒不事事；见人有细过，掩匿覆盖之，府中无事。汉家之治,血脉在此。

邵尧夫诗:"一物其来有一身,一身还有一乾坤。"不如圣人说"乾知太始"。因曰:"尧夫只是个闲道人。圣人之道有用,无用便非圣人之道。"

先生一日自歌,与侄孙濬书云"道之将废,自孔孟之生,不能回天而易命"云云。又歌《柏舟》诗,松为之涕泗沾襟。少间,又歌《东皇太一》、《云中君》,见松悲泣不堪,又歌曰:"萧萧马鸣,悠悠旆旌。"乃曰:"萧萧马鸣,静中有动矣;悠悠旆旌,动中有静也。"

"诚者自诚也,而道自道也。""君子以自昭明德。""人之有是四端,而自谓不能者,自贼者也。"暴谓"自暴",弃谓"自弃",侮谓"自侮",反谓"自反",得谓"自得"。"祸福无不自己求之者",圣贤道一个"自"字煞好。尝言:"年十三时,复斋因看《论语》,命某近前,问云:'看有子一章如何?'某云:'此有子之言,非夫子之言。'先兄云:'孔门除却曾子,便到有子,未可轻议,更思之如何?'某曰:'夫子之言简易,有子之言支离。'"

吕伯恭为鹅湖之集,先兄复斋谓某曰:"伯恭约元晦为此集,正为学术异同,某兄弟先自不同,何以望鹅湖之同。"先兄遂与某议论致辩,又令某自说,至晚罢。先兄云:"子静之说是。"次早,某请先兄说,先兄云:"某无说。夜来思之,子静之说极是。方得一诗云:'孩提知爱长知钦,古圣相传只此心。大抵有基方筑室,未闻无址忽成岑。留情传注翻蓁塞,着意精微转陆沉。珍重友朋相切琢,须知至乐在于今。'"某云:"诗甚佳,但第二句微有未安。"先兄云:"说得恁地,又道未安,更要如何?"某云:"不妨一面起行,某沿途却和此诗。"及至鹅湖,伯恭首问先兄别后新功。先兄举诗,才四句,元晦顾伯恭曰:"子寿早已上子静舡了也。"举诗罢,遂致辩于先兄。某云:"途中某和得家兄此诗云:'墟墓兴哀宗庙钦,斯人千古不磨心。涓流滴到沧溟水,拳石崇成泰华岑。易简工夫终久大,支离事业竟浮沉。'"举诗至此,元晦失色。至"欲知自下升高处,真伪先须辨只今",元晦大不怿,于是各休息。翌日二公商量数十折议论来,莫不悉破其说。继日凡致辩,其说随屈。伯恭甚有虚心相听之意,竟为元晦所尼。后往南康,元晦延入白鹿讲说,因讲"君子喻于义"一章。元晦再三云:"某在此不曾说到这里,负愧何言。"

先兄复斋临终云:"比来见得子静之学甚明,恨不得相与切磋,见此道之大明耳。"

吾家合族而食,每轮差子弟掌库三年。某适当其职,所学大进,这方是"执事敬"。

徐仲诚请教,使思《孟子》"万物皆备于我矣,反身而诚,乐莫大焉"一章,仲诚处槐堂一月,一日问之云:"仲诚思得《孟子》如何?"仲诚答曰:"如镜中观花。"答云:"见得仲诚也是如此。"顾左右曰:"仲诚真善自述者。"因说与云:"此事不在他求,只在仲诚身上。"既又微笑而言曰:"已是分明说了也。"少间,仲诚因问《中庸》以何为要语。答曰:"我与汝说内,汝只管说外。"良久曰:"句句是要语。"棱山曰:"博学之,审问之,慎思之,明辨之,笃行之,此是要语。"答曰:"未知学,博学个甚麽?审问个甚麽?

明辨个甚麽？笃行个甚麽？"

有学者终日听话，忽请问曰："如何是穷理尽性以至于命？"答曰："吾友是泛然问，老夫却不是泛然答。老夫凡今所与吾友说，皆是理也。穷理是穷这个理，尽性是尽这个性，至命是至这个命。"

称叹赵子新美质，谓："人莫不有夸示己能之心，子新为人称扬，反生羞愧；人莫不有好进之心，子新恬淡，虽推之不前；人皆恶人言己之短，子新惟恐人不以其失为告。群居终日，默然端坐，阴有以律夫气习之浇薄者多矣，可谓人中之一瑞，但不能进学可忧耳！"或云："年亦未壮。"答云："莫道未也，二十岁来。"一日，子新至，语之曰："莫堆堆地，须发扬。车前不能令人轩，车后不能令人轾，何不发扬？"

广中一学者陈去华，省发伟特。某因问："'吾与点也'一段，寻常如何理会？"屡问之，去华终以为理会不得。一日，又问之，去华又谓理会未得。某云："且以去华所见言之，莫也未至全然晓不得。"去华遂谓据某所见，三子只是事上着到，曾点却在这里着到。某诘之曰："向道理会不得，今又却理会得。"去华顿有省，自叙听话一月，前十日听得所言皆同，后十日所言大异，又后十日与前所言皆同，因有十诗。别后谓人曰："某方是一学者在。待归后，率南方之士，师北方之学。"盖广中蒙钦夫之教，故以此为北方耳。

临川一学者初见，问曰："每日如何观书？"学者曰："守规矩。"欢然问曰："如何守规矩？"学者曰："伊川《易

传》,胡氏《春秋》,上蔡《论语》,范氏《唐鉴》。"忽呵之曰:
"陋说!"良久复问曰:"何者为规?"又顷问曰:"何者为
矩?"学者但唯唯。次日复来,方对学者诵"《乾》知太始,
《坤》作成物,《乾》以易知,《坤》以简能"一章,毕,乃言曰:
"《乾文言》云'大哉乾元',《坤文言》云'至哉坤元',圣人
赞《易》,却只是个'简易'字道了。"遍目学者曰:"又却不
是道难知也。"又曰:"道在迩而求诸远,事在易而求诸
难。"顾学者曰:"这方唤作规矩,公昨日来道甚规矩。"

　　一学者听言后,更七夜不寝。或问曰:"如此莫是助
长否?"答曰:"非也。彼盖乍有所闻,一旦悼平昔之非,正
与血气争寨作主。"又顾谓学者:"天下之理但患不知其
非,既知其非,便即不为君子以向晦入宴息也。"

　　或问:"吾十有五而志于学,三十而立,既有所立矣,
缘何未到四十尚有惑在?"曰:"志于学矣,不为富贵贫贱
患难动心,不为异端邪说摇夺,是下工夫;至三十,然后能
立;既立矣,然天下学术之异同,人心趋向之差别,其声讹
相似,似是而非之处,到这里多少疑在? 是又下工夫十
年,然后能不惑矣;又下工夫十年,方浑然一片,故曰五十
而知天命。"

　　说君子之道孰先传一段,子游、子夏皆非。

　　先生感叹时俗汩没,未有能自拔者,因歌学者刘定夫
《象山诗》云:"三日观山山愈妍,锦囊收拾不胜编。万山
扰扰何为者,惟有云台山岿然。"又诵少时自作《大人》诗
云:"从来胆大胸膈宽,虎豹亿万虬龙千,从头收拾一口
吞。有时此辈未妥帖,哮吼大嚼无毫全。朝饮渤澥水,暮

宿昆仑巅,连山以为琴,长河为之弦,万古不传音,吾当为
君宣。"又举欧阳公赠梅圣俞诗云:"黄鹄刷金衣,自言能
远飞,择侣异栖息,终年修羽仪,朝下玉池饮,暮宿霜桐
枝,徘徊且垂翼,会有秋风时。"

有学子阅乱先生几案间文字。先生曰:"有先生长者
在,却不肃容正坐,收敛精神,谓不敬之甚。"

光武谓吴汉"差强人意","强"训"起"。

右门人严松松年所录

语 录 下

历家所谓朔虚气盈者,盖以三十日为准。朔虚者,自前合朔至后合朔,不满三十日,其不满之分,曰朔虚。气盈者,一节一气,共三十日有余分为中分,中即气也。

《尧典》所载惟"命羲和"一事。盖人君代天理物,不敢不重。后世乃委之星翁、历官,至于推步、迎策,又各执己见以为定法。其他未暇举,如唐一行所造《大衍历》,亦可取,疑若可以久用无差,然未十年而已变,是知不可不明其理也。夫天左旋,日月星纬右转,日夜不止,岂可执一?故汉唐之历屡变,本朝二百余年,历亦十二三变。圣人作《易》,于《革卦》言"治历明时",观《革》之义,其不可执一明矣。

四岳举鲧,九载绩用弗成,而逊位之咨,首及四岳。尧不以举鲧之非而疑其党奸也,比之后世罪举主之义甚异。

后生看经书,须着看注疏及先儒解释,不然,执己见议论,恐入自是之域,便轻视古人。至汉唐间名臣议论,反之吾心,有甚悖道处,亦须自家有"征诸庶民而不谬"底道理,然后别白言之。

《尚书》一部,只是说德,而知德者实难。

逊志、小心,是两般。

读书固不可不晓文义,然只以晓文义为是,只是儿童之学,须看意旨所在。

《孝经》十八章,孔子于曾子践履实地中说出来,非虚言也。

惟天下之至一,为能处天下之至变;惟天下之至安,为能处天下之至危。

《大禹谟》一篇要领,只在"克艰"两字上。

学者须是有志读书,只理会文义,便是无志。

善学者如关津,不可胡乱放人过。

圣人教人,只是就人日用处开端。如孟子言徐行后长,可为尧舜。不成在长者后行,便是尧舜?怎生做得尧舜样事,须是就上面着工夫。圣人所谓吾无隐乎尔,谁能出不由户,直截是如此。

士不可不弘毅,譬如一个担子,尽力担去,前面不奈何,却住无怪。今自不近前,却说道担不起,岂有此理?故曰:"力不足者,中道而废,今女画。"

读书之法,须是平平淡淡去看,子细玩味,不可草草。所谓优而柔之,厌而饫之,自然有涣然冰释,怡然理顺底道理。

处家遇事,须着去做,若是褪头便不是。子弟之职已缺,何以谓学?

　　燕昭王之于乐毅，汉高帝之于萧何，蜀先主之于孔明，苻秦之于王猛，相知之深，相信之笃，这般处所不可不理会。读其书，不知其人，可乎？

　　燕昭之封乐毅，汉高之械系萧何，当大利害处，未免摇动此心，但有深浅。

　　人品之说，直截是有。只如皋陶九德，便有数等。就中即一德论之，如"刚而塞"者，便自有几般。

　　古今人物，同处直截是同，异处直截是异。然论异处极多，同处却约。作德便心逸日休，作伪便心劳日拙，作善便降之百祥，作不善便降之百殃。孟子言："道二，仁与不仁而已。"同处甚约。

　　人莫先于自知，不在大纲上，须是细腻求。

　　学者不长进，只是好己胜。出一言，做一事，便道全是，岂有此理？古人惟贵知过则改，见善则迁。今各自执己是，被人点破，便愕然，所以不如古人。

　　主于道，则欲消而艺亦可进。主于艺，则欲炽而道亡，艺亦不进。

　　仁自夫子发之。

　　不可自暴、自弃、自屈。

　　志小不可以语大人事。

　　千古圣贤，只是办一件事，无两件事。

　　言必信，行必果，硁硁然，小人哉，宜自考察。

　　退步思量，不要骛外。

　　"共工方鸠僝功"与"如川之方至"，此"方"字不可作"且"字看。

尧之知共工、丹朱,不是于形迹间见之,直是见他心术。

吕正字馆职策,直是失了眼目,只是术。然孟子亦激作,却不离正道。

扬子云好论中,实不知中。

《大雅》是纲,《小雅》是目,《尚书》纲目皆具。

观《书》到《文侯之命》,道已湮没,《春秋》所以作。

有所忿懥,则不足以服人;有所恐惧,则不足以自立。

志道、据德、依仁,学者之大端。

须是信得及乃可。

王文中《中说》与扬子云相若,虽有不同,其归一也。

道在天下,加之不可,损之不可,取之不可,舍之不可,要人自理会。

大纲提掇来,细细理会去,如鱼龙游于江海之中,沛然无碍。

据要会以观方来。

观《春秋》、《易》、《诗》、《书》经圣人手,则知编《论语》者亦有病。

《中庸》言:"鬼神之为德也,其盛矣乎!"夫子发明,判然甚白。

俗谚云:"心坚石穿。"既是一个人,如何不打叠教灵利?

今之学者譬如行路,偶然撞着一好处便且止,觉时已不如前人,所以乍出乍入,乍明乍昏。

学者不自着实理会,只管看人口头言语,所以不能进。且如做一文字,须是反覆穷究去,不得又换思量,皆要穷到穷处,项项分明。他日或问人,或听人言,或观一物,自有触长底道理。

失了头绪,不是助长,便是忘了,所以做主不得。

《记》言后稷,其辞恭,其欲俭,只是说末。《论语》言伯夷、叔齐求仁得仁,泰伯三以天下让,殷有三仁,却从血脉上说来。

利、害、毁、誉、称、讥、苦、乐,能动摇人,释氏谓之八风。

七重铁城,私心也。私心所隔,虽思非正。小儿亦有私思。

心官不可旷职。

太阳当天,太阴五纬,犹自放光芒不得,那有魑魅魍魉来。

"小德川流,大德敦化":小德即大德,大德即小德,发强、刚毅、齐庄、中正,皆川流也。敦,厚;化,变化。

"皇极之君,敛时五福,锡厥庶民。"福如何锡得? 只是此理充塞乎宇宙。

溺于俗见,则听正言不入。

知道则末即是本,枝即是叶。又曰:有根则自有枝叶。

上达下达,即是喻义喻利。

人情物理上做工夫。

老子曰:"大道甚夷而民好径。"

辩便有进。

须是下及物工夫，则随大随小有济。

天下若无着实师友，不是各执己见，便是恣情纵欲。

三百篇之诗，有出于妇人女子，而后世老师宿儒且不能注解得分明，岂其智有所不若？只为当时道行、道明。

韩退之言："轲死不得其传。"固不敢诬后世无贤者，然直是至伊洛诸公，得千载不传之学，但草创未为光明，到今日若不大段光明，更干当甚事？

"大衍之数五十，其用四十有九。分而为二以象两，挂一以象三，揲之以四以象四时，归奇于扐以象闰。五岁再闰，故再扐而后挂。"既分为二，乃挂其一于前。挂，别也，非置之指间也。既别其一，却以四揲之，余者谓之奇，然后归之扐。扐，指间也。故一揲之余，不四则八，再揲三揲之余，亦不四则八。四，奇也；八，偶也。故三揲而皆奇，则四四四，有《乾》之象。三揲而皆偶，则八八八，有《坤》之象。三揲而得两偶一奇，则四八八，有《艮》之象；八四八，有《坎》之象；八八四，有《震》之象。三揲而得两奇一偶，则八四四，有《兑》之象；四八四，有《离》之象；四四八，有《巽》之象。故三奇为老阳，三偶为老阴，两偶一奇为少阳，两奇一偶为少阴。老阴老阳变，少阴少阳不变。分、挂、揲、归奇是四节，故曰："四营而成《易》。"挂有六爻，每爻三揲，三六十八，故曰"十有八变而成卦"。右《揲蓍说》。

右门人周清叟廉夫所录

先生语伯敏云："近日向学者多，一则以喜，一则以惧。夫人勇于为学,岂不可喜?然此道本日用常行,近日学者却把作一事,张大虚声,名过于实,起人不平之心,是以为道学之说者,必为人深排力诋。此风一长,岂不可惧?"

某之取人,喜其忠信诚悫,言似不能出口者。谈论风生,他人所取者,某深恶之。

因论补试得失,先生云:"今之人易为利害所动,只为利害之心重。且如应举,视得失为分定者能几人?往往得之则喜,失之则悲。惟曹立之、万正淳、郑学古庶几可不为利害所动。故学者须当有所立,免得临时为利害所动。"朱季绎云:"如敬肆义利之说,乃学者持己处事所不可无者。"先生云:"不曾行得,说这般闲言长语则甚?如此不已,恐将来客胜主,以辞为胜。然使至此,非学者之过,乃师承之过也。"朱云:"近日异端邪说害道,使人不知本。"先生云:"如何?"朱曰:"如禅家之学,人皆以为不可无者,又以谓形而上者所以害道,使人不知本。"先生云:"吾友且道甚底是本?又害了吾友甚底来?自不知己之害,又乌知人之害?包显道常云'人皆谓禅是人不可无者',今吾友又云'害道',两个却好缚作一束。今之所以害道者,却是这闲言语。曹立之天资甚高,因读书用心之过成疾,其后疾与学相为消长。初来见某时,亦是有许多闲言语,某与之荡涤,则胸中快活明白,病亦随减。迨一闻人言语,又复昏蔽。所以昏蔽者,缘与某相聚日浅。然其人能自知,每昏蔽则复相过,某又与之荡涤,其心下又复明白。与讲解,随听即解。某问:'比或有疑否?'立之云：'无疑。每常自读书，亦见得到这般田地，只是不能无疑，往往自变其说。'某云：'读书不可晓处，何须苦思力索？如立之天资，思之至，固有一个安排处。但恐心下昏蔽，不得其正，不若且放下，时复涵泳，似不去理会而理会。所谓优而柔之，使自求之，厌而饫之，使自趋之，若江海之寝，膏泽之润，涣然冰释，怡然理顺，然后为得也。'如此相聚一两旬而归，其病顿减。其后因秋试，闻人闲言语，又复昏惑。又适有告之以某乃释氏之学，渠平生恶释老如仇雠，于是尽叛某之说，却凑合得元晦说话。后不相见，以至于死。"因问伯敏云："曾闻此等语否？"伯敏云："未之。"先生语朱云："他却未有许多闲言语，且莫要坏了李敏求，且听某与他说。大凡为学须要有所立，《语》云：'己欲立而立人。'卓然不为流俗所移，乃为有立。须思量天之所以与我者是甚底？为复是要做人否？理会得这个明白，然后方可谓之学问。故孟子云：'学问之道，求其放心而已矣。'如博学、审问、明辨、慎思、笃行，亦谓此也。此须是有志方可。孔子曰：'吾十有五而志于学。'是这个志。"伯敏云："伯敏于此心，能刚制其非，只是持之不久耳。"先生云："只刚制于外，而不内思其本，涵养之功不至。若得心下明白正当，何须刚制？且如在此说话，使忽有美色在前，老兄必无悦色之心。若心常似如今，何须刚制？"

先生语缪文子云："近日学者无师法，往往被邪说所惑。异端能惑人，自吾儒败绩，故能入。使在唐虞之时，道在天下，愚夫愚妇，亦皆有浑厚气象，是时便使活佛、活老子、庄、列出来,也开口不得。惟陋儒不能行道,如人家子孙,败坏父祖家风,故释老却倒来点检你。如庄子云:'以智治国,国之贼。'惟是陋儒,不能行所无事,故被他如此说。若知者行其所无事,如何是国之贼?今之攻异端者,但以其名攻之,初不知自家自被他点检,在他下面,如何得他服。你须是先理会了我底是,得有以使之服,方可。"

学者先须不可陷溺其心,又不当以学问夸人。夸人者,必为人所攻。只当如常人,见人不是,必推恻隐之心,委曲劝谕之,不可则止。若说道我底学问如此,你底不是,必为人所攻。兼且所谓学问者,自承当不住。某见几个自主张学问,某问他:"你了得也未?"他心下不稳,如此则是学乱说,实无所知。如此之人,谓之痼疾不可治。宁是纵情肆欲之人,犹容易与他说话,最是学一副乱说底,没奈他何。此只有两路:利欲,道义。不之此,则之彼。

人须是闲时大纲思量:宇宙之间,如此广阔,吾身立于其中,须大做一个人。文子云:"某尝思量我是一个人,岂可不为人,却为草木禽兽?"先生云:"如此便又细了,只要大纲思。且如'天命之谓性',天之所以命我者,不殊乎天,须是放教规模广大。若寻常思量得,临事时自省力,不到得被陷溺了。"文子云:"某始初来见先生,若发蒙然。再见先生,觉心不快活,凡事亦自持,只恐到昏时自理会不得。"先生云:"见得明时,何持之有?人之于耳,要听即听,不要听则否,于目亦然,何独于心而不由我乎?"

先生语伯敏云:"人惟患无志,有志无有不成者。然资禀厚者,必竟有志。吾友每听某之言如何?"伯敏曰:"每闻先生之言,茫然不知所入。幼者听而弗问,又不敢躐等。"先生云:"若果有志,且须分别势利道义两途。某之所言,皆吾友所固有。且如圣贤垂教,亦是人固有。岂是外面把一件物事来赠吾友?但能悉为发明:天之所以予我者,如此其厚,如此其贵,不失其所以为人者耳。"伯敏问云:"日用常行,去甚处下工夫?"先生云:"能知天之所以予我者至贵至厚,自然远非僻,惟正是守。且要知我之所固有者。"伯敏云:"非僻未尝敢为。"先生云:"不过是硬制在这里,其间有不可制者,如此将来亦费力,所以要得知天之予我者。看吾友似可进,缘未曾被人闲言语所惑,从头理会,故易入。盖先入者为主,如一器皿,虚则能受物,若垢污先入,后虽欲加以好水亦费力。如季绎之学驳杂,自主张学问,却无奈何。"

伯敏问云:"以今年校之去年,殊无寸进。"先生云:"如何要长进?若当为者有时而不能为,不当为者有时乎为之,这个却是不长进。不恁地理会,泛然求长进,不过欲以己先人,此是胜心。"伯敏云:"无个下手处。"先生云:"古之欲明明德于天下者,先治其国;欲治其国者,先齐其家;欲齐其家者,先修其身;欲修其身者,先正其心;欲正其心者,先诚其意;欲诚其意者,先致其知;致知在格物。格物是下手处。"伯敏云:"如何样格物?"先生云:"研究物理。"伯敏云:"天下万物不胜其繁,如何尽研究得?"先生云:"万物皆备于我,只要明理。然理不解自明,须是隆师

亲友。"伯敏云:"此间赖有季绎,时相勉励。"先生云:"季
绎与显道一般,所至皆勉励人,但无根者多,其意似欲私
立门户,其学为外不为己。世之人所以攻道学者,亦未可
全责他。盖自家骄其声色,立门户与之为敌,哓哓胜口
实,有所未孚,自然起人不平之心。某平日未尝为流俗所
攻,攻者却是读语录精义者。程士南最攻道学,人或语之
以某,程云:'道学如陆某,无可攻者。'又如学中诸公,义
均骨肉,盖某初无胜心,日用常行,自有使他一个敬信处。
某旧日伊洛文字不曾看,近日方看,见其间多有不是。今
人读书,平易处不理会,有可以起人羡慕者,则着力研究。
古先圣人,何尝有起人羡慕者? 只是此道不行,见有奇特
处,便生羡慕。自周末文弊,便有此风。如唐虞之时,人
人如此,又何羡慕? 所以庄周云:'臧与谷共牧羊,而俱亡
其羊。问臧奚事? 曰:博塞以游。问谷奚事? 曰:挟策读
书。其为亡羊一也。'某读书只看古注,圣人之言自明白。
且如'弟子入则孝,出则弟',是分明说与你入便孝,出便
弟,何须得传注。学者疲精神于此,是以担子越重。到某
这里,只是与他减担,只此便是格物。"伯敏云:"每读书,
始者心甚专,三五遍后,往往心不在此。知其如此,必欲
使心在书上,则又别生一心。卒之方寸扰扰。"先生云:
"此是听某言不入,若听得入,自无此患。某之言打做一
处,吾友二三其心了。如今读书,且平平读,未晓处且放
过,不必太殢。"

　　缪文子资质亦费力,慕外尤殢,每见他退去,一似不
能脱罗网者。天之所以予我者,至大、至刚、至直、至平、

至公,如此私小做甚底人?须是放教此心,公平正直。无偏无党,王道荡荡;无党无偏,王道平平;无反无侧,王道正直。某今日作包显道书云:"古人之学,不求声名,不较胜负,不恃才智,不矜功能。今人之学,正坐反此耳。"

读介甫书,见其凡事归之法度,此是介甫败坏天下处。尧舜三代虽有法度,亦何尝专恃此。又未知户马、青苗等法果合尧舜三代否?当时辟介甫者无一人就介甫法度中言其失,但云"喜人同己","祖宗之法不可变"。夫尧之法,舜尝变之;舜之法,禹尝变之。祖宗法自有当变者,使其所变果善,何嫌于同?古者道德一,风俗同,至当归一,精义无二,同古者适所以为美。惜乎无以此辟之,但云"祖宗法不可变",介甫才高,如何便伏?惟韩魏公论青苗法云:"将欲利民,反以害民。"甚切当。或言介甫不当言利;夫《周官》一书,理财者居半,冢宰制国用,理财正辞,古人何尝不理会利?但恐三司等事,非古人所谓利耳。不论此,而以言利过之,彼岂无辞?所以率至于无奈他何处。或问:"介甫比商鞅何如?"先生云:"商鞅是脚踏实地,他亦不问王霸,只要事成,却是先定规模。介甫慕尧舜三代之名,不曾踏得实处,故所成就者,王不成,霸不就。本原皆因不能格物,模索形似,便以为尧舜三代如此而已。所以学者先要穷理。"

后生自立最难,一人力抵当流俗不去,须是高着眼看破流俗方可。要之,此岂小廉曲谨所能为哉?必也豪杰之士。胡丈因举晦翁语云:"豪杰而不圣人者有之,未有圣人而不豪杰者也。"先生云:"是"。

　　问作文法,先生云:"读《汉》、《史》、韩、柳、欧、苏、尹师鲁、李淇水文不误。后生惟读书一路,所谓读书,须当明物理,揣事情,论事势。且如读史,须看他所以成,所以败,所以是,所以非处。优游涵泳,久自得力。若如此读得三五卷,胜看三万卷。"

　　问伯敏云:"作文如何?"伯敏云:"近日读得《原道》等书,犹未成诵,但茫然无入处。"先生云:"《左传》深于韩柳,未易入,且读苏文可也。此外别有进否? 吾友之志要如何?"伯敏云:"所望成人,目今未尝敢废防闲。"先生云:"如何样防闲?"伯敏云:"为其所当为。"先生云:"虽圣人不过如是。但吾友近来精神都死,却无向来亹亹之意,不是懈怠,便是被异说坏了。夫人学问,当有日新之功,死却便不是。邵尧夫诗云:"当锻炼时分劲挺,到磨砻处发光辉。'磨砻锻炼,方得此理明,如川之增,如木之茂,自然日进无已。今吾友死守定,如何会为所当为。博学、审问、慎思、明辨、笃行,博学在先,力行在后。吾友学未博,焉知所行者是当为,是不当为? 防闲,古人亦有之,但他底防闲与吾友别。吾友是硬把捉;告子硬把捉,直到不动心处,岂非难事? 只是依旧不是。某平日与兄说话,从天而下,从肝肺中流出,是自家有底物事,何常硬把捉。吾兄中间亦云有快活时,如今何故如此?"伯敏云:"固有适意时,亦知自家固有根本,元不待把捉,只是不能久。防闲稍宽,便为物欲所害。"先生云:"此则罪在不常久上,却如何硬把捉? 种种费力,便是有时得意,亦是偶然。"伯敏云:"却常思量不把捉,无下手处。"先生云:"何不早问?

只 此一事是当为不当为。当为底一件大事不肯做,更说甚底? 某平日与老兄说底话,想都忘了。"伯敏云:"先生常语以求放心、立志,皆历历可记。"先生云:"如今正是放其心而不知求也,若果能立,如何到这般田地?"伯敏云:"如何立?"先生云:"立是你立,却问我如何立? 若立得住,何须把捉? 吾友分明是先曾知此理来,后更异端坏了。异端非佛老之谓,异乎此理,如季绎之徒,便是异端。孔门惟颜曾传道,他未有闻。盖颜曾从里面出来,他人外面入去。今所传者,乃子夏、子张之徒,外入之学。曾子所传,至孟子不复传矣。吾友却不理会根本,只理会文字。实大声宏,若根本壮,怕不会做文字? 今吾友文字自文字,学问自学问,若此不已,岂止两段? 将百碎。"问:"近日日用常行觉精健否? 胸中快活否?"伯敏云:"近日别事不管,只理会我亦有适意时。"先生云:"此便是学问根源也。若能无懈怠,暗室屋漏亦如此,造次必于是,颠沛必于是,何患不成? 故云:'君子以自昭明德。'古之欲明明德于天下者,在致其知,致知在格物。古之学者为己,所以自昭其明德。己之德已明,然后推其明以及天下。鼓钟于宫,声闻于外,鹤鸣于九皋,声闻于天,在我者既尽,亦自不能掩。今之学者,只用心于枝叶,不求实处。孟子云:'尽其心者知其性,知其性则知天矣。'心只是一个心,某之心,吾友之心,上而千百载圣贤之心,下而千百载复有一圣贤,其心亦只如此。心之体甚大,若能尽我之心,便与天同。为学只是理会此'诚者自成也,而道自道也',何尝腾口说?"伯敏云:"如何是尽心? 性、才、心、情如何分别?"先生云:"如吾友此言,又是枝叶。虽然,此非吾友之过,盖举世之弊。今之学者读书,只是解字,更不求血脉。且如情、性、心、才,都只是一般物事,言偶不同耳。"伯敏云:"莫是同出而异名否?"先生曰:"不须得说,说着便不是,将来只是腾口说,为人不为己。若理会得自家实处,他日自明。若必欲说时,则在天者为性,在人者为心。此盖随吾友而言,其实不须如此。只是要尽去为心之累者,如吾友适意时,即今便是。'牛山之木'一段,血脉只在仁义上。'以为未尝有材焉','此岂山之性也哉','此岂人之情也哉',是偶然说及,初不须分别。所以令吾友读此者,盖欲吾友知斧斤之害其材,有以警戒其心。'日夜之所息',息者,歇也,又曰生息。盖人之良心为斧斤所害,夜间方得歇息。若夜间得息时,则平旦好恶与常人甚相远。惟旦昼所为,梏亡不止,到后来夜间亦不能得息,梦寐颠倒,思虑纷乱,以致沦为禽兽。人见其如此,以为未尝有才焉,此岂人之情也哉? 只与理会实处,就心上理会。俗谚云:"痴人面前不得说梦。'又曰:'狮子咬人,狂狗逐块。'以土打狮子,便径来咬人,若打狗,狗狂,只去理会土。圣贤急于教人,故以情、以性、以心、以才说与人,如何泥得? 若老兄与别人说,定是说如何样是心,如何样是性、情与才。如此分明说得好,划地不干我事,须是血脉骨髓理会实处始得。凡读书皆如此。"又问养气一段,先生云:"此尤当求血脉,只要理会'我善养吾浩然之气'。当吾友适意时,别事不理会时,便是'浩然'。'养而无害,则塞乎天地之间','是集义所生者,非义袭而取之也',盖孟子当时与告子说。告子之意,'不得于言,勿求于心',是外面硬把捉的。要之亦是孔门别派,将来也会成,只是终不自然。孟子出于子思,则是涵养成就者,故曰'是集义所生者',集义只是积善。'行有不慊于心则馁矣',若行事不当于心,如何得浩然?此言皆所以辟告子。"又问养勇异同,先生云:"此只是比并。北宫用心在外,正如告子'不得于言勿求于心';施舍用心在内,正如孟子'行有不慊于心则馁矣'。而施舍又似曾子,北宫又似子夏。谓之似者,盖用心内外相似,非真可及也。孟子之言,大抵皆因当时之人处己太卑,而视圣人太高。不惟处己太卑,而亦以此处人,如'是何足与言仁义也'之语可见。不知天之予我者,其初未尝不同。如'未尝有才焉'之类,皆以谓才乃圣贤所有,我之所无,不敢承当着。故孟子说此乃人人都有,自为斧斤所害,所以沦胥为禽兽。若能涵养此心,便是圣贤。读《孟子》须当理会他所以立言之意,血脉不明,沉溺章句何益?"

伯敏尝有诗云:"纷纷枝叶谩推寻,到底根株只此心。莫笑无弦陶靖节,个中三叹有遗音。"先生首肯之。呈所编《语录》,先生云:"编得也是,但言语微有病,不可以示人,自存之可也。兼一时说话有不必录者,盖急于晓人,或未能一一无病。"时朱季绎、杨子直、程敦蒙先在坐,先生问子直:"学问何所据?"云:"信圣人之言。"先生云:"且如一部《礼记》,凡'子曰'皆圣人言也,子直将尽信乎,抑其间有拣择?"子直无语。先生云:"若使其都信,如何都信得?若使其拣择,却非信圣人之言也。人谓某不教人读书，如敏求前日来问某下手处，某教他读《旅獒》、《太甲》，《告子》'牛山之木'以下，何尝不读书来？只是比他人读得别些子。"

右门人李伯敏敏求所录

学者须是弘毅，小家相底得人憎。小者，他起你亦起，他看你亦看，安得宽弘沉静者一切包容？因论争名之流，皆不济事。

因论傅圣谟无志，甘与草木俱腐，曰："他甘得如此，你还能否？"因言居士极不喜狂者，云最败风俗，只喜狷者，故自号又次居士。先生云："此言亦有味。"

因论子才不才事，曰："居移气，养移体。今之学者出世俗笼络亦不得，况能居天下之广居？"

寻常懈怠起时，或读书史，或诵诗歌，或理会一事，或整肃几案笔砚，借此以助精彩。然此是凭物，须要识破。因问去懈怠，曰："要须知道'不可须臾离'乃可。"

此是大丈夫事，么小家相者，不足以承当。

问杨云："多时有退步之说，不知曾果退否？若不退，丝毫许牵得住。前辈大量的人，看有甚大小？大事他见如不见，闻如不闻。今人略有些气焰者，多只是附物，元非自立也。若某则不识一个字，亦须还我堂堂地做个人。"

诸处论学者次第，只是责人，不能行去。

老夫无所能，只是识病。

天民如伊尹之类。

问："作书攻王顺伯，也不是言释，也不是言儒，惟理是从否?"曰:"然。"

杨敬仲不可说他有禅,只是尚有气习未尽。

因说薛象先,不可令于外面观人,能知其底里了,外面略可观验。

"唐虞之间,不如洙泗",此语不是。

轮对第一札,读"太宗"起头处,上曰:"君臣之间,须当如此。"答:"陛下云云,天下幸甚。"读"不存形迹"处,上曰:"赖得有所悔。"连说:"不患无过,贵改过之意甚多。"答:"此为尧、为舜、为禹汤、为文武血脉骨髓,仰见圣学。"读入本日处,先乞奏云:"臣愚蠢如此。"便读"疆土未复""生聚教训"处,上曰:"此有时。"辞色甚壮。答:"如十年生聚,十年教训,此有甚时?今日天下贫甚,州贫、县贫、民贫。"其说甚详,上无说。读第二札论道,上曰:"自秦汉而下,无人主知道。"甚有自负之意,其说甚多说禅。答:"臣不敢奉诏,臣之道不如此,生聚教训处便是道。"读第三札论知人,上曰:"人才用后见。"答:"要见之于前意思。"志其辞。上又曰:"人才用后见。"后又说:"此中有人云云。"答:"天下未知云云,天下无人才,执政大臣未称陛下使令。"上默然。读第四札,上赞叹甚多。第五札所陈甚多。下殿五六步,上曰:"朕不在详处做工夫,只在要处秉笏立听。"不容更转对。后王谦仲云,渠每常转对,恐小官不比渠侍从也。

事有难易。定夫初来,恐难说话,后却听得入,觉得显道昆仲说话难,予力辩之。先生曰:"显道隐藏在。"然予于此一路亦时起疑,以为人在一处,理在一处。后又解云:"只是未相合。"然终是疑。才闻先生说,即悟得大意,曰:"道遍满天下,无些小空阙。四端万善,皆天之所予,不劳人妆点。但是人自有病,与他间隔了。"又云:"只一些子重便是病。"又云:"只一些轻亦是病。"予于此深有省。

见道后,须见得前时小陋。君子所贵乎道者三,说得道字好,动容貌,出辞气,正颜色。其道如此,须是暴慢自远,鄙倍自远。

人之所以病道者:一资禀,二渐习。

道大,人自小之;道公,人自私之;道广,人自狭之。

予因说道难学,今人才来理会此,便是也不是,何故?以其便以此在胸中作病了。予却能知得这些子,见识议论作病,亦能自说。先生曰:"又添得一场闲说话。一实了,万虚皆碎。"

尚追惟论量前此所见,便是此见未去。

予举荀子《解蔽》"远为蔽,近为蔽,轻为蔽,重为蔽"之类,说好。先生曰:"是好,只是他无主人。有主人时,近亦不蔽,远亦不蔽,轻重皆然。"

其他体尽有形,惟心无形,然何故能摄制人如此之甚?

若是圣人,亦逞一些子精彩不得。

平生所说,未尝有一说。

廓然、昭然、坦然、广居、正位、大道、安宅、正路,是甚次第?却反旷而弗居,舍而弗由,哀哉!

旧罪不妨诛责,愈见得不好;新得不妨发扬,愈见得牢固。

因说定夫旧习未易消,若一处消了,百处尽可消。予谓晦庵逐事为他消不得。先生曰:"不可将此相比,他是添。"

大世界不享,却要占个小蹊小径子;大人不做,却要为小儿态;可惜!

小心翼翼,昭事上帝,上帝临汝,无贰尔心,战战兢兢,那有闲管时候。

典,常也;宪,法也;皆天也。

要常践道,践道则精明。一不践道,便不精明,便失枝落节。

如何容人力做? 乐循理,谓之君子。

小心翼翼,心小而道大。大人者,与天地合其德,与日月合其明,与四时合其序,与鬼神合其吉凶。

吾有知乎哉? 晦庵言谦辞,又来这里做个道理。

今一切去了许多缪妄劳攘,磨砻去圭角,浸润著光精,与天地合其德云云,岂不乐哉?

成孝敬,厚人伦,美教化,移风俗。

存养是主人,检敛是奴仆。家兄所闻:考索是奴仆。

如今人只是去些子凡情不得,相识还如不相识云云,始是道人心。

详道书好,文字亦好。纯人专,不中不远。

汲黯秉彝厚,黄老学不能汩。

上是天,下是地,人居其间。须是做得人,方不枉。

道大岂是浅丈夫所能胜任。敏道言资禀,因举"君子不谓命也"一段。

今且未须去理会其他,且分别小大轻重。

行状贬剥赞叹人,须要有道,班固不如马迁。

人为学甚难,天覆地载,春生夏长,秋敛冬肃,俱此理。人居其间要灵,识此理如何解得。

人不辨个小大轻重,无鉴识,些小事便引得动心,至于天来大事却放下着。

不爱教小人以艺,常教君子以艺。盖君子得之,不以为骄,不得不以为歉。小人得以为吝,败常乱教。

"吾十有五而志于学",今千百年无一人有志也。是怪他不得,志个甚底? 须是有智识,然后有志愿。

人要有大志。常人汩没于声色富贵间,良心善性都蒙蔽了。今人如何便解有志? 须先有智识始得。

有一段血气,便有一段精神。有此精神,却不能用,反以害之。非是精神能害之,但以此精神,居广居,立正位,行大道。

见一文字,未可轻易问是如何,何患不晓。

守规矩,孜孜持守,规行矩步,不妄言语。

铁剑利,则倡优拙。

有理会不得处,沉思痛省。一时间如此,后来思得明时,便有亨泰处。

今人欠个精专不得。

人精神千种万般,夫道一而已矣。

有懒病,也是其道有以致之。我治其大而不治其小,一正则百正。恰如坐得不是,我不责他坐得不是,便是心不在道。若心在道时,颠沛必于是,造次必于是,岂解坐得不是？只在勤与惰、为与不为之间。

人之资质不同,有沉滞者,有轻扬者。古人有韦、弦之义,固当自觉,不待人言。但有恣纵而不能自克者,有能自克而用功不深者。

人当先理会所以为人,深思痛省,枉自汩没虚过日月。朋友讲学,未说到这里。若不知人之所以为人,而与之讲学,遗其大而言其细,便是放饭流歠而问无齿决。若能知其大,虽轻,自然反轻归厚。因举一人恣情纵欲,一知尊德乐道,便明洁白直。

商君所说帝王,皆是破说。

因循亦好,因其事,循其理。

见理未明,宁是放过去,不要起炉作灶。

正言正论,要使长明于天下。

古之君子,知固贵于博。然知尽天下事,只是此理。所以博览者,但是贵精熟。知与不知,元无加损于此理。若以不知为慊,便是鄙陋。以不知为歉,则以知为泰,今日之歉,乃他日之泰。

君子虽多闻博识,不以此自负。

要当轩昂奋发,莫恁他沉埋在卑陋凡下处。

此理在宇宙间,何尝有所碍？是你自沉埋,自蒙蔽,阴阴地在个陷阱中,更不知所谓高远底。要决裂破陷阱,窥测破个罗网。

诛锄荡涤,慨然兴发。

激厉奋迅,决破罗网,焚烧荆棘,荡夷污泽。

世不辨个小大轻重，既是埋没在小处，于大处如何理会得？

志于声色利达者，固是小；剿摸人言语的，与他一般是小。

若能自立后，论汲黯便是如此论，论董仲舒便是如此论。

自得，自成，自道，不倚师友载籍。

理只在眼前，只是被人自蔽了。因一向误证他，日逐只是教他做工夫，云不得只如此。见在无事，须是事事物物不放过，磨考其理。且天下事事物物只有一理，无有二理，须要到其至一处。

傅圣谟说："一人启事有云：'见室而高下异，共天而寒暑殊。'"先生称意思好。圣谟言："文字体面大，不小家。"先生云："某只是见此好，圣谟有许多说话。"

问："子路死之非，只合责当时不合事辄。"曰："此是去册子上看得来底。乱道之书成屋，今都滞在其间。"后云："子路死是甚次第！"

你既乱道了，如何更为你解说？泥里洗土块，须是江汉以濯之。

居移气，养移体，今其气一切不好云云。

这里是刀锯鼎镬底学问。

人须是力量宽洪，作主宰。

习气　　识见凡下　　奔名逐利　　造次
尽欢　　乐在其中　　咏归　　履冰

问："颜鲁公又不曾学，如何死节如此好？"曰："便是今人将学、将道看得太过了,人皆有秉彝。"

包牺氏至黄帝,方有人文,以至尧舜三代,今自秦一切坏了,至今吾辈,盍当整理。

先生与李尉曼卿言:"今人多被科举之习坏。"又举与汤监言:"风俗成败,系君子小人穷达,亦系幸不幸,皆天也。然亦由在上之人。"

人无不知爱亲敬兄,及为利欲所昏便不然。欲发明其事,止就彼利欲昏处指出,便爱敬自在。此是唐虞三代实学,与后世异处在此。

人精神在外,至死也劳攘,须收拾作主宰。收得精神在内时,当恻隐即恻隐,当羞恶即羞恶,谁欺得你?谁瞒得你?见得端的后,常涵养,是甚次第!

勿无事生事。

儆戒无虞,罔失法度,罔游于逸,罔淫于乐,至哉!真圣人学也。

把捉二字不佳,不如说固执。

克己,三年克之,颜子又不是如今人之病要克,只是一些子未释然处。

要知尊德乐道,若某不知尊德乐道,亦被驱将去。

诸子百家,说得世人之病好,只是他立处未是;佛老亦然。

邑中讲说,闻者无不感发。独朱益伯鹘突来问,答曰:"益伯过求,以利心听,故所求在新奇玄妙。"

积思勉之功,旧习自除。

择善固执,人旧习多少,如何不固执得?

知非则本心即复。

人心只爱去泊着事,教他弃事时,如鹘孙失了树,更无住处。

既知自立,此心无事时,须要涵养,不可便去理会事。如子路使子羔为费宰,圣人谓:"贼夫人之子。"学而优则仕,盖未可也。初学者能完聚得几多精神,才一霍便散了。某平日如何样完养,故有许多精神难散。

予因随众略说些子闲话,先生少顷曰:"显道今知非否?"某答曰:"略知。"先生曰:"须要深知,略知不得。显道每常爱说闲话。"

学者要知所好。此道甚淡,人多不知好之,只爱事骨董。君子之道,淡而不厌。朋友之相资,须助其知所好者,若引其逐外,即非也。

人皆可以为尧舜。此性此道,与尧舜元不异,若其才则有不同。学者当量力度德。

初教董元息自立,收拾精神,不得闲说话,渐渐好,后被教授教解《论语》,却反坏了。

人不肯心闲无事,居天下之广居,须要去逐外,着一事,印一说,方有精神。

惟精惟一,须要如此涵养。

无事时,不可忘小心翼翼,昭事上帝。

老子为学、为道之说,非是。如某说,只云:"著是而去非,舍邪而适正。"

有道无道之人,有才无才与才之高下,为道之幸不幸,皆天也。

　　我无事时，只似一个全无知无能底人。及事至方出来，又却似个无所不知、无所不能之人。

　　朱济道说："前尚勇决，无迟疑，做得事。后因见先生了，临事即疑恐不是，做事不得。今日中只管悔过惩艾，皆无好处。"先生曰："请尊兄即今自立，正坐拱手，收拾精神，自作主宰。万物皆备于我，有何欠阙？当恻隐时自然恻隐，当羞恶时自然羞恶，当宽裕温柔时自然宽裕温柔，当发强刚毅时自然发强刚毅。"

　　无思无为，寂然不动，感而遂通天下之故。

　　恶能害心，善亦能害心。如济道是为善所害。

　　心不可汩一事，只自立心。人心本来无事，胡乱被事物牵将去。若是有精神，即时便出便好。若一向去，便坏了。

　　人不肯只如此，须要有个说话。今时朋友尽须要个说话去讲。

　　后生有甚事？但遇读书不晓便问，遇事物理会不得时便问，并与人商量，其他有甚事？

　　自家表里内外如一。

　　因说金溪苏知县资质好，亦甚知尊敬。然只是与他说得大纲话，大紧要处说不得。何故？盖为他三四十年父兄师友之教，履历之事几多，今胸中自有主张了，如何掇动得他？须是一切掇动铲除了，方得如格。君亦须如此。然如吏部格法，如何动得他？

　　朱济道说："临川从学之盛，亦可喜。"先生曰："某岂不爱人人能自立，人人居天下之广居，立天下之正位？立

乎其大者,而小者弗能夺。然岂能保任得朝日许多人在
此相处? 一日新教授堂试,许多人皆往,只是被势驱得如
此。若如今去了科举,用乡举里选法,便不如此。如某却
爱人试也好,不试也好,得也好,不得也好。今如何得人
尽如此? 某所以忧之,过于济道。所悯小民被官吏苦者,
以彼所病者在形,某之所忧人之所病者在心。"

与济道言:"风俗驱人之甚,如人心不明,如何作得主
宰? 吾人正当障百川而东之。"

先生曰:"某闲说话皆有落着处,若无谓闲说话,是谓
不敬。"

某与济道同事,济道亦有不喜某处,以某见众人说
好,某说不好,众人说不好,某解取之。

某与人理会事,便是格君心之非事。

举徐子宜云:"与晦庵月余说话,都不讨落着;与先生
说话,一句即讨落着。"

说济道滞形泥迹,不能识人,被人瞒。

济道问:"智者术之原,是否?"曰:"不是。伏羲画卦,
文王重之,孔子系之,天下之理,无一违者,圣人无不照
烛,此智也,岂是术?"因说:"旧曾与一人处事,后皆效。
彼云:'察见渊鱼不祥,如何?'曰:'我这里制于未乱,保于
未危,反祸为福,而彼为之者,不知如何为不祥?'"

因举许昌朝集朱吕《学规》在金溪教学,一册,月令人
一观,固好,然亦未是。某平时未尝立学规,但常就本上
理会,有本自然有末。若全去末上理会,非惟无益。今既
于本上有所知,可略略地顺风吹火,随时建立,但莫去起

炉作灶。

做得工夫实,则所说即实事,不话闲话,所指人病即实病。因举午间一人问房使善两国讲和,先生因赞叹不用兵全得几多生灵,是好;然吾人皆士人,曾读《春秋》,知中国夷狄之辨,二圣之仇,岂可不复? 所欲有甚于生,所恶有甚于死,今吾人高居无事,优游以食,亦可为耻,乃怀安非怀义也。此皆是实理实说。

事外无道,道外无事。皋陶求禹言,禹只举治水所行之事,外此无事。禹优入圣域,不是不能言,然须以归之皋陶。如疑知人之类,必假皋陶言之。

显仲问云:"某何故多昏?"先生曰:"人气禀清浊不同,只自完养,不逐物,即随清明,才一逐物,便昏眩了。显仲好悬断,都是妄意。人心有病,须是剥落。剥落得一番,即一番清明,后随起来,又剥落,又清明,须是剥落得净尽方是。"

人心有消杀不得处,便是私意,便去引文牵义,牵枝引蔓,牵今引古,为证为靠。

既无病时好读书,但莫去引起来。

慥侄问:"乍宽乍紧,乍明乍昏,如何?"曰:"不要紧,但莫懈怠。紧便不是,宽便是;昏便不是,明便是。今日十件昏,明日九件,后日又只八件,便是进。"

语显仲云:"风恬浪静中,滋味深长。人资性长短虽不同,然同进一步则皆失,同退一步则皆得。"问傅季鲁:"如何而通? 如何而塞?"因曰:"某明时直是明,只是懈怠时即塞。若长鞭策,不懈怠,岂解有塞? 然某才遇塞时,即不少安，即求出。若更藉朋友切磋求出，亦钝甚矣，所以淹没人。只朋友说闲话之类，亦能淹人。某适被显仲说闲话，某亦随流，不长进亦甚。然通时说事亦通，塞时皆塞。”

写字须一点是一点，一画是一画，不可苟。

蹩鸡终日紫紫，无超然之意。须是一刀两断，何故紫紫如此？紫紫底讨个甚么？

仰首攀南斗，翻身倚北辰，举头天外望，无我这般人。

今有难说处，不近前来底又有病，近前来底又有病。世俗情欲底人病却不妨，只指教他去彼就此，最是于道理中鹘突不分明人难理会。某平生怕此等人，世俗之过却不怕。

旧横截人太甚，如截周成之后，当不得无成。今皆不然，以次第进之。有大力量者，然后足以当其横截，即有出路。

教小儿，须发其自重之意。

予问能辩朱事。曰：“如何辩？”予曰：“不得受用。”曰：“如此说便不得，彼亦可受用，只是信此心未及。”又曰：“只今明白时，便不须更推如何如何。”又曰：“凡事只过了，更不须滞滞泥泥。子渊却不如此，过了便了，无凝滞。”

区处得多少事，并应对人，手中亦读得书。

问：“二兄恐不知先生学问旨脉？”曰：“固是前日亦尝与朱济道说，须是自克却，方见得自家旧相信时亦只是虚信，不是实得见。”

我只是不说一,若说一,公便爱。平常看人说甚事,只是随他说,却只似个东说西说底人。我不说一,杨敬仲说一,尝与敬仲说箴他。

凡事莫如此滞滞泥泥,某平生于此有长,都不去着他事,凡事累自家一毫不得。每理会一事时,血脉骨髓都在自家手中。然我此中却似个闲闲散散全不理会事底人,不陷事中。

详道如昨日言定夫时,宏大磊落。常常如此时好,但莫被枝叶累倒了。须是工夫孜孜不懈乃得,若稍懈,旧习又来。

君子之道,淡而不厌。淡味长,有滋味便是欲。人不爱淡,却只爱闹热。人须要用不肯不用,须要为不肯不为。盖器有大小,有大大器底人自别。

算稳底人好,然又无病生病。勇往底人好,然又一概去了。然勇往底人较好,算稳底人有难救者。

定夫举禅说:"正人说邪说,邪说亦是正;邪人说正说,正说亦是邪。"先生曰:"此邪说也。正则皆正,邪则皆邪,正人岂有邪说?邪人岂有正说?此儒释之分也。"

古人朴实头,明播种者主播种,明乐者主乐,欲学者却学他,然长者为主。又其为主者自为主,其为副者自为副,一切皆有一定,不易不争。

宿无灵骨,在师友处有所闻,又不践履去,是谓无灵骨。又云:人皆可以为尧舜,谓无灵骨,是谓厚诬。

后生随身规矩不可失。

道可谓尊,可谓重,可谓明,可谓高,可谓大。人却不自重,才有毫发恣纵,便是私欲,与此全不相似。

法语正如雷阳,巽语正如风阴。人能于法语有省时好,于巽语有省,未得其正,须思绎。《诗》、《雅》、《正》、《变风》,便是巽意,《离骚》又其次也。《变风》无《骚》意,此又是屈原立此,出于有所碍,不得已。后世作《诗·雅》,不得只学《骚》。

兵书邪说。道塞乎天地,以正伐邪,何用此? 须别邪正。

小心翼翼,昭事上帝,上帝临汝,无贰尔心。此理塞宇宙,如何由人杜撰得? 文王敬忌,若不知此,敬忌个甚么?

见季尉,因说:"大率人多为举业所坏。渠建宁人,尤溺于此。取人当先行义,考试当先理致,毋以举业之靡者为上。"

大丈夫事岂当儿戏?

自立自重,不可随人脚跟,学人言语。

四端皆我固有,全无增添。

说本朝官制,蔡元通所论乱道。

江泰之问:"某每惩忿窒欲,求其放心,然能暂而不能久。请教。"答曰:"但惩忿窒欲,未是学问事。便惩窒得全无后,也未是学。学者须是明理,须是知学,然后说得惩窒。知学后惩窒,与常人惩窒不同。常人惩窒只是就事就末。"

孟子言学问之道求放心,是发明当时人。当时未有此说,便说得;孟子既说了,下面更注脚,便不得。

今上重明节九月四日早，先生就精舍庭前，朱衣象笏，向北四拜，归精舍坐，四拜。问之，答曰："必有所尊，非有已也。太守上任拜厅。"

学者大率有四样：一、虽知学路，而恣情纵欲，不肯为；一、畏其事大且难而不为；一、求而不得其路；一、未知路而自谓能知。

学能变化气质。

大人凝然不动，不如此，小家相。

先生云："某每见人，一见即知其是不是，后又疑其恐不然，最后终不出初一见。"

道塞天地，人以自私之身与道不相入。人能退步自省，自然相入。唐虞三代教化行，习俗美，人无由自私得。后以裁成天地之道，辅相天地之宜，以左右民。今都相背了，说不得。

高底人不取物，下人取物，粘于物。

资禀好底人阔大，不小家相，不造作，闲引惹他都不起不动，自然与道相近。资禀好底人，须见一面，自然识取，资禀与道相近。资禀不好底人，自与道相远，却去锻炼。

东坡论《嗣征》甚好，自《五子之歌》推来。顾命陈设，是因成王即位，流言所致，此召公之非不任道，流俗之情也。周之道微，此其一也。又"尔有嘉谋嘉猷，则入告尔后于内，尔乃顺之于外曰：斯谋斯猷，惟我后之德"，此二也。

旧尝通张于湖书于建康，误解了《中庸》，谓"魏公能致广大而不能尽精微,极高明而不能道中庸",乃成两截去了。又尝作《高祖无可无不可论》,误解了《书》,谓"人心,人伪也;道心,天理也",非是。人心,只是说大凡人之心。惟微,是精微,才粗便不精微,谓人欲天理,非是。人亦有善有恶,天亦有善有恶,<small>日月蚀、恶星之类。</small>岂可以善皆归之天,恶皆归之人? 此说出于《乐记》,此说不是圣人之言。

与小后生说话,虽极高极微,无不听得,与一辈老成说便不然。以此见道无巧,只是那心不平底人揣度便失了。

学者须是打叠田地净洁,然后令他奋发植立;若田地不净洁,则奋发植立不得。古人为学即"读书然后为学"可见。然田地不净洁,亦读书不得;若读书,则是假寇兵,资盗粮。

凡所谓不识不知,顺帝之则,晏然太平,殊无一事,然却有说擒搦人不下,不能立事,却要有理会处。某于显道,恐不能久处此间。且令涵养大处,如此样处未敢发。然某皆是逐事逐物考究练磨,积日累月,以至如今,不是自会,亦不是别有一窍子,亦不是等闲理会,一理会便会;但是理会与他人别。某从来勤理会,长兄每四更一点起时,只见某在看书,或检书,或默坐。常说与子侄,以为勤,他人莫及。今人却言某懒,不曾去理会,好笑。

侍登鬼谷山,先生行泥途二三十里,云:"平日极惜精力,不轻用,以留有用处,所以如今如是健。"诸人皆困不堪。

观山，云："佳处草木皆异，无俗物，观此亦可知学。"

天地人之才等耳，人岂可轻？人字又岂可轻？有中说无，无中说有之类，非儒说。

因提公昨晚所论事，只是胜心。风平浪静时，都不如此。

先生说数、说揲蓍，云："蓍法后人皆误了，吾得之矣。"

一行数妙甚，聪明之极，吾甚服之，却自僧中出。僧持世有《历法》八卷。

君子役物，小人役于物。夫权皆在我，若在物，即为物役矣。

举柳文乎、钦、邪之类，说乎、钦是疑，又是赞叹："不亦说乎"是赞叹，"其诸异乎人之求之钦"是赞叹，《孟子·杞柳章》一钦、一也，皆疑。

我说一贯，彼亦说一贯，只是不然。天秩、天叙、天命、天讨，皆是实理，彼岂有此？

后生全无所知底，似全无知，一与说却透得，为他中虚无事。彼有这般意思底，一切被这些子隔了，全透不得，此虚妄最害人。

过、不及，有两种人。胸中无他，只一味懈怠沉埋底人，一向昏俗去，若起得他却好，只是难起，此属不及。若好妄作人，一切隔了，此校不好，此属过。人凝重阔大底好，轻薄小相底不好。

槐云："着意重便惊疑。"答："有所重便不得。"举《孟子》勿忘勿助长。

优裕宽平，即所存多，思虑亦正。求索太过，即存少，思虑亦不正。

重滞者难得轻清，刊了又重。须是久在师侧，久久教他轻清去。若自重滞，如何轻清得人？

黄百七哥今甚平夷闲雅，无营求，无造作，甚好。其资与其所习似不然，今却如此，非学力而何？

人之精爽，负于血气，其发露于五官者安得皆正？不得明师良友剖剥，如何得去其浮伪，而归于真实？又如何得能自省、自觉、自剥落？

数即理也，人不明理，如何明数？

"神以知来，智以藏往。"神，蓍也；智，卦也，此是人一身之蓍。

某自来非由乎学，自然与一种人气相忤。才见一造作营求底人，便不喜；有一种冲然淡然底人，便使人喜，以至一样衰底人，心亦喜之。年来为不了事底，方习得稍不喜，见退淡底人，只一向起发他。

某从来不尚人起炉作灶，多尚平。

因见众人所为，亦多因他。然亦有心知其为非，不以为是，有二三年不说破者。如此不为则已，一为必中。此虽非中，然与彼好生事不中底人相去悬绝。于事则如此多不为，至于文章，必某自为之。文章岂有太过人？只是得个恰好。他人未有伦叙，便做得好，只是偶然。又云：文章要煅炼。

《诗小序》，解诗者所为。"天下荡荡"，乃因"荡荡上帝"，序此尤谬可见者。

曾参、高柴、漆雕开之徒是不及之好者,曾皙是过之好者,师过商不及是过不及之不好者。

"人而不为《周南》、《召南》,其犹正墙面而立也",学者第一义。"古之欲明明德于天下者",此是第二。孔子志学便是志此,然须要有入处,《周南》、《召南》便是入处。后生无志难说,此与《秦誓》"其心休休"一章相应。《周南》、《召南》好善不厌,《关雎》、《鹊巢》皆然。人无好善之心便皆自私,有好善之心便无私,便人之有技若已有之。今人未必有他心,只是无志,便不好善。乐正子好善,孟子喜而不寐,又不是私于乐正子。

因曾见一大鸡,凝然自重,不与小鸡同,因得《关雎》之意。雎鸠在河之洲,幽闲自重,以比兴君子美人如此之美。

文以理为主,荀子于理有蔽,所以文不雅驯。

"风以动之,教以化之。"风是血脉,教是条目。

夫子曰:"由!知德者鲜矣。"要知德。皋陶言:"亦行有九德",然后乃言曰:"载采采。"事固不可不观,然毕竟是末。自养者亦须养德,养人亦然。自知者亦须知德,知人亦然。不于其德而徒绳检于其外,行与事之间,将使人作伪。

韩文有作文蹊径,《尚书》亦成篇,不如此。

后生精读古书文。

《汉书·食货志》后生可先读,又着读《周官·考工记》。又云:后生好看《系辞》,皆赞叹圣人作《易》。

后生好看《子虚》、《上林赋》,皆以字数多,后来好工夫不及此。

文才上二字一句,便要有出处。使《六经》句,不谓之偷使。

学者不可翻然即改,是私意,此不长进。

五日画一水,十日画一松。若不如此,胡乱做。

某观人不在言行上,不在功过上,直截是雕出心肝。

人生天地间,如何不植立?

穷究磨炼,一朝自省。

因问:"黎师侯诗,不是理明义精,只是揩磨得之,所以不能言与人。"曰:"此便是平生爱图度样子,只是他不能言,你又岂知得他是如此?"

定夫挟一物不放,胡做。

荆公求必,他人不必求。

佛老高一世人,只是道偏不是。

周康叔来问学,先生曰:"公且说扶渡子讼事来。"曾充之来问学,先生曰:"公且说为谁打关节来。"只此是学。

又无事尚解忘,今当机对境,乃不能明。

小人儒,为善之小人,士诚小人哉。

谨致念,大凡多随资禀,一致思便能出。

因说详道旧问云:"心都起了,不知如何在求道。德成而上,艺成而下,行成而先,事成而后,今人之性命只在事艺末上。"彭世昌云:"只是不识轻重大小。"先生笑曰:"打入廖家牛队里去了,因吴显道与诸公说风水。"

禅家话头不说破之类,后世之谬。

"继之者善也",谓一阴一阳相继。

精读书,著精采警语处,凡事皆然。

某今亦教人做时文,亦教人去试,亦爱好人发解之类,要晓此意是为公,不是私。

凡事只看其理如何,不要看其人是谁。

说晦翁云:"莫教心病最难医。"

内无所累,外无所累,自然自在,才有一些子意便沉重了。彻骨彻髓,见得超然,于一身自然轻清,自然灵。

大凡文字,才高超然底,多须要逐字逐句检点他。才稳文整底,议论见识低,却以古人高文拔之。

本分事熟后,日用中事全不离。此后生只管令就本分事用工,犹自救不暇,难难。教他只就本分事,便就日用中事,又一切忘了本分事,难难。精神全要在内,不要在外,若在外,一生无是处。但如奖一小人,亦不可谓今要将些子意思奖他;怒一小人,亦不可谓今要将些子意思怒他,都无事此。只要当奖即奖,当怒即怒,吾亦不自知。若有意为之,便是私,感畏人都不得。

我这里有扶持,有保养,有摧抑,有捱挫。

韩文章多见于墓志、祭文,洞庭汗漫,粘天无壁。柳祭吕化光文章妙。

古人精神不闲用,不做则已,一做便不徒然,所以做得事成。须要一切荡涤,莫留一些方得。

某平生有一节过人,他人要会某不会,他人要做某不做。

莫厌辛苦,此学脉也。

不是见理明,信得及,便安不得。

因阴晴不常,言人之开塞。若无事时有塞,亦未害,忽有故而塞,须理会方得。

不可戏谑,不可作乡谈。人欲起不肖破败意,必先借此二者发之。某七八岁时常得乡誉,只是庄敬自持,心不爱戏。故小年时皆无侣,袜不破,指爪长。后年十五六,觉与人无徒,遂稍放开。及读三国六朝史,见夷狄乱华,乃一切剪了指爪,学弓马,然胸中与人异,未尝失了。后见人收拾者,又一切古执去了,又不免教他稍放开。此处难,不收拾又不得,收拾又执。这般要处,要人自理会得。

截然无议论词说蹊径,一说又一就说,即(编者注:即原作节)不是。此事极分明,若迟疑,则犹未。

大凡文字,宁得人恶、得人怒,不可得人羞、得人耻,与晦庵书不是,须是直凑。

道在迩而求诸远,事在易而求诸难。只就近易处,着着就实,无尚虚见,无贪高务远。

随身规矩,是后生切要,莫看先生长者,他老练,但只他人看,你莫看,他人笑,你莫笑。所谓非礼勿视,非礼勿听。

管仲学老子亦然。

老衰而后佛入。

不专论事论末,专就心上说。

论严泰伯云:"只是一个好胜。见一好事做近前,便做得亦不是,事好心却不好。"

老氏见周衰名胜,故专攻此处而申其说,亡羊一也。

一是即皆是,一明即皆明。

指显仲剩语多，曰："须斩钉截铁。"

因看诸人下象棋，曰："凡事不得胡乱轻易了，又不得与低底下，后遇敌手便惯了，即败。狮子捉象捉兔，皆用全力。"

其发若机括，其司是非之谓也；其留如诅盟，其守胜之谓也。庄子势阻则谋，计得则断。先生旧尝作小经，云意似《庄子》。

王遇子合问："学问之道何先？"曰："亲师友，去己之不美也。人资质有美恶，得师友琢磨，知己之不美而改之。"子合曰："是，请益。"不答。先生曰："子合要某说性善性恶，伊洛释老，此等话不副其求，故曰是而已。吾欲其理会此说，所以不答。"

右包扬显道所录

阜民癸卯十二月初见先生，不能尽记所言。大旨云："凡欲为学，当先识义利公私之辨。今所学果为何事？人生天地间，为人自当尽人道。学者所以为学，学为人而已，非有为也。"又云："孔门弟子如子夏、子游、宰我、子贡，虽不遇圣人，亦足号名学者，为万世师。然卒得圣人之传者，柴之愚，参之鲁。盖病后世学者溺于文义，知见缴绕，蔽惑愈甚，不可入道耳。"阜民既还邸，遂尽屏诸书。及后来疑其不可，又问。先生曰："某何尝不教人读书，不知此后煞有甚事？"

某方侍坐，先生遽起，某亦起。先生曰："还用安排否？"

先生举"公都子问钧是人也"一章云："人有五官，官有其职，某因思是便收此心，然惟有照物而已。"他日侍坐无所问，先生谓曰："学者能常闭目亦佳。"某因此无事则安坐瞑目，用力操存，夜以继日。如此者半月，一日下楼，忽觉此心已复澄莹。中立窃异之，遂见先生。先生目逆而视之曰："此理已显也。"某问先生："何以知之?"曰："占之眸子而已。"因谓某："道果在迩乎?"某曰："然。昔者尝以南轩张先生所类洙泗言仁书考察之，终不知仁，今始解矣。"先生曰："是即知也，勇也。"某因言而通，对曰："不惟知勇，万善皆是物也。"先生曰："然，更当为说存养一节。"

先生曰："读书不必穷索，平易读之，识其可识者，久将自明，毋耻不知。子亦见今之读书谈经者乎? 历叙数十家之旨而以己见终之。开辟反覆，自谓究竟精微，然试探其实，固未之得也，则何益哉?"

乙巳十二月，再入都见先生。坐定，曰："子何以束缚如此?"因自吟曰："翼乎如鸿毛遇顺风，沛乎若巨鱼纵大壑，岂不快哉?"既而以所记管窥诸语请益。一二日，再造。先生曰："夜来与朋友同看来，却不是无根据说得出来。自此幸勿辍录，他日亦可自验。"

某尝问："先生之学亦有所受乎?"曰："因读《孟子》而自得之。"

右门人詹阜民子南所录

昔者先生来自金邑，率僚友讲道于白鹿洞，发明"君子喻于义，小人喻于利"一章之旨，且喻人之所喻由其所习，所习由其所志，甚中学者之病。义利之说一明，君子小人相去一间，岂不严乎? 苟不切己观省，与圣贤之书背驰，则虽有此文，特纸上之陈言耳。括苍高先生有言曰："先生之文如黄钟大吕，发达九地，真启洙泗邹鲁之秘，其可不传耶？"

黄元吉

荆 州 日 录

为学患无疑，疑则有进。孔门如子贡即无所疑，所以不至于道。孔子曰："女以予为多学而识之者欤？"子贡曰："然。"往往孔子未然之，孔子复有非与之问。颜子仰之弥高，末由也已，其疑非细，甚不自安，所以其殆庶几乎？

学问须论是非，不论效验。如告子先孟子不动心，其效先于孟子，然毕竟告子不是。

君子贤其贤而亲其亲，小人乐其乐而利其利，俱是一义。皆主"不忘而言"，"仁者见之谓之仁，智者见之谓之智"之义。

"人道敏政"，言果能尽人道，则政必敏矣。

《洪范》"有猷"是知道者，"有为"是力行者，"有守"是守而不去者，曰"予攸好德"，是大有感发者。

三德、六德、九德，是通计其德多少。三德可以为大夫，六德可以为诸侯，九德可以王天下。翕受即是九德咸事，敷施乃大施于天下。

"《履》，德之基"，是人心贪欲恣纵，《履卦》之君子，以辩上下，定民志，其志既定，则各安其分，方得尊德乐道。"《谦》，德之柄"，谓染习深重，则物我之心炽，然谦始能受人以虚,而有入德之道矣。

九畴之数:一六在北,水得其正。三八在东,木得其正。惟金火易位,谓金在火乡,火在金乡,而木生火。自三上生至九,自二会生于九,正得二数,故火在南。自四至七,亦得四数,故金在西。

一变而为七,七变而为九,谓一与一为二、一与二为三、一与三为四、一与四为五、一与五为六,五者数之祖,既见五则变矣。二与五为七,三与五为八,四与五为九,九复变而为一。卦阴蓍阳,八八六十四,七七四十九,终万物始万物而不与,乃是阴事将终,阳事复始。《艮》,鼓万物而不与圣人同忧,道何尝有忧,既是人,则必有忧乐矣。精神不运则愚,血气不运则病。

孟氏没,吾道不得其传。而老氏之学始于周末,盛于汉,迨晋而衰矣。老氏衰而佛氏之学出焉,佛氏始于梁达磨,盛于唐,至今而衰矣。有大贤者出,吾道其兴矣夫!

独汉武帝不用黄老,于用人尚可与。

汤放桀,武王伐纣,即"民为贵,社稷次之,君为轻"之义。孔子作《春秋》之言亦如此。

王沂公曾论丁谓,似出私意,然志在退小人,其脉则正矣。迹虽如此,于心何愧焉?

学问不得其纲,则是二君一民。等是恭敬,若不得其纲,则恭敬是君,此心是民;若得其纲,则恭敬者乃保养此心也。

蓍用七七,少阳也。卦用八八,少阴也。少阳少阴,变而用之。

棋所以长吾之精神，瑟所以养吾之德性。艺即是道，道即是艺，岂惟二物，于此可见矣。

有己则忘理，明理则忘己。"艮其背，不见其身；行其庭，不见其人"，则是任理而不以己与人参也。

"事父孝，故事天明，事母孝，故事地察"，是学已到田地，自然如此，非是欲去明此而察此也。"明于庶物，察于人伦"亦然。

"《复》，小而辨于物"，小谓心不粗也。

"在明明德，在亲民"，皆主于"在止于至善"。

《皋陶谟》、《洪范》、《吕刑》，乃传道之书。

四岳举丹朱、举鲧等，于知人之明，虽有不足，毕竟有德。故尧欲逊位之时，必首曰："汝能庸命逊朕位。"

皋陶明道，故历述知人之事。孟子曰："我知言。"夫子曰："不知言，无以知人也。"

"诚则明，明则诚"，此非有次第也，其理自如此。"可欲之谓善"，"知至而意诚"亦同。有志于道者，当造次必于是，颠沛必于是。凡动容周旋，应事接物，读书考古，或动或静，莫不在时。此理塞宇宙，所谓道外无事，事外无道。舍此而别有商量，别有趋向，别有规模，别有形迹，别有行业，别有事功，则与道不相干，则是异端，则是利欲为之陷溺，为之窠臼。说即是邪说，见即是邪见。

"君子之道费而隐"，费，散也。

释氏谓此一物，非他物故也，然与吾儒不同。吾儒无不该备，无不管摄，释氏了此一身，皆无余事，公私义利于此而分矣。

《系辞》卦有大小，阴小阳大。

"言天下之至赜而不可恶也"，虽诡怪阖辟，然实有此理，且亦不可恶也。

"言天下之至动而不可乱也"，天下有不可易之理故也。"吉凶者，正胜者也。"《易》使人趋吉避凶，人之所为，当正而胜凶也。

"必也使无讼乎？"至明然后知人情物理，使民无讼之义如此。

天理人欲之分论极有病。自《礼记》有此言，而后人袭之。《记》曰："人生而静，天之性也；感于物而动，性之欲也。"若是，则动亦是，静亦是，岂有天理物欲之分？若不是，则静亦不是，岂有动静之间哉？

矶，钓矶也。"不可矶"，谓无所措足之地也，无所措手足之义。

"可坐而致也"是疑辞，与"邪"字同义。

人各有所长，就其所长而成就之，亦是一事。此非拘儒曲士之所能知，惟明道君子无所陷溺者能达此耳。

斫之类如学为士者必能作文，随其才，虽有工拙，然亦各极其至而已。

与朋友切磋，贵乎中的，不贵泛说，亦须有手势。必使其人去灾病，解大病，洒然豁然，若沉疴之去体，而濯清风也。若我泛而言之，彼泛而听之，其犹前所谓杜撰名目，使之持循是也。

"鸢飞戾天，鱼跃于渊，言其上下察也。"只缘理明义精，所以于天地之间，一事一物，无不著察。"仰以观象于天，及万物之宜"，惟圣者然后察之如此其精也。

孔门高弟，颜渊、闵子骞、冉伯牛、仲弓、曾参之外，惟南宫适、宓子贱、漆雕开近之，以敏达、捷给、才智、慧巧论之，安能望宰我、子贡、冉有、季路、子游、子夏也哉？惟其质实诚朴，所以去道不远。如南宫适问禹稷躬稼而有天下，最是朴实。孔子不答，以其默当于此心，可外无言耳。所以括出赞之云。

"语大，天下莫能载焉。"道大无外，若能载，则有分限矣。"语小，天下莫能破焉。"一事一物，纤悉微末，未尝与道相离。天地之大也，人犹有所憾，盖天之不能尽地所以为，地不能尽天之所职。

自形而上者言之谓之道，自形而下者言之谓之器。天地亦是器，其生覆形载必有理。

"六十而耳顺"，知见到矣；"七十而从心所欲不逾矩"，践行到矣。颜子未见其止，乃未能臻此也。

生知，盖谓有生以来，浑无陷溺，无伤害，良知具存，非天降之才尔殊也。

汉唐近道者：赵充国、黄宪、杨绾、段秀实、颜真卿。

王肃、郑康成谓《论语》乃子贡、子游所编，亦有可考者。如《学而篇》子曰次章，便载有若一章，又子曰而下，载曾子一章，皆不名而以子称之。盖子夏辈平昔所尊者，此二人耳。

不践迹，谓已知血脉之人，不拘形着迹，然亦未造阃奥。乐正子在此地位，人能明矣，然乍纵乍警，骤明忽暗，必至于有诸己然后为得也。

　　孔子十五而志于学，是已知道时矣。虽有所知，未免乍出乍入，乍明乍晦，或警或纵，或作或辍。至三十而立，则无出入、明晦、警纵、作辍之分矣，然于事物之间未能灼然分明见得。至四十始不惑；不惑矣，未必能洞然融通乎天理矣，然未必纯熟。至六十而所知已到，七十而所行已到。事不师古，率由旧章，学于古训，古训是式。所法者，皆此理之，非徇其迹，仿其事。

　　博学、审问、慎思、明辨，始条理也。如金声而高下、隆杀、疾徐、疏数，自有许多节奏。到力行处，则无说矣，如玉振，然纯一而已。知至知终，皆必由学，然后能至之终之。所以孔子学不厌，发愤忘食。"《易》与天地准"，"至神无方而易无体"，皆是赞《易》之妙用如此。"一阴一阳之谓道"，乃泛言天地万物皆具此阴阳也。"继之者善也"，乃独归之于人。"成之者性也"，又复归之于天，天命之谓性也。

　　切磋之道，有受得尽言者，有受不得者。彼有显过大恶，苟非能受尽言之人，不必件件指摘他，反无生意。

　　王道荡荡平平，无偏无倚。伯夷、伊尹、柳下惠圣则圣矣，终未底于荡荡平平之域。

　　重卦而为六十四，分三才。初，二地也，初地下，二地上。三、四人也，三人下，四人上。五、六天也，五天下，六天上。一生二，二生三，三生万物。

　　先儒谓《屯》之初九如高贵乡公，得之矣。

　　《蒙》："再三渎，渎则不告。"非发之人，不以告于蒙者也。为蒙者，未能专意相向，乃至再三以相试探，如禅家云盗法之人,终不成器。一有此意,则志不相应,是自渎乱,虽与之言终不通解,与不告同也。

八卦之中,惟《乾》、《坤》、《坎》、《离》不变,倒而观之,亦是此卦。外四卦则不然。

学问若有一毫夹带,便属私小而不正大,与道不相似矣。仁之于父子固也,然以舜而有瞽叟,命安在哉?故舜不委之于命,必使底豫允若,则有性焉,岂不于此而验?

元吉自谓智昧而心粗。先生曰:"病固在此,本是骨凡。学问不实,与朋友切磋不能中的,每发一论,无非泛说,内无益于己,外无益于人,此皆己之不实,不知要领所在。遇一精识,便被他胡言汉语压倒,皆是不实。吾人可不自勉哉?"

格物者,格此者也。伏羲仰象俯法,亦先于此尽力焉耳。不然,所谓格物,末而已矣。

颜子仰高钻坚之时,乃知枝叶之坚高者也,毕竟只是枝叶。学问于大本既正,而万微不可不察。

规矩严整,为助不少。

阳明传习录导读

杨国荣

王阳明(1472—1529),名守仁,字伯安,生于明成化八年,卒于明嘉靖七年。祖籍浙江余姚,自其父始迁居山阴。曾修学讲论于越城附近的阳明洞,故有阳明之号,并以此行于世。

王阳明早年便已对一些具有终极意义的哲学问题发生兴趣,12岁那一年,他曾向塾师提出了一个很不寻常的问题:"何为第一等事?"塾师以为,第一等事无非是科举及第,王阳明对塾师的这种回答不以为然。在他看来,真正的第一等事,应当是"读书学圣贤"。所谓学圣贤,意味着以内圣之境为目标。随着其思想的逐渐成熟,"成圣"作为"第一等事"也越来越成为王阳明自觉的追求。正是围绕如何成圣这一问题,王阳明作了长期的探索,而这种探索的结果,即具体体现于王阳明的语录、论学书札等等之中。王阳明的一些门人后来将集中反映王阳明论学宗旨的语录、书信等汇编起来,《传习录》便由此而形成。

《传习录》共分上、中、下三卷。上卷内容中的前一部分是由徐爱收集的。徐爱系王阳明的妹婿,后来又成为王阳明的学生。在王阳明论学的过程中,徐爱将其中有关心性、知行关系的讨论等内容记录下来并编在一起,题为《传习录》。但徐爱不幸早逝,所录内容篇幅也不多。与徐爱同时或稍晚,王阳明的另二位学生薛侃与陆源也将王阳明平时讲学的内容分别作了记录整理。1516 年,薛侃将他自己以及徐爱、陆源所收集的王阳明论学语录编为一卷,正式加以刻印刊行,题目即定为《传习录》,它也就是今本《传习录》的上卷。

《传习录》的中卷是由王阳明的另一位弟子南大吉编集的,刊行时题为《续刻传习录》,以示上接薛侃所编的《传习录》。《传习录》的中卷主要收入了王阳明的论学书信,包括著名的《答顾东桥书》、《答陆原静书》、《答欧阳崇一》、《答罗整庵少宰书》,以及《教约》等。这些书信都是王阳明亲笔手书,更直接地反映了王阳明的思想。从内容上看,它既有对知行学说、良知与致良知说等的正面阐释,也有对当时学者有关批评、责难的回应和反驳,二者从不同方面展示了王阳明的哲学思想。

《传习录上》与《传习录中》刻印刊行时,王阳明都还在世。王阳明去世后,他的及门高足钱德洪向王阳明的学生广泛征集王阳明的遗著及语录,渐渐积累了不少重要资料。从王阳明众多门人所提供的学术问答及语录中,钱德洪作了一些选择,将其中特别精要的部分,编为《传习续录》,并予以刻印刊行,这就是现传的《传习录下》,从内容上看,与《传习录上》相近。《传习录下》所收皆为王阳明的语录,其中包括了王阳明晚年的一些重要论述(如四句教),以及王阳明与门人关于心学的几次著名讨论,如天泉证道、严滩问答等。

《传习录》三卷虽然篇幅不大,但却比较集中地表现了王阳明心学的全貌。从时间上看,它收录的是王阳明思想成熟期的论述;就内容而言,它几乎涵盖了王阳明心学的各个方面:从心、性之辨,到心、物关系,从致良知说,到本体与功夫论,从知行合一,到万物一体,都纳入了《传习录》的论题,而王阳明心学的主要论旨,思想倾向,也可以通过《传习录》而见其大概。从某种意义上看,《传习录》构成了王阳明心学的主要载体。

除了《传习录》外,王阳明的门生后人还选编了王阳明的另一些文著,陆续加以刊行,如钱德洪等编印了《阳明先生文录》、《文录续编》,王阳明的嗣子王正意编辑了《阳明先生家乘》等。1572 年,御史谢廷杰汇集了《传习录》上、中、下及王阳明的其他遗著,另外加上门人所辑的《年谱》,统编为《王文成公全书》,共 38 卷。以后刊行的各种全集,基本上以此为依据。经过明代至清代的不断刻印流传,到 1936 年,王阳明的全集以《阳明全书》为题,由中华书局再次排印出版。从《王文成公全书》到《阳明全书》,王阳明的著作经过了一个长期流传的过程,但不管其版本如何演变,王阳明著作中反映其思想的主干部分,始终是《传习录》,而王阳明的心学也首先是通过《传习录》产生了广泛的影响。以下对《传习录》及相关论著中的思想作一简要分析。

一、心体的重建

王阳明以成圣为第一等事,决定了其思维路向首先指向内在的心性。从较广的理论背景看,心、性的辨析在逻辑上构成了理学解决内圣之境何以可能的切入点,正是这一进路,使理学常常被视为心性之学。在这方面,王阳明的心学并没有离开理学的论域。当然,对心性问题的看法及心性关系的定位,王阳明与程、朱一系的理学又存在重要分歧。

程、朱所强调的,首先是作为普遍本质的性。相对于程、朱之注重性,王阳明似乎更多地将注重之点放在心之上。他一再强调,"圣人之学,心学也",而他的哲学也常常被称之为心学。王阳明所说的心,含义较为广泛,指知觉、思维、情感、意向等等,从为学与为道的角度看,首先应当注意的则是心体的概念。王阳明一再要求"于心体上用功"(《传习录上》),以心为体,从一个方面表现了王阳明心学不同于程朱之学的品格。

关于心体的内涵,王阳明作了多方面的界定。他首先将心与理联系起来,认为心并不仅仅是一种感性的存在(不专是一团血肉),而是以理为其内在的规定。理的渗入,赋予心以二重相互联系的品格:即先天性与普遍必然性。先天性表现了心先于经验的一面,正是在此意义上,王阳明认为,"心,生而有者也"(《王阳明全集》第976页,上海古籍出版社,1992年,以下简称《全集》);

普遍必然性则展示了心超然于特殊时间和空间的一面，用王阳明的话来说，也就是"无间于天人，无分于古今"。

通过以理规定心，王阳明将先验的道德律引入了心体。从静态看，心呈现为普遍必然的道德律，就动态言，心又表现为道德实践领域的立法者(亦即道德命令的颁布者)，后者体现了心的主宰性："以其凝聚之主宰而言，则谓之心。"(《传习录中》)就其以理为心之体，并将作为心之体的理主要理解为普遍的道德律而言，王阳明的思路与程、朱并没有实质的差异。不过，程、朱较少讲心的主宰意义，而更重理的主宰性。朱熹便批评释氏"专认此心所为主宰，故不免流于自私耳"。在程、朱一系中，关注的问题主要是如何使心合乎理，而不是由心颁布道德律，换言之：理入主于心压倒了心的自主性。

程、朱要求化心为性、性其情，在心性关系上表现为以性说心，亦即以普遍之性来规定个体之心，这一思路更多地将心的先验性与超验性联系起来，而对心的经验内容未予以应有的注意。与之不同，王阳明在强调心有其先天来源(得之于天)的同时，并未将关注之点引向其超验性。当王阳明的门生陈九川问如何才能达到稳当时，王阳明的回答是："尔却去心上寻个天理，此正所谓理障。"(《传习录下》)心之上的理，是超验之理；以心之上寻理为理障，可以看作是对程朱的批评。与心上寻理的超验进路相异，王阳明在肯定心体具有先天的普遍必然之理的同时，又将其与经验内容与感性存在联系起来，在肯定"故无心则无身"的同时,又强调"无身则无心"。身是一种感性的存在;心虽不能等同于血肉之躯,但它又并非隔绝于耳目口鼻等感性的存在。承认心与身的这种联系,当然并不能说是一种独到的见解,但相对于程、朱的以性说心,它又确实有值得注意之点。如果说,以性说心倾向于将心与感性存在和经验内容区分开来,那么,无身则无心之说则旨在重新确认心与感性的联系。

从意识的层面看,感性存在总是涉及经验内容,心不能离身(无身则无心),决定了心无法与经验内容绝缘。王阳明在谈到心与情的关系时,便肯定了这一点:"喜、怒、哀、惧、爱、恶、欲,谓之七情。七者俱是人心合有的。"(《传习录下》)相对于理性的灵明觉知,情感属于感性经验的序列,王阳明将七情视为人心的题中应有之义,同时即意味着对先验的心体与经验的内容作了沟通。在王阳明那里,心与情的这种联系,并不仅仅是一种偶然的提法;事实上,王阳明常常将乐视为心的本体,以为"乐是心之本体"。乐从广义上看有感性快感与精神愉悦之分,理学家所谓圣贤之真乐,便更多地侧重于精神愉悦。但无论是感性的快感,抑或精神的愉悦,都渗入了某种情感的因素。感性快感自不必说(在最原初的快感中已有好恶之情),即以精神的愉悦而言,此时之乐固然已超越了单纯的快感,但它毕竟又不同于抽象的理性认知和逻辑思辨,因为其中一开始即已内含了情感的认同。孔子要求好仁如好好色,好仁亦即爱好仁道原则(对仁道原则的肯定),好好色(喜欢美丽的颜色)则是情感的自然接受,就是说,源于仁道精神的精神愉悦(好仁),惟有达到像喜欢美丽的颜色(好好色)这样的情感认同,才趋于完善之境。从这一意义上说,感性快感与精神愉悦的区分也有其相对性:二者在不同程度上都蕴含着经验的内容。

自周敦颐以后,寻孔、颜乐处一直是理学家津津乐道的话题。不过,在理学的正统程、朱那里,孔、颜之乐主要被理解为理性化的精神境界而与感性的情感相对。与之不同,王阳明在区分作为心之本体的乐与七情之乐的同时,又强调本体之乐并不外于七情之乐。七情作为情,总是有其自然流露的一面。《传习录下》记载:"问:乐是心之本体。不知遇大故于哀哭时,此乐还在否?先生曰:须是大哭一番方乐,不哭便不乐矣。虽哭,此心安处,即是乐也,本体未尝有动。"乐在此已不是狭义的特殊情态(与哀或苦相对者),而是泛指主体的一般情感体验。情感往往容易受到内在或外在的强制,所谓欲哭不能,悲而强忍等等,便可视为情感在强制之下的某种扭曲。只有在当哀则哀,当悲则悲时,主体情感才会有一种渲畅之乐。在这里,乐就在于内在的情感得到了自然的渲露和展示,而没有因强制而郁结和扭曲。可以看到,以乐为心之本体的内在理论意蕴首先便在于避免对情感的过度强制,并使之在主体意识中得到适当的定位。

概而言之,王阳明所说的心体既以理为根据,又与身相联系而内含着感性之维。在前一意义上,心与性有相通的一面;在后一意义上,心又不限于性:不外于七情的乐之本体,便很难纳入理性化的性之本体。以理为根据决定了心的先天性(先验性),与感性存在的联系则使心无法隔绝于经验之外。这样,心体在总体上便表现为先天形式与经验内容、理性与非理性的交融。

王阳明对心体的如上理解,与陆九渊的心学当然有相近之处,不过二者又并不完全相同。陆九渊虽然亦将心提到了突出地位,但如前所说,他对心体的理解却存在二重倾向,这种二重性使陆九渊的心学很难摆脱内在的紧张。相形之下,王阳明把心体理解为先天形式与经验内容、理性与非理性的统一,在化解陆九渊心学的内在紧张上,似乎进了一步。

当然,从儒家心性之学的衍化看,王阳明思路的独特性更多地相对于程、朱而言。前面已提到,程、朱在总体上倾向于以性说心。按其本义,性与心相对时,体现的主要是人的理性本质,以性说心或化心为性则相应地旨在确立理性本体的主导地位。理性是人不同于其他存在的普遍本质之一,程、朱强调性即理,着重从理性的层面将人与其他存在区分开来。然而,过分地突出理性的本体,也往往容易将人本身理解为抽象的存在。当朱熹要求以道心净化人心时,便多少忽视了现实的人所具有的丰富规定,而将其片面地视为理性的化身。从这种前提出发,人的多方面的发展便很难落实:理性的优先,趋向于抑制对感性存在以及情感、意志、直觉之维的关注,程、朱正是由此引向了本质主义。相对于程、朱的这一趋向,王阳明在肯定心以理为本的同时,又联系身以说心,并将情、意以及乐视为心的应有之义,无疑更多地注意到了主体意识多方面的内容以及人的存在的多方面的规定,后者在理论上为确认人的个性以及个性的多样化发展提供了某种心性论的前提。

如前所述,程、朱以性说心的进路,在理论上趋向于先验与超验的融合:性体既是先验的,又是超验的。理性本体一旦被赋予超验的性质,则往往会蜕变为异己的、强制的力量。在朱熹那里,道心对人心的关系,便具有强制的意味:他要求人心听命于道心,从另一个方面看也就是由道心对人心颁布绝对命令。相形之下,王阳明以心体立论,并把心体理解为先天形式与经验内容、理性与非理性的统一,确乎表现了不同的思路,它对于化解超验与经验、理性与非理性、道心与人心的紧张,限制理性的过度专制,无疑具有不可忽视的理论意义。从明中叶以后及晚明思想的演进来看,王阳明的以上思想对注重个体存在、反叛本质主义的思潮,确实也产生了重要的影响。

同时,王阳明打通先天本体与感性存在,在一定程度上也潜下了扬弃本体先天性的契机。从逻辑上看,本体的先天性可以引向两个方面:或者由先验走向超验,或者由先天与经验的沟通而限制并超越先天性。王阳明当然并未完成后一过程,但他将心体的作用与感性的活动等联系起来,却为完成这一过程提供了某种前提。正是沿着王阳明的以上思路,黄宗羲进而提出:"心无本体,工夫所至,即是本体。"(《明儒学案·序》)这里的要义在于,心体并不是既成的、先天的存在,而是形成、展开于现实的认识过程之中。这种看法已超越了先验的思辨之域,开始达到对心体(主体意识)历史的、较为现实的理解,后者的思想源头,则可回溯到先验与超验的相分。

王阳明从性体走向心体,其思维行程在一定意义上表现为由程、朱回归孟子。就其思想系统的内在结构而言,心体的重建又构成了其人格理论及德性理论逻辑前提。与肯定心体之中包含普遍之理相应,王阳明强调人格之境具有崇高性及普遍性的一面;与注重心体之中的个体性规定相联系,王阳明一再强调"人要随才成就"(《传习录上》)。在王氏看来,人的个性千差万别,因而不能以一般的模式去强求一致。就目标而言,个体发展具有趋同的一面(以成圣为其终极理想),但走向理想之境的方式则可以不同;人格的培养应当根据个体的特点,采取相应的形式。从现实的形态看,个性包含多方面的内容,如果仅仅以普遍的理性规范加以约束,则难免抑制个体的创造性和内在活力,而由此形成的人格亦往往将成为抽象的理性原则的化身。程、朱以性体立论,注重的首先是普遍的理性对个体的塑造,亦即以理性本体担保人格的崇高性与普遍性,而对人格培养中的个体性原则常常不免有所忽视。王阳明将心体作为成圣的出发点,这种出发点逻辑地蕴含着随才成就的原则,而王阳明由此反对强求人"通做一般",则多少超越了抽象的理性原则对个体原则的消融。

理想人格的内在性不仅与个体存在相联系,而且在更深层的意义上,它又指向真诚性。内圣作为人格之境,并不是外在的矫饰,而是一种实有诸己的真诚品格。如果仅仅依照外在的理性规范,而未能将一般的理性原则融合于内在心体,则行为便往往会如同做戏:"若无真切之心,虽日日定省问安,也只是扮戏相似,却不是孝。此便见心之真切,才是天理。"(《全集》第1174—1175页)戏总是做给人们看的,演员尽管可以依仿现实中的人物,但毕竟不同于真实的人格。成圣意味着达到至善,但倘若这一过程只是做出种种外在的姿态(如每天到父母之前去象征性地问候),亦即追求在外在形式上合乎理性的规范,那么,它就会如同做戏,而难以达到真实的人格。在王阳明看来,要避免这种外在矫饰,便必须让普遍之理落实于心体,化外在的规范为内在德性,从而使行为不再仅仅依照形式化的理性规范(仪节),而是真正出自内在的道德本体。

可以看到,在王阳明那里,心体的建构与内圣如何可能的问题息息相关。王阳明把心体理解为普遍之理与个体之心的统一,而这种道德本体又构成了成圣的内在根据:如果说,理作为心体之中的普遍性规定保证了内圣之境的崇高性,那么,心与理的融合(理内化于心)则为内圣成为实有诸己的真诚人格提供了担保,二者从不同方面对内圣何以可能作了理论上的说明。

心体作为理性与非理性、普遍性与个体性的统一,具有某种本体论的意义:它总是与现实的主体同在;换言之,心体不是无人格的逻辑形式,它存在于主体在世的过程中。内圣作为至善的德性,则构成了主体境界。心体的本体论意义,在逻辑上亦决定了内圣之境的本体论意义:真正的境界总是将化为人的具体存在,并展开于人的实践过程中。这样,心体与内圣的统一,同时便蕴含着存在与境界的统一。王阳明强调普遍之理与个体存在的联系,确乎较多地注意到了道德本体与道德境界的现实性品格。

与本体的这种现实性维度相应,理与心的融合亦意味着由形而上的超验之域向个体存在的某种回归。王阳明以心即理沟通形而上与形而下、理性与感性,并以此作为达到理想之境的内在本体,这一思路既注意到了存在与本质的联系,也相应地肯定了理想人格中的感性规定,从而多少避免了将其抽象化与片面化。

二、心　与　物

心体作为本体并不仅仅囿于主体意识,它自始便关联着广义的存在;心体的重建则相应地为考察心物关系提供了逻辑的前提。在心物关系上,王阳明的兴趣之点不在于提供某种形而上的宇宙模式或世界图景,而在于将存在的规定与意义世界的建构联系起来,后者表现了一种独特的理论路向。

王阳明曾提出过一个著名的论点,即"意之所在便是物"(《传习录上》)。这里的意,是心体在活动过程中的表现形式,物则不同于本然的存在,本然的存在总是外在于主体意识(未为主体所作用),作为"意之所在"的物,则是已为意识所作用并进入意识领域的存在。意之在物既是一个意向(意指向对象)的过程,又是主体赋予对象以意义的过程。在王阳明看来,对缺乏伦理、政治意识的人来说,亲(父母)、君、民等只是一般对象意义上的存在,它们与山川草木等自然对象似乎并没有什么不同;只有当心体指向亲、君、民等等,它们才作为伦理、政治关系上的"亲"、"君"、"民"等而呈现于主体,亦即对主体来说才获得"亲"、"君"、"民"等的意义。

可以看到,意之所在即为物,并不是意识在外部时空中构造一个物质世界,而是通过心体的外化(意向活动),赋予存在以某种意义,并由此建构主体的意义世界;而所谓心外无物,亦非指本然之物(自在之物)不能离开心体而存在,而是指意义世界作为进入意识之域的存在,总是相对于主体才具有现实意义。不难发现,这种意义世界不同于形而上的本体世界:它不是超验的存在,而是首先形成并展开于主体的意识活动之中,并与人自身的存在(existence)息息相关。王阳明将存在的考察限定于意义世界,与程、朱从宇宙论的角度及理气的逻辑关系上对存在(being)作思辨的构造,确乎表现了不同的思路:它在某种意义上可以看作是一种本体论的转向。

当然,意义世界并不仅仅表现为意向活动的产物,在王阳明那里,意指向对象的过程,同时也就是事亲、事君的实践过程。作为心之所发,意首先体现于道德践履之中,而意之所在,亦首先在于这种实践过程。这样,物已不仅仅是静态的对象,而是与主体的活动息息相关。事实上,在王阳明那里,事与物已被打通:物常常被理解为事,所谓"物即事也"即表明了这一点。意指向本然之物,诚然化本然的存在为意义世界中的对象,但此时意义世界还主要是意识中的存在。惟有通过切实而行的过程,意义世界才能进一步获得现实性的品格。这样,意之所向与实际践履便有了一种内在的联系。意指向对象,使本然的存在获得了人化的意义(如自然的血缘关系上的亲子成为伦理意义上的对象),而事亲、事君的道德践履,则现实地建构起亲子、君臣之间的伦理关系。物与事的沟通,使心学的侧重点由超验的自在之物转向实践中的对象;意向活动与道德践履的相融,则使意义世界的建构不再仅仅表现为意识领域的活动。

以上所涉及的,主要是道德之域。意义世界当然不仅仅是一个伦理的世界,它有着更广的内涵。在谈到良知与天地万物的关系时,王阳明便认为:"良知是造化的精灵。这些精灵,生天生地,成鬼成帝,皆从此出,真是与物无对。"(《传习录下》)这里的生天生地,并不是一种宇宙论上的生成关系,而是心体与对象之间的意义关系。在心体之外,天地固然依旧存在,但这是一种本然的、未分化的"在";天地之分,或天地呈现为如此这般的存在,离不开心体(良知)的灵明知觉,所谓"皆从此出",便是指"天"、"地"之意义源于心体(由心体赋予)。从这种意义关系上看,心与物并不呈现为两个对立的序列:进入意义世界的天地等物,与心体(良知)难以截然分离(在心体之外,天地不再呈现为意义世界中的"天地"),就此言,二者确乎"无对"。

　　王阳明的以上看法,在当时并没有得到普遍的理解,即使其门人,亦有时而提出质疑。《传习录下》有如下记载:王阳明与几位弟子一起外出游山,其中一位弟子指着岩石中盛开的山花说:这些花在深山中自开自落,与我的心体又有什么关系? 王阳明回答道:当你没有看此花时,此花与你的心同归于沉寂。而当你来看此花时,则此花颜色都显得明亮起来。由此便可知道此花不在你的心之外。提问者的关注点,与王阳明对存在的规定,显然处于不同的问题领域。关于心与花同归于寂的问题,这里暂且不议,留待后文详论。所谓花自开自落,着眼的是本然的存在;花的颜色明白与否,则是相对于观花的主体。就本然的存在而言,花之开与花之落与心体似乎并不相干;但花究竟以何种形式呈现出来,亦即花究竟对主体来说具有何种意味,则很难说与心体无关:花的颜色鲜亮(明白)与否,已涉及花的审美形式,这种形式并不是一种本然的存在,它只有对具有审美能力的主体来说才有意义,诚如马克思所指出的:“对于没有音乐感的耳朵说来,最美的音乐也毫无意义。”(《1844年经济学哲学手稿》第82页,人民出版社,1985年)当王阳明说:“此花不在你的心外”时,似乎更多地是就以上的意义关系而言。

　　意义关系中的存在,当然不限于花的审美形式;广而言之,它也显现于人与天地万物的关系之中:“我的灵明,便是天地鬼神的主宰。天没有我的灵明,谁去仰他高?地没有我的灵明,谁去俯他深?”(《传习录下》)与良知之“生天生地”一样,这里的主宰并不是就我的灵明决定天地万物的存在及运动变化而言,而是指天地万物由本然的存在成为意义世界中的存在,离不开"我"以及我的意识活动。作为自在之物,天无所谓高或低;只是相对于我,天才呈现为高。离开了我,天固然依然存在,但它所呈现于我之前的高(对我来说它所具有的高),则不复存在。就此而言,可以说,"天没有我的灵明,谁去仰他高?"

王阳明关于意义世界的如上析辩,曾使他的一些门生感到不解。《传习录下》记载了其门人的疑问:天地万物从古到今都存在,为什么说没有我的灵明,便不存在了? 对此,王阳明作了如下回答:你看现在已去世的人,其精神与灵明知觉已不复存在,他的天地万物又在何处?如同花自开自落与心有何相关的质疑一样,以上问难基本上仍以宇宙论为其立场,它所侧重的,是人之外的本然意义上的存在。与之相异,王阳明所关注的,首先是"他的"世界("他的天地万物"),这种世界,也就是属于人的意义世界。作为自在之物的天地万物,其存在变化并不以人为转移。然而,意义世界却总是有其相对性的一面。天地万物与不同的个体,往往构成了不同的意义关系;换言之,对不同的主体,天地万物常常呈现出不同的意义。从某些方面看,似乎也可以说,每一个人都有一个属于"他的"世界,而当他走向生命终点时,属于他的意义世界也即同时趋于终结,而此时,王阳明似乎亦有理由反问:"他的天地万物又在何处?"

至此,王阳明主要强调了主体(我)在意义世界建构中的作用。作为一个过程,意义世界的形成并不是一种凭空的构造。在程、朱理学中,宇宙的生成演化往往表现为太极—阴阳—五行—万物之类的单向决定。相对于此,意义世界的建构则展示了不同的特点。如前所述,王阳明曾认为:"你未看此花时,此花与汝心同归于寂。"这里的"同归于寂"很值得注意。就意义世界的建构而言,心固然为作用的主体,而意义世界则是其作用的结果,但心体本身的意向活动亦离不开对象;无心体,对象诚然无从进入意义世界,但无对象,心体的作用也无从展开:当二者未相遇时,便只能同归于寂。事实上,化本然的存在为意义世界中的存在,改变的主要是对象的存在方式,而这种改变,本身亦要以对象某种意义上的"自在"为前提。从这一角度看,心体的作用对对象世界也具有某种依存性。

王阳明似乎也注意到了以上关系,从下面所引论述中,便多少可以看到这一点:"我的灵明离却天地万物鬼神,亦没有我的灵明。如此便是一气流通的,如何与他间隔得?"(《传习录下》)此所谓无天地万物则无我的灵明,似有二重含义:其一,在意义关系中,心体与对象不可相离,无心体固然物不成其为意义世界中的物,无对象则心体(灵明)亦不再是关系中的心体;其二,心体不能完全在对象世界外凭空构造。这样,心物之间似乎便有了一种互为体用的关系:就自在之物惟有在意向活动中才能转化为意义世界中的为我之物言,心为体,物为用;就无天地万物亦无我的灵明言,则物为体,心为用。正是在后一意义上,王阳明认为:"心无体,以天地万物感应之是非为体。"(同上)就是说,心的活动,本身也要以天地万物的相互作用为根据。

　　王阳明在心物关系上的以上看法,常常被用来与英国哲学家贝克莱作类比。贝克莱认为:存在就是被感知。乍看去,这一看法与王阳明的"意之所在便是物"似乎颇多类似之处。不过,若作进一步的考察则可发现,二者实难简单等同。贝克莱所谓感知,首先是指感觉,王阳明的"意",其内涵则更为复杂;作为心体的表现形式,它以知为体,又表现为主体意向,而与知和意向相互融合的,则还有情感等。贝克莱以感觉为第一原理,而感觉作为存在的第一原理,主要并不是体现于感觉与对象之间的意义关系中,它所关联的是存在与非存在问题;换言之,在贝克莱那里,感觉主要不是意义所以可能的条件,而是存在所以可能的条件。贝克莱曾举例说:我写字用的这张桌子所以存在,只是因为我看见它,摸着它。这里涉及的,已不是对象(如桌子)对主体呈现为何种意义,而是对象是否存在。相形之下,王阳明对有无、生成等问题较少表现出兴趣,他关注的重心首先是心体与对象的意义关系。如果说,贝克莱以感觉为存在所以可能的条件,仍是以思辨的方式构造存在,那么,王阳明则由存在的构造转向了意义世界的构造。

　　对存在的思辨构造,往往很难避免形而上的虚构。贝克莱以我的感觉为存在所以可能的条件,在逻辑上蕴含着如下困难,即它无法与存在的连续性这一事实相容。如果对象仅仅依存我的感觉,则感觉发生,对象才存在;

感觉消失,则对象亦不复存在;这样,对象便只有方生方灭的间断性,而缺乏连续性。为了说明存在的连续性,贝克莱不得不设定其他感觉主体的存在,并由此进而引出了"无限的精神实体":当我和其他主体没有感知对象时,对象的存在乃是依存"无限的精神实体"的感知。贝克莱的这种超验预设,使其体系在理论上很难达到内在的自洽:存在即被感知的命题如果贯彻到底,则无限的精神实体之预设便无法成立。事实上,以思辨的方式构造存在,总是难以完全克服这种理论困难。反观王阳明的心学体系,由于他的兴趣从宇宙论上的有无、生成等转向了意义世界,终极存在的构造已在其问题域之外,因此,他既不必在心体之外设定某种形而上的实体,也无需面对由此导致的内在理论困难。

当然,王阳明对存在的考察路向也有自身的问题。他以意义世界为关注之域,而在"意之所在便是物"这样的界说中,他所强调的,更多的是心体在赋予意义中的作用;在作为用的意义世界与作为体的心这二者之中,王阳明往往较多地注重后者(心体)在构造前者(意义世界)中的作用。由此出发,对象的自在性往往容易被淡化。事实上,意义世界中的对象既是为我之物,又有其自在性;就其进入意义世界而言,它是意义关系中存在,但它又并非完全同化于关系,忽视了其外在于关系(自在性)这一面,常常容易将其限定于意识之域。同时,王阳明对物与事作了沟通("物即事也"),这固然注意到了意向活动与实践活动的联系,但以事为物,亦使作为对象的客体无从定位。王阳明以心体立论,在理论上似乎很难避免以上偏向。

三、作为德性的良知

如何在日用常行中为善去恶,是理学所关心的问题之一。为善去恶以分辨善恶为前提,而善恶之分则表现为一个知的过程(知善知恶)。道德行为与道德认识的这种关联,早期儒家已有所论析,所谓"未知,焉得仁?"(孔子)便蕴含了此点。程、朱对二者的关系尤为关注,并由此进而强调了知当然(把握普遍的规范)对行当然(在行为中遵循规范)的逻辑在先;从程、朱以穷天下之理为进路,就不难看到这一思维趋向。这里似乎内含着某种乐观的信念:通过探索所当然之理,便可逻辑地引向为善去恶的道德实践。

王阳明并不否认知当然对行当然的意义。不过,对他来说,知识与道德似乎具有更为复杂的关系。在谈到知恶与止恶时,王阳明写道:一个人在做某种不道德的事时,他内在良知并非对此一无所知,只是他不能致其良知,以致最后不免归于小人之列。这里所说的"致",有推行之义。当人为恶时,其道德意识未尝不处于明觉状态,换言之,他未尝不知什么是善,什么是恶,然而,这种善恶之知,并没有自然地使之导向为善去恶。在这里,道德知识(知善)与道德行为(行善)之间显然存在着某种距离,而如何为善去恶的问题则具体地转换为如何从认识过程中的知善知恶到实践过程中的为善止恶。

　　知善知恶属于广义的理性认识过程，它所面对的，主要是"是什么"的问题，包括善恶的分辨，道德规范的理解，伦理关系的把握，等等。这种道德认识虽不同于一般的事实认知，但却仍以既成的现实（道德领域中的既成规范、准则、人伦关系等）为对象。与此相对，道德行为则首先涉及应当"做什么"的问题。从逻辑上看，对"是什么"的认识与应当"做什么"的要求之间，并不存在蕴含关系：知道是什么并不规定应当做什么。怎样沟通认识上的"知"与实践中的"行"？这是道德哲学难以回避的问题。王阳明认为自知善恶并不必然导向行善止恶，亦从一个方面突出了"知实然"与"行当然"之间的逻辑张力。

　　如何由知善到行善？在王阳明那里，这一问题的进一步追问，便引向了格外在之物与诚自我之意的关系。如前所述，程、朱以穷理（把握天下之理）为入手处，其中多少蕴含着知识优先的思路。相形之下，王阳明关注的首先是如何诚自我之意。在解释格物致知时，王阳明便对程、朱提出了批评。格物致知本来是早期儒家的经典《大学》提出的，宋明时期，哲学家们对此作了种种的解释和发挥。朱熹往往把格物理解为格外在之物，在王阳明看来，天下之物无穷无尽，如何去格？即使格了天下之物，又怎样反过来"诚自家意"？（《传习录下》）所谓诚自家意，也就是成就德性，与之相对的格天下之物，则更多地表现为成就知识。前者指向当然之域：成就德性展开于行其当然的过程。后者则以明其实然为目标。按王阳

明的理解,成就知识与成就德性是两个不同的序列,知识
的积累并不能担保德性的完成,所谓"纵格得草木来,如
何反来诚得自家意",便以反问的形式突出了二者的逻辑
距离。在此,问题的关键不在于如何穷尽天下之理,而是
如何由成就知识到成就德性(诚自家意)。

　　成就德性(诚自家意)与当然之域的切近关联,使之
在知当然与行当然的转换中具有了特殊的意义:从知善
知恶到为善止恶的逻辑前提,乃是化知识为德性。正是
在此意义上,王阳明一再强调:"道问学即所以尊德性
也。"(《传习录下》)"所以尊德性"也就是以成就德性为最
终的目标。作为行当然的前提,成就德性(诚意、诚身)展
开为一个"实有诸己"的过程,所谓实有诸己,即是通过自
身的体察与践履,使道德意识成为主体的内在德性。王
阳明对"讲之以口耳"与"讲之以身心"作了区别:讲之以
口耳,也就是仅仅以"听"和"说"的方式来认识道,讲之以
身心,则是通过身体力行来真正地体认道。(《传习录
中》)作为体认对象的道、天理,首先指当然之则,而良知
之中亦已蕴含了知善知恶的道德理性。明其善恶、知其
当然无疑是孔门之学的题中之义,但如果它仅仅以知识
的形态存在,则仍不免具有外在的性质;惟有融合于内在
德性,良知才能成为主体真实的存在:讲之口耳与实有诸
己之别更深层的内涵,便是外在的理性知识与内在的真
实德性之分野。

　　可以看到,在王阳明那里,从知善到行善的前提是化
知识为德性,而这一过程同时意味着通过行著习察使良

知由讲论之中的理性成为实有诸己的真实存在。作为实
有诸己的德性,良知构成了主体真正的自我,这种表现为
本真之我的良知已超越了知善知恶的理性分辨,而与人
的存在溶为一体。它不仅包含知当然的明觉,而且具有
行当然的意向;知善,则同时好之如好好色,知恶,则恶之
如恶恶臭,行善止恶皆自不容已。所以如此,是因为知与
好恶"皆是发于真心"。在真实的德性中,知善与行善已
成为同一个我的相关向度,讲论言说与行著习察的对峙
开始被扬弃。

从哲学史上看,知识与德性之辨,很早便为哲学家们
所瞩目。亚里士多德已开始区分技术与德性。亚氏所说
的技术,主要是一种外在的知识。所谓外在,是相对于主
体言:即它只具有工具价值,而没有融入自我的内在人
格。德性则不同于外在的工具:它已化为主体存在不可
分离的部分;当行为出于德性时,主体并不如制造器物般
地"用"某种知识,而是将其作为自身存在的方式。由此
出发,当代一些哲学家如 B. 威廉姆斯进而对知识意义上
的真(truth)与德性意义上的诚(truthfulness)作了区分。
作为知识的真,首先与对象意识相联系,而作为德性的
诚,则更多地涉及主体内在的反省意识、心理定势。在这
方面,王阳明的思路似乎近于上述哲学家。他之要求化
知识为德性、以实有诸我的良知为真实之我(真吾),即是
以外在知识与内在德性的区分为前提的。他曾批评仅仅
关注于辞章、训诂、技艺等外在的知识,认为一味专注于
此,固然可以成就知识,但亦仅限于外在的对象,无法成

就自我。对王阳明来说,重要的是通过自我对道的深刻
体认,以形成主体内在的德性。

真实的德性既是联结道德知识与道德实践的内在本
体,又规定着知与行的性质及作用方向。就知而言,若无
内在的德性,则"知识之多,适以行其恶也"。(《传习录
中》)从一般意义上看,知带有某种价值中立的特点,它并
不内含预定的作用方向,往往既可引向善,亦可用于恶;
即使伦理之域的知(关于当然、善恶之知),也未必担保一
定导向善的行为:它同样可以被用于伪善之举。相对于
单纯的知识,德性已超越了价值的中立而具有善的定向,
这种善的德性同时作为稳定的意识结构而逐渐凝结为主
体的人格,并制约着知的作用方向。

同样,德性也规定着行为的性质。主体所作所为是
否具有善的品格,取决于是否出于真诚的德性。就孝而
言,"孝亲之心真切处才是天理。如真心去定省问安,虽
不到床前,却也是孝。若无真切之心,虽日日定省问安,
也只与扮戏相似,却不是孝。此便见心之真切,才为天
理。"(《传习录拾遗》,《全集》第 1174—1175 页)所行是否
为孝,不在于形式上做了什么,而在于这种行为是不是以
真切的德性为本。离开真诚的德性,即使做出种种姿态,
也必然形同做戏,而很难视为善的行为。

德性作为实有诸己的真实存在,并不是一种抽象的
本体,在王阳明那里,它往往以良知为具体形态。如前所
说,良知可以作不同理解,程、朱强调良知"出于天而不系
于人",即良知来源于超越的天理,而与自我无关,在这一

层面上,良知更多地表现为普遍天理的化身,而非本真之我。王阳明从尊德性的角度,对良知的内涵作了理论上的转换,使之由不系于人的超验理性向个体存在靠拢,所谓真我即良知,即体现了此种趋向。在德性或本真之我这一维度上,良知首先取得了自家准则的形式:"尔那一点良知,是尔自家底准则。"(《传习录下》)这里的准则,更多地是指价值观领域的评价标准,它首先涉及判断善恶的评价。价值观意义上的评价当然包含认知,但它又不同于一般的知识:善恶的判断总是同时渗入了主体的权衡、选择、意愿以及价值取向。换言之,价值评价不仅以善恶之知为内容,而且为行为提供了某种导向。王阳明以良知为自家准则,同时也就确认了内在德性对行为的范导意义。

价值评价意义上的是非,自始便蕴含着情感之维,王阳明以如下论述点明了此层关系:"良知只是个是非之心,是非只是个好恶。只好恶就尽了是非,只是非就尽了万事万变。"(同上)好即喜爱,恶则是憎厌,二者都属广义的情感。在善恶的评价中,不仅有理性的分辨,而且存在着情感的认同:好善恶恶已不单纯是理智的判断,它更是一种情感上的接受或拒斥。良知作为不系于人的超验理性(程朱),固然可以远离情感之域,但当它转换为主体的内在德性时,便难以隔绝于好善恶恶等情感。正是德性所蕴含的情感之维,从一个方面构成了向善的内在动因,并为知当然转化为行当然提供了某种契机。

除了情感之维,真实的德性还包含志的规定。王阳

明很注重志的作用,将立志视为道德行为的前提。所谓
立志,亦即确立行为的目标,它犹如舟船之上的舵,赋予
主体活动以方向性。志不立则意味着茫无所适,最终势
必一事无成。志的这种定向功能,亦可视为广义的意向
性,当然,它具有恒定与专一的品格,因而又有别于一般
的偶然意向。作为恒定专一的意向,志总是融入于德性
之中,并制约着人的行为。与道德理性主要告诉人们何
者为善、何者为恶有所不同,志之所向(意之所向)进而要
求人们择善弃恶。正是通过影响人们的行为选择,志构
成了由知善走向行善的另一动因。

从道德认识到道德实践的过渡,往往还面临意志软
弱的问题。自我之所以虽知其善,却不能付诸于行;虽知
其恶,却仍行而不止,常常便是由于缺乏坚毅的意志。这
样,如何从知善知恶到为善去恶,总是涉及如何克服意志
的软弱。有见于此,王阳明在考察志与行为的关系时,特
别提到了进道之志的"勇猛专一"。专一即志的定向,勇
猛则是意志努力,后者更多地体现了意志的坚毅性品格。
此所谓进道,可以看作是实现道德理想的过程,如何化理
想为现实,与如何由知当然到行当然本质上是相通的,而
二者又都以具有坚毅的意志品格为前提。坚定的意志既
经形成,往往将进而化为趋善去恶的行为定向,并赋予主
体以不为外部阻力所屈的内在力量。这种为行为定向的
坚毅意志,当然并非外在于自我的德性,它已凝结于良知
之中,并随着良知的德性化而构成了德性的内在规定。
因之,志的定向,同时即体现了良知(德性)的内在力量。

　　不难注意到,在王阳明那里,化知识为德性意味着通过深造以自得而转换良知(化"不系于人"之超验理性为实有诸己之真实的我),作为内在的德性(真吾),良知包含着自我评价的准则和能力,展开为好善恶恶的情感认同,并以恒定的意向和坚毅的努力制约着行为的选择与贯彻。这种德性既与自我存在融合为一,又构成了主体行为的动力因:从知善到行善的转换,正是以内在的德性为其自因,而为善去恶的道德实践亦相应地表现为一个基于主体自律的过程。

　　德性作为实有诸己的人格,是一种内在的真实之我。但形成于内并不意味着封闭于内。人格往往有其外在展现的一面,德性也总是体现于现实的行为过程。与化知识为德性相关联的,是化德性为德行。有见于此,王阳明在肯定道问学所以尊德性的同时,又一再要求"以成其德行为务"。(《传习录中》)

　　就其现实过程而言,成就德性与成其德行并非彼此隔绝,我们固然可以在逻辑上对二者分别加以考察,但在现实性上,二者又统一于同一自我的在世过程。作为内在的人格,德性总是面临着如何确证自身的问题,所谓德性部类的自我确证,并不仅仅是一种精神上的受用,它更需要在德行中确证自身。王阳明以孝悌为例,对此作了阐释:当我们说某人懂得孝敬父母、尊重兄长时,并不是根据他讲过一些关于孝父母、尊兄长的话,而是根据他确实在行为中是依此而做。(《传习录上》)懂得孝悌并且有孝悌的意向,无疑表现了善的德性,但这种德性又必须实际地体现于行孝行悌的过程:正是行孝行悌的德行,为主体是否真正具有孝悌的德性提供了外部确证。

德性的外部确证过程,同时也就是德性的外化过程。如果德性是真实的,那末它就总是既凝于内,又显于外。在解释格物致知时,王阳明亦兼及了德性体现于外的问题:"若鄙人所谓致知格物者,致吾心之良知于事事物物也。吾心之良知,即所谓天理也。致吾心良知之天理于事事物物,则事事物物皆得其理矣。"(《传习录中》)这里的事事物物,主要就道德之域而言,如人际之间的伦理关系等,格、致则皆涉及道德实践。与事事物物相对的良知,既以天理为内容,又融合于吾心,因而已可视为实有诸己的内在德性。所谓致吾心之良知于事事物物,也就是将道德意识运用于道德实践(化德性为德行),而事事物物皆得其理,则是内在的德性展示并体现于伦常世界。从心与理的关系看,这一过程表现为通过心的外化而建立理性化的道德秩序;就德性与德行的关系言,它则可以看作是德性通过德行而对象化于现实的伦理关系。

德性的外化或对象化并不是一种远离日用常行的过程,所谓推行(致)良知于事事物物,即已蕴含了德性的外化与日常生活世界的联系。化德性为德行不一定表现为惊天动地之举,相反,它更多地内在于细小而不起眼的所谓俗行。道德关系总是展开于社会生活的各个方面,而每一主体又往往处于某种既定的社会环境之中,这种环境常常并不是主体能任意选择的。这样,道德实践必然涉及如下二重关系,即环境的不可选择性与行为的可选

择性;而德性的力量即在于:在既定的环境中,不断通过
渗入日用常行而使行为获得新的意义,从而达到日用即
道之境。

化德性为德行,主要侧重于以德行确证德性。德性
与德行的关系当然不限于这一方面。德行属于广义的道
德实践,它在王阳明那里常常被归入功夫之列;以实有诸
己之良知为内容的德性,则被理解为本体。按王阳明的
看法,本体原无内外,后者既指本体由功夫而展现,又意
味着功夫不能离开本体。从德性与德行的关系看,功夫
不离本体,即是指德行总是以德性为其内在的根据。主
体在日常世界的所遭所遇常常并不相同,其所行所为也
难以一一预设,但行为不管如何千差万别,都是出于同一
自我。

德性作为内在的本体,往往以主体意识的形式呈现,
不过,这种内在的意识结构不能混同于一般的意念。王
阳明通过区分良知与意,对此作了解说。意在王阳明那
里有不同层面的含义。在广义上,它与心相通;而在较狭
的层面上,它则近于念,此处之意,是就后者言。意念作
为应物而起者,带有自发和偶然的特点。所谓应物而起,
也就是因境(对象)而生,随物而转,完全为外部对象所左
右,缺乏内在的确定性。与意念不同,作为真实德性的良
知并非偶然生成于某种外部境遇,也并不随对象的生灭
而生灭。它乃是在行著习察的过程中凝化为内在的人
格,因而具有专一恒定的品格。惟其恒常而内有主,故不
仅非外物所能移,而且能自我立法,自我评价,并判定意

念所涉之是非。

意念与良知之辨,旨在强调主体不能执着于某种外部境遇,而应着重于本体(德性)对功夫(德行)的统摄。对象世界林林总总,难以穷尽,人所处的境遇也往往变动不居,如果逐物而迁,滞泥于具体境遇或境遇中的偶言偶行,则往往不仅不胜纷劳,而且亦难以保持行为的一贯性。惟有立其本体,以德性(良知)为导向,才能使主体虽处不同境遇而始终保持善的追求。德性(良知)作为真诚的人格,表现了自我的内在统一,在此意义上,德性为“一”,所谓“只有此一个良知”即是就此而言;德行则是同一德性在不同社会关系与存在境遇中的多方面展现,故亦可视为“多”,这样,以德性(良知)统摄德行,亦可说是以一驭多。

德行作为德性在具体境遇中的多样展现,属于在不同场合中展开的行为,德性(良知)则是行为之纲。王阳明认为,从更内在的层面看,德性(良知)之于行为,则犹规矩之于方圆。以规矩尺度定方圆长短,具有衡量取舍之意。德性(良知)对行为、本体对功夫的制约,如同规矩尺度对方圆长短的衡量规范,也含有选择规定的意义:它总是肯定和鼓励合乎德性的行为,否定和拒斥与之不相容的行为。这种选择取舍既与良知内含的自我评价之维相应,又是其情感认同与志之定向功能的具体体现。德性正是通过这种内在机制以统摄不同境遇中的行为,并赋予不可预定之具体行为以内在的统一性。

从中国哲学的历史演进看,早期儒家已开始注意到德性对行为的制约作用。孔子把成人(人格的培养)提到了十分重要的地位,以达到完美的人格之境为价值目标。这种人格既表现为内在的德性,又外化为具体的行为过程,而后者总是受到前者的范导。孔子说:"苟志于仁矣,无恶也。"(《论语·里仁》)志于仁,即追求并确立以仁道为内涵的人格。在孔子看来,一旦做到了这一点,那末,在日常行为中即可以避免不道德的趋向(无恶)。反之,如果缺乏这种稳定的人格,则往往很难一以贯之地保持行为的善。王阳明要求以本体制约功夫,以德性(良知)统摄具体行为,无疑上承了这一思路。如前所述,每一个体都是特定的历史存在,他所处的社会关系、所面对的环境往往各异,所从事的活动也常常变换不居,带有不可重复的特点。如何使不同境遇中的行为保持统一性或一贯性?逐一地为每种行为规定苛严的细则显然行不通,就道德领域而言,内在的德性和人格无疑有其不可忽视的作用。相对于行为的不可重复性与多变性,主体(行为者)的德性作为实有诸己的真诚人格,具有绵延的统一性(在时间中展开的统一),它使主体在各种境遇中都能保持道德的操守,并进而扬弃行为的偶然性。与孔子对仁和具体行为关系的界定一样,王阳明对本体和功夫、良知和具体行为关系的考察,似乎已有见于此。

不过,与知识和德性的区分相联系;王阳明在强调以德性统摄行为时,对知识在化德性为德行中的作用未能作出适当的定位。按王阳明之见,在知识与内在心体(德性)中,重要的首先是成就内在心体。王阳明由此进而认为,"知识技能非所与论也"(《传习录中》),即在德性的培养过程中,可以完全撇开知识的把握,这就又走向了另一极端。成就德性(心体)固然有别于成就知识,但不能因此将二者加以分隔。这不仅在于德性本身虽不限于知但又包含着知,而且在于从德性到德行的转换亦不能撇开知识技能。若仅有善的意向,而无必要的知识准备,则德性往往易流于良好的动机,难以向现实的德行过渡。从这方面看,王阳明对化德性为德行这一过程的理解,无疑又有其理论上的局限。

四、群 己 之 辨

德性作为主体的内在品格,以自我为承担者:成就德性逻辑地指向成就自我。由德性伦理,王阳明引出了其成己之说。但自我又并非仅仅封闭于内,个体的存在总是蕴含着与他人的共在,由此便发生了主体之间及自我与群体的关系。王阳明将万物一体说引入群己关系之域,以此定位自我与群体、存在与共在的关系,其思路包含多重理论意蕴。

自先秦开始,儒家便逐渐形成了为己之学。孔子已对为己与为人作了区分,所谓为己,即自我的完善或实现,为人则是迎合他人以获得外在的赞誉,以为己否定为人,意味着将注重之点指向成就自我。在《大学》的"壹是以修身为本"、《中庸》的成己而成物之说以及儒学的尔后演进中,为己之学得到了进一步的展开。

王阳明以成就德性立论,对儒家的如上传统很自然地形成了理论上的认同。与原始儒家一样,王阳明十分注重确立"为己之心",并以此作为出发点,这里所谓"为己",主要也是指自我的充实与提高。从心学的内在结构看,为己可以视为成就德性的逻辑引伸,其最终的目标则是成己:"人须有为己之心,方能克己。能克己,方能成己。"(《传习录上》)克己是对自我的抑制,王阳明以成己为过程的终点,把克己理解为成己的手段,意味着道德修养并不仅仅是对自我的否定,它更是一个自我造就的过程。对自我的这种确认,同时也体现了对个体存在的关注。它在理论上与心体的提升又有其内在的联系。

成己以立志为前提。在王阳明那里,志本是德性的内在规定。作为德性的规定,志不同于偶然的意念,而表现为一种稳定的意向。在稳定的意向这一层面,志又与价值目标(志向)相通:立志即意味着价值目标的自我确立。从具体内涵看,以志的形式表现出来的价值目标则不外乎圣,成己总是指向成圣,而达到内圣之境首先必须立志为圣:"务要立个必为圣人之心。"(《传习录下》)通过立志而确立价值目标,自我才能真正由迎合于外转向挺立自我,而为己、克己、成己的过程亦可由此获得内在的依归。

通过立志以超越世俗的沉沦,体现了内在人格的力量,这种人格的外在形式,即是所谓豪杰。王阳明对豪杰之士极为推重,以为只有豪杰才表现了人格的独立性,它使自我虽处绝学之世,却依然保持真诚的德性和内在的操守:"绝学之余,求道者少。一齐众楚,最易摇夺。自非豪杰,鲜有卓然不变者。"(《全集》第144页)一齐众楚,是指在楚地而为楚所化,至齐地而为齐所移。身处世俗之中,往往容易被环境所同化(至齐而为齐、至楚而为楚),惟有立志为圣的豪杰,才能无所依傍,抗拒沉沦,始终不渝地走向既定的价值目标。

卓然不变的豪杰之士往往带有某种狂者气象,故又称"狂者",王阳明本人即常常以"狂者"自命。狂者崇尚真实,自信本心,没有任何矫饰,亦不为外在的毁誉所左右。他不仅拒绝迎合他人、随波逐流,而且敢于向世俗挑战:"丈夫落落掀天地,岂顾束缚如穷囚!"(《全集》第784页)这种掀翻天地、冲破束缚的狂者(大丈夫),已具有顶天立地的气概,它可以看作是对独立人格的形象描绘。

当然,狂者或豪杰并不是终极意义上的人格境界,志所指向的终极目标是圣而非狂。不过,狂者气象虽然非成己过程的终点,但却可以成为走向内圣之境的逻辑中介:在王阳明看来,狂者向前迈进一步,便可进入圣人之境。自我在世,往往面对追名逐利的现实,狂者的特点在于身处此境,仍然以崇高的志向自洁其身,超拔于世,不为世俗所同化。正是在拒斥与超越日常沉沦的过程中,狂者不断地走向圣人之境,所谓"一克念,即圣人矣",便是就此而言。对狂者之境的如上提升,同时亦蕴含着对个体自主品格的注重:卓然自立构成了成圣的内在环节。

超越世俗的影响的前提是确认每人都有成圣的内在本源:"不信自家原具足,请君随事反身观。"(《全集》第

790 页)这种自足的本源即构成了成就自我的内在潜能。圣人的境界并不是出于外在强加,也非形成于忘己逐物的过程,它更多地与内在潜能的展开过程相联系。儒家自先秦开始,已注意到成人(成就理想人格)的内在根据问题,孔子提出"性相近,习相远"之说,认为相近之性为成人提供了可能,孟子进而将性相近转换为性本善,并以本善之性为达到内圣之境的出发点(端)。王阳明的如上看法无疑上承了原始儒家的成人学说。如果说,豪杰气概和狂者胸次着重从个体存在与世俗世界的关系上挺立自我,那么,肯定自家具足,各有自性,则进而为自我的挺立提供了内在的根据。

各人不仅自有成圣的根据,而且其才质也并不完全相同。以自性为成圣的内在根据,同时也意味着按各人的具体个性特点来引导培养。王阳明将这一原则概括为:"人要随才成就。"(《传习录上》)个性不同,成人的方式、途径亦往往各异。与成人方式的多样性相一致的,是人格模式的多样性。个性的差异,决定了人格模式很难整齐划一,如果以同一模式强加于人,则难免抑制乃至束缚人的个性。王阳明对个体才质的这种注重,显然不同于朱熹仅仅以一般的天理要求人。

人格的具体性既展开为多样的形象,亦有其内在的维度,后者常常以个体的独立思考为表现形式。如前所述,在王阳明看来,真实的德性之中,总是内含自我评判的规定,而自我评判则往往包含着独立思考的要求。从成己的角度看,立志成圣,超越沉沦,亦意味着不为外在的意见、观点所左右。王阳明对求之于心与求之于外作了区分,认为"夫学贵得之于心"。如果通过思考判定其为错误,则即使是孔子所说的,也不能接受;如果通过思考而断定某一论点是正确的,则即使它是出自寻常人之口,也不能加以拒斥。(《传习录中》)这里涉及到了盲目崇尚权威与自我思考两种思维方式,而在这二者之中,后者无疑被提到了更重要的层面。尽管这里并无扫荡传统权威之意,但其中确实又体现了无所依傍的人格追求。

　　自我当然并不仅仅表现为一种人格境界,它总是具体化于现实的生命存在,王阳明曾言简意赅地点出了此意:"真己何曾离着躯壳。"(《传习录上》)所谓躯壳,也就是以感性形体为表征的生命存在。本真之我固然不能等同于感性层面的形体(王阳明一再强调以良知等形式表现出来的真吾对形体的制约),但亦非游离于感性生命。正是基于这一前提,王阳明提出了"毋绝尔生"的要求,它的内在涵义即是应当珍惜自己的生命。自我身处社会之中,总是面临各种道德责任和义务,但不能因此而无视个体生命的价值:尽道德义务不应导向否定个体的生命存在。

　　王阳明的如上看法,与程、朱一系的正统理学似乎有所不同。相应于性体的提升,程、朱更多地倾向于强化人的理性本质,而在这种思维定势下,个体生命存在的价值往往难以得到合理定位。从所谓失节与饿死之辩中,便不难看出这一点:"然饿死事极小,失节事极大。"(《二程集》第301页,中华书局,1981年)如前所述,守节是对天理(形而上的类本质)的维护,生死则涉及个体的生命存在。在以上律令中,相对于天理的要求,个体的存在已变得完全无足轻重:极小与极大之分背后所蕴含的,绝非仅仅是男尊女卑的观念,它的真正内涵乃是对个体生命存在的某种漠视。较之程朱的这一立场,王阳明肯定真己不离躯壳,并要求"毋绝尔生",在化解理性本质与生命存在的过度紧张上,无疑有其理论意义。

从成就德性到成就自我,理论上的如上推展始终关联着心体与性体之辩。与性体更多地凸现普遍性原则不同,心体同时蕴含着个体性的原则,后者既体现于主体的内在德性,亦展开于作为具体存在的"我"。从性体出发,关注的重心总是首先指向类的本质与普遍的规范,以心体为根据,则难以回避个体存在。就此而言,王阳明的成己说亦可视为其心学的逻辑展开。

以成就自我为价值目标,并不意味着导向自我中心。如前所述,在王阳明那里,成己与成圣具有内涵上的一致性,而内圣则总是拒斥自我的封闭化。就理论的内在逻辑而言,作为成己之说根据的心体,既包含着个体性的规定,又有其普遍性的维度,后者亦制约着成己说的理论走向。事实上,当王阳明以为己否定为人时,他所拒斥的是自我在道德上的沉沦,而不是自我与他人的共在。作为德性的具体化,自我同时亦表现为一种开放的主体。

万物一体是王阳明的一个基本信念,我们可以一再看到这一类的论述:"仁者与天地万物为一体。"(《传习录上》)作为涵盖之面相当广的哲学命题,万物一体既指向天人之际,亦涉及人我之间。从天人关系看,万物一体意味着人与自然的统一;就群己关系而言,万物一体则以主体与主体的相互沟通为内涵。万物一体的观念当然并非王阳明第一次提出,张载、程朱等已有类似的看法,不过,王阳明进一步将其理解为主体之间交往的一种原则。

个体作为社会的存在,总是与他人处于同一社会空间,形成共在的关系。这种共在首先展开于日常的生活世界(日用常行)之中,而日常的生活世界无疑又有其世俗的一面。因此,仅仅认同日常的世界,不免容易趋于世俗化。王阳明要求通过立志成圣而挺立自我,显然亦有超越世俗化之意。然而,如果因为日常世界的世俗维度而将共在本身归结为沉沦,则往往会走向封闭的我。在现代存在主义那里,便不难看到这一趋向。存在主义固然注意到自我与他人的共在是一种本体论的事实,但又将共在中的我视为沉沦的我,而以烦、畏、焦虑等内在的体验为本真之我的存在方式,这种看法事实上将超越世俗导向了逃避共在。就自我与他人的共在而言,超越世俗以挺立自我,主要从消极的方面表现了自我的取向(事实上,这种超越亦并非以逃避共在为形式,所谓极高明而道中庸,即表明了此点),从积极的方面看,自我又应以宽广的胸怀面对他人,通过对人的真诚关心与友爱而赋予主体间关系以仁道的意义。王阳明在推重卓然自立的狂者胸次的同时,又以万物一体的仁者精神为主体间交往的原则,无疑表现了统一以上两个方面的趋向。

如何建立合理的主体间关系,是中西哲学家很早就开始关注的问题。相对而言,西方哲学家较多地考察了正义的原则。按亚里士多德的理解,正义意味着每一个体都得其应得者。从正面看,得其应得也就是实现个体所具有的权利,其内核是对权利的普遍尊重和确认。这种原则体现于主体间关系,则既表现为主体对自身权利的肯定,又展开为交往双方对彼此权利的相互尊重。正义原则总是涉及利益的公正分配,并相应地关联着现实的福祉。从古希腊到现代,西方哲学始终极为注重正义的原则。这种原则对建立合理的主体间关系诚然不可或缺,但个体的权利及与此相关的利益若过度强化,也容易引致社会成员之间的疏离甚至冲突。王阳明也注意到了过分关注个人利益之弊,将一味追求个体私利视为尔我相分、骨肉相残的根源。这固然有忽视个体权利的一面,但同时亦无疑有见于以利益计较为交往原则所蕴含的消极后果。

与出于利益计较相对,王阳明更注重主体间的情感沟通。在他看来,人作为天地之心(万物之灵),应当具有普遍的仁爱与同情感,这种同情心,可以使人超越人与我之分,走向主体间的统一。在此意义上,仁爱恻隐之心即构成了打通主体间关系的心理情感基础。王阳明确信,如果每一个体都能推己及人,由近而远,将恻隐亲仁之情普遍地运用于天下之人,那么,便可逐渐实现万物一体的理想。

王阳明把恻隐同情之心视为达到万物一体的保证,认为通过亲亲仁爱之情的推而广之便可消除人我之隔,无疑过于乐观,而且亦未免把问题简单化了。主体间的关系并不仅仅涉及心理情感,与之相关的更有广义的社会结构、制度,交往过程的形式化的程序等等。不过,王阳明以上所论仍有其值得注意之点:当王阳明将仁爱恻隐之心理解为主体间沟通的心理情感基础时,其内在的意向即是要求以仁道作为主体间交往的原则。从一般的理论层面看,仁道原则的基本精神在于尊重和确认每一主体的内在价值,它既肯定主体自我实现的意愿,又要求主体间真诚地承认彼此的存在意义。孔子以爱人规定仁,孟子以恻隐之心为仁之端,等等,无不表现了对主体内在价值的注重。这里不仅蕴含着人是目的的理性前提,而且渗入了主体间的情感认同。主体间的交往当然离不开语言层面的对话,但单纯的语言交流往往只能使人明其意义并相互理解,而基于仁道的情感认同则常能使人进一步得其意味,并达到相互沟通。总之,仁道的原则既要求主体关注自身的存在意义,又要求通过主体间存在价值的相互确认而走出自我、打通人己。王阳明将仁爱恻隐之心作为实现万物一体的内在保证,固然有其抽象的一面,但同时亦似乎多少有见于仁道原则在主体间交往过程中的规范作用;它对于抑制以利益计较为交往原则的趋向,无疑有不可忽视的理论意义。

以仁道精神为交往的原则,要求主体间的相互尊重。《传习录下》中记载了王阳明与其门人若干耐人寻味的对话:一天,王阳明的一位学生外出回来,对王阳明说,我今天发现一件不寻常的事。王阳明问:有什么不寻常?学生答道,我看见满街都是圣人。王阳明听后便说:"此亦常事耳,何足为异?"初看,这种问答似乎颇近于禅宗的机锋,但事实上其中却另有寓意。所谓满街都是圣人,当然并不是说日常所遇的任何人均已达到了理想的人格之境,它的内在涵义是:社会共同体中的每一主体,都属应当加以尊重的对象。从逻辑上说,既然满街都是圣人,那么,在交往过程中,自我就不能有一种道德上的优越感,以居高临下的态度对待他人:"你们拿一个圣人去与人讲学,人见圣人来,都怕走了,如何讲得行?"(《传习录下》)人都怕走,表现了一种心理上的距离,它所导向的,是人己之分;惟有视人皆若圣人,并以这样的平等之心对待他人,才能消除主体间的心理距离,达到彼此的沟通。

以万物一体为总的论纲,王阳明对自我与群体、主体之间的关系作了多方面的规定,其着重之点是克服人己的分离,走向主体间的沟通。在万物一体的形式下讨论主体间关系,当然不免有思辨的色彩,但从王阳明哲学的内在结构看,它又构成了其体系不可或缺的一个方面。如前所论,王阳明以心体立说,心建构意义世界,又具体化为德性而统摄行为,心体的这种提升与为己之说相结合,在逻辑上蕴含着导向个体原则过度强化的可能,万物一体论对抑制这种演化方向,无疑有其理论上的意义。当然,由万物一体说而展开的主体间关系论,尽管涉及了如何化解人己之间的紧张的问题,并对合理的交往原则作了有价值的考察,但亦表现出过多地从整体之维规定人我关系的倾向,它在理论上潜含了导向无我说的契机。

　　群己关系是儒家反复辩析的问题。从先秦开始,早期儒家便已关注于此。孔子提出"修己以安人"之说,修己是成就自我,安人则指向社会群体(群体价值的实现),以安人为修的归宿,体现了对群体认同及个体社会责任的注重。儒家的经典之一《大学》沿此思路,对修齐治平的关系作了更具体的规定:"身修而后家齐,家齐而后国治,国治而后天下平。"在这里,出发点是自我的完善,整个过程所要达到的目标则是群体价值的实现(国治天下平),后者构成了个体应当承担的社会责任。随着儒学的演进,注重群体认同逐渐成为儒家的一种思维定势,在王阳明的如上所论中,我们同样可以看到这种思维定势的影响。从群己关系看,肯定个体所承担的社会责任、要求认同群体价值,无疑有助于抑制和避免自我中心的价值取向。王阳明曾批评佛禅外人伦、遗事物(逃避社会责任),其意义显然亦不限于儒佛之争(以儒家的群体原则否定佛教之忽视自我的社会义务):在更广的意义上,它可看作是对自我中心价值原则的拒斥。

　　然而,由批评佛禅的外人伦,王阳明又不免过分地强化了个体的社会责任。在谈到君臣、身国关系时,王阳明已明显地流露出此种倾向:"夫人臣之事君也,杀其身而苟利于国,灭其族而有裨于上,皆甘焉,岂以侥幸之私、毁誉之末而足以挠乱其志者。"(《全集》第 474 页)此处之"国",可以视为社会整体的象征,君则是这种整体的体现者。在这里,群己关系即展开为个人与整体的关系,而个人对社会的责任,则表现为自我对整体的绝对服从:为了

"利于国"、"裨于上",自我必须无条件地抛弃一切,即使杀身灭族亦应毫无所憾。不难看出,在这种关系中,整体似乎已被赋予某种抽象的形式:它与君主融合为一而又超越于个体,作为自我的个体则掩没于普遍的社会义务之中。

与群体抽象化为超验的整体,以及要求个体绝对从属于此整体相应,王阳明提出了无我之说:"圣人之学,以无我为本,而勇以成之。"(《全集》第232页)从为学的角度看,无我所重在于不执着一己之见,这一意义上的无我,近于孔子所说的"毋意、毋必、毋固、毋我"(《论语·子罕》)。就群己、人我关系而言,无我则既要求自我从封闭走向开放,又含有以群体认同涵盖自我认同之意。这当然并不意味着放弃为己,但相应于群体认同的强化,为己亦非隔绝于无我:"君子之学,为己之学也。为己故必克己,克己则无己。无己者,无我也。"(《全集》第272页)将无己规定为为己之学的题中之义,固然避免了将为己理解为以自我为中心,但为己与无己的这种沟通,亦易使自我失去其具体的规定:通过克己、无己而达到的"我",其现实性的品格无疑已被弱化。

主体间的联系不能离开具体、现实的个体。人的本质当然惟有在社会的联系中才能得到具体的体现,但这种联系本身又必须落实于具体的个体。尽管王阳明以良知转换超验天理,同时亦肯定了自我的个体性品格,但在从社会关系的层面对个体与群体加以规定时,却不免多少将二者抽象化了:在无我的形式下,不仅群体成为某种

超然于个体的一般力量,而且个体本身亦似乎难以实现
其具体的存在。

前文已论及,心体的挺立,意味着扬弃超验之理对个
体的外在强制,但它亦为个体性原则的片面膨胀提供了
某种可能。从化良知为德性到为己成己说,着重展开的
主要即是个体性的一面,而万物一体说则通过由主体到
主体间的转换,抑制了从成就自我向自我中心的衍化。
后者同时亦上接了传统的群己之辨。万物一体说与儒佛
之辨及儒家群体关怀的传统相融合,使注重个体社会责
任的群体原则得到了提升,而后者又进一步导向了无我
说。王阳明的如上思维行程既呈现了其内在的逻辑关
联,又表明对思辩的心学来说,人我、群己的合理定位依
然是一个理论的难题。

五、致 良 知

王阳明曾说,"吾平生讲学,只是'致良知'三字"。致
良知构成了王阳明心学的重要论题。致良知说的思想渊
源可以上溯到《大学》一系,《大学》有正心、诚意、格物、致
知之说,致良知的提法,无疑受其影响。当然,对所谓
"致",王阳明又有自己的理解。大体而言,在王阳明那
里,致良知之"致"包括二重涵义。首先是"至",亦即达
到,它并不意味着经验知识的增加,而是以内在良知的自
觉意识为目标(详见后文)。致的另一涵义是"做"或推
行,王阳明本人对此亦有更为明确的概括:"决而行之者,

致知之谓也。"(《全集》第 277 页)这一意义上的致良知,已与知行之辩相融合,其理论意蕴,将在讨论知行之辨时再作具体考察。

王阳明认为,每一个体都有成圣的可能,而要使这种可能成为现实,便必须达到对良知的自觉意识。王阳明对良知的本然状态与明觉状态作了区分,前者带有自在的性质,后者则是对良知的自觉意识。当良知对主体来说还处于本然状态时,主体往往表现为一种自在的存在;从本然走向明觉,以"致"为其中介。

如前所述,良知作为内在的道德意识与理性原则,具有先天的性质,这种先天性首先是就其起源而言:良知的形成先于一切经验活动。但先天地形成并不意味着先天地达到明觉,良知作为理性的原则固然是先天的(在王阳明看来,正是这种先天性决定了其普遍性),但其作用却并不能完全离开后天的致知活动。正是在此意义上,王阳明认为:"人孰无此良知乎?独有不能致之耳。"(《全集》第 279 页)并一再批评当时人们将"致"字看得太易。对"致"的这种强调,在逻辑上即以先天的原则与后天的明觉之区分为其前提。

可以看到,按王阳明的理解,良知的先天性固然担保了良知的普遍有效性,但却无法担保主体对良知的自觉意识。先天与明觉的这种区分,无疑有其理论上的意义。从逻辑上看,先天的完成往往意味着对主体作用的某种限制:作为天之所赋,良知的形成并非出于主体的学习与思考。然而,如果先天之知最初只具有本然的性质,惟有通过致知过程才能提升为明觉之知,那么,主体的学习与思考便成为无法跳过的环节。王阳明正是以此为前提,对致良知的过程作了具有认识论意义的考察。

良知尽管具有是先天的性质,但致良知作为一个过程,却无法完全离开后天的经验活动与理性活动。就良知与见闻的关系而言,主体惟有在耳濡目染的日用常行中,才能逐渐产生对良知的认同感并有较为真切的理解。同样,理性的思维,也是体悟良知的必要环节:只有通过精思,对良知的理解才能由模糊粗浅走向明晰深入:"千思万虑,只是要致良知。良知愈思愈精明,若不精思,漫然随事应去,良知便粗了。"(《传习录下》)不过,在王阳明看来,经验与理性诚然为自觉地把握先天本体所不可或缺,但其活动本身又离不开良知。从过程的观点看,一定阶段上所达到(自觉体悟)的良知,转过来又构成了进一步体察的前提。

按王阳明的理解,良知往往赋予致知过程以统一性。这种作用,王阳明称之为主一。主一并不是沉溺于某种个人的偏好,而是始终以良知之中内含的理性原则为追求的目标,并把致知活动的各个方面都置于这一总的目标之下。质言之,良知作为致知过程的既定目标而范导着整个致知过程;正是这一目标,把考察具体条理节目的各个致知环节联系起来。在王阳明看来,一旦离开了先验之知的这种范导作用,就不可避免地将陷于"支离"。这里所说的支离,即停留于各个枝节的方面,而未能进而将它们综合起来,形成统一的道德意识,在这里,吾心之良知成为统一的道德观念所以可能的逻辑前提。

在致良知的如上展开过程中,一方面,先天的良知惟有通过致知过程才能为主体所自觉把握,另一方面,致知过程本身又受到良知的制约;"知"与"致"彼此作用,互为前提,呈现为一种动态的统一关系。正是在由知到致,又由致到知的反复进展中,先天的良知逐渐由本然的形态转换为明觉之知。

综合起来看,就"至"(达到、实现)这一侧面而言,致良知既表现为从先天的道德本原走向现实的德性,又意味着化本然之知为明觉之知(不断达到对良知的自觉意识)。良知虽由天之所赋而内在于人心,但如果仅仅停留在这种自在的形态,则"虽曰知而犹不知"(《大学问》),惟有通过"致",才能真正使之实有诸己。王阳明对良知与致良知关系的如上规定,表现了统一先天之知与后天之致的思路。从儒学的演进看,知致的这种统一可以视为孟子的良知说与《大学》的致知说的某种融合,就其心学的内在结构看,它又构成了本体与工夫论的逻辑前提。

在王阳明那里,良知一开始便被赋予精神本体的意义,致良知则表现为后天的工夫,良知与致良知的关系,逻辑地展开为本体与工夫之辨。与统一良知和致知的思路相应,王阳明更多地注意本体与工夫的统一。

关于本体与工夫的关系,王阳明从两个方面作了具体规定,即从本体上说工夫与从工夫上说本体,从本体上说工夫,强调的是本体对工夫的制约,从工夫上说本体,则着重于指出本体只有在工夫的展开过程中,才能获得现实性的品格。从内容上看,本体表现为意识的综合统一体,工夫则是后天的认识与实践的过程。就其肯定本体的先天性而言,王阳明的思路显然并未突破思辨哲学之域,但就其强调本体惟有在工夫的展开过程中才获得现实性品格并为主体所自觉把握而言,又有扬弃本体超验性的一面。从哲学的演进看,朱熹在赋予性体以先天性质的同时,又强调性体超越经验层面的人心这一面,这种看法在逻辑上蕴含着先验性与超验性的合一:本体既是先天的,又是超验的。作为先天与超验的合一,本体更多地具有形而上的独断性质。王阳明以本体上说工夫与工夫上说本体二重思路,对先验与超验作了某种区分,从而为意识本体向现实认识过程的还原提供了理论前提。

广义的认识活动总是展开为一个不断化对象世界(包括本然世界)为意义世界的过程,主体赋予对象以意义的过程,离不开内在的意识结构(精神本体):对象被理解到什么层面,关联着内在精神本体(意识结构)所达到的水平。就此而言,可以把精神本体视为精神活动(赋予意义之过程)的内在根据。但精神本体本身并不是超验的存在,而是始终处于历史过程之中:它在本质上形成于人的历史实践及精神活动,并随着这一过程的展开而不断获得丰富的内涵。精神本体的历史性与精神活动的历史性,可以看作是同一过程的二个方面。

然而,对精神本体与精神活动的以上关系,王阳明的心学似乎未能真正把握。通过肯定"本体上说工夫",王阳明固然有见于精神本体在化本然世界为意义世界中的作用,但本体的这种作用,在心学中又以其先天性为根据,这种"前见",逻辑地限制了王阳明对"工夫上说本体"的理解。从工夫说本体这一思路如果贯彻到底,便应当承认本体本身亦处于精神活动的历史过程之中,然而,在心学系统中,工夫(精神活动)的作用,却主要被归结为对先天本体的自觉把握,作为工夫所指向的本体,则被视为先天完成的、既定的存在。这种看法显然未能注意精神本体本身的历史性。工夫的历史性与本体的非历史性这种理论上的不一致,从一个方面表现了心学的内在紧张。

六、知 行 合 一

　　与致良知说相联系的,是知行之辩。尽管在时间上,似乎很难对知行学说与致良知之教标出严格的先后之序,但从心学的内在结构看,知行学说可以视为致良知说的逻辑展开。黄宗羲曾说:在王阳明的致良知说中,"致字即是行字",这一看法已注意到致良知说与知行学说之间的逻辑关系。当然,知行学说也有其自身的理论侧重之点。

　　作为致良知说的展开,知行学说以如何致知为题中之义。如前所述,"致"有达到(获得)与推行双重涵义。按王阳明的理解,良知作为本体,具有先天的性质。但同时,王阳明又对良知的本然形态与明觉形态作了区分:良知固然天赋于每一主体,但最初它只是一种本然(自在)之知,致良知的目标在于从本然走向明觉,而要实现这种转换,便不能离开行的过程。在这里,行首先构成了达到明觉之知的条件。

就主体与良知的关系而言,良知诚然是一种先天本体,但在先天的形式下,它更多地表现为一种逻辑上的普遍必然之知,而并未转换为现实的理性意识;先天性固然为普遍必然性提供了某种"担保",但在实致其功之前,它却缺乏现实性的品格。惟有通过切实地践履的过程,主体对良知才能逐渐获得认同感与亲切感,并使之化为自觉的理性意识。正是在此意义上,王阳明反复强调"不行之不可以为致知也"(《传习录中》)。在这里,致知过程已被理解为知与行的统一,其内容表现为先天良知通过行(实致其功)由本然的形态转化为明觉的形态。

以知行合一来概括知行关系,构成了王阳明知行学说的独特之点。知行合一有其多重内涵,王阳明的解释与界定亦往往展开于不同方面。从致知(达到、获得知)的角度看,知与行的合一并不表现为静态的同一,而是展开为一个动态的转化过程:它以预设的先天良知为出发点,通过后天的实际践履(行),最后指向明觉形态的良知。作为出发点的良知虽然具有先天的普遍必然性,但却尚未取得现实的理性意识的形式,作为终点的明觉之知固然仍以良知为内容,但这种良知已扬弃了自在性而获得了自觉的品格。知行合一的如上过程可以简要地概括为:知(本然形态的良知)—行(实际践履)—知(明觉形态的良知)。

行(实致其功)是一种经验性的活动,良知则是先天

的本体,通过后天的实际践履以达到对先天本体的自觉
意识,无疑涉及到先验之知与经验活动的关系。在本体
与工夫之辩中,王阳明在赋予本体以先天性质的同时,又
强调本体唯有在后天的工夫中才能获得现实性的品格,
知行之辩可以看作是这一思路的引伸。当然,与一般的
经验活动不同,行(践履)是一种"在身心上做"的过程,它
更多地指向实有诸己。而王阳明以后天的经验活动(行)
为达到先天本体的前提,则在知行关系上表现了打通先
验与经验的意向。从理论的本来形态看,先验与经验似
乎很难相容:先验的预设是一种思辩的虚构,其旨趣在于
为理性本体的普遍必然性提供某种形而上的根据;作为
经验活动的践履(行)则指向现实的主客体关系及主体间
关系,而在知行合一说中,二者却被糅合为一。这一趋向
从一个方面表现了王阳明在思辩的立场与现实的向度之
间的某种徘徊:一方面,他始终难以放弃对理性本体普遍
必然性的先验承诺,另一方面,又力图使这种本体在社会
人伦中扬弃超验的性质而获得现实的力量。

　　知行的统一作为一个过程,以知(本然之良知)—行
(践履)—知(明觉之知)为其内容。从致知(达到对良知
的自觉意识)这一角度看,重要的首先是知—行—知总过
程中的后二个环节(行—知)。王阳明强调不行不可以为
学,其内在的意蕴即在于将行纳入致知的过程。在论证
知的获得(或自觉意识)离不开行时,王阳明常常借助日
常的经验事实,诸如:要知道食物味道的好坏,便必须亲
口尝一尝;要知道路是否平坦,便必须亲自去走一走。

(《传习录中》)从严格的意义上说,知道食物的口味、道路的状况属经验领域的知识,这些知识之由行而获得,并不足以证明对先天本体(良知)也可以通过作为经验活动的行而达到自觉意识。但从另一角度看,王阳明在此似乎又超出了致良知之域而旁及了一般意义上的认识活动,并注意到了这一领域的认识对行的依赖性。

行作为致知过程的一个环节,还在于它构成了判断真知的准则。这里的中心论点,仍是知与行的不可分离,不过其侧重之处在于以行判断知:"知而不行,只是未知。"(《传习录上》)即惟有付诸行之知,才是真知。知行关系的这一面,展开了知行之辩的另一内涵:知应当落实于行。按王阳明的理解,真正的知总是包含着运用于行的向度,并且只有在付诸于实行时才具有现实性。在此意义上,行不仅是达到(理解)知的中介,而且构成了知的具体存在方式,所谓知行合一,便同时包含了以上双重涵义。

在王阳明那里,致知过程主要不在于知识的积累,它更多地指向诚意:所谓"知至而后意诚"(《传习录中》),便强调了这一点。诚意以成就德性为其具体内容,王阳明要求"在事上磨练做功夫",这种工夫,亦被视为德性自我培养的方式,而德性与工夫的如上统一,则构成了知行合一的内涵之一。从成就德性的角度看,知行合一同时意味着德性的培养与道德实践的统一。如前所述,按王阳明的看法,凡人皆具有先天的本体,这种本体构成了德性的内在根据。但主体在后天的环境中往往受到习俗的影响并产生"习心",从而不免偏离先天本体,由行而致知,旨趣之一,即是破除习心而返归至善的本体。这种破习心的过程并不表现为悬空思考本体,而是展开于日用事为间的道德实践。与先天的本体惟有通过知行的互动才能由自在的形态转换为明觉的形态相应,至善的根据只有在身体力行的实际工夫中,才能转化为现实的德性。

王阳明的如上看法与朱熹的道德涵养论似乎有所不同。朱熹将天理的体认视为德性培养的第一要义,并相应地将道德涵养与居敬穷理联系起来,后者首先为主体的一种内省状态,其特点在于精神上的畏谨收敛。尽管朱熹并不完全否认涵养与践履的联系,但相对而言,他更多地侧重于德性培养中理性自觉(亦即所谓"穷天理,明人伦")这一向度,对道德实践在成就德性过程中的意义,则未能作出更适当的定位。一般说来,德性的培养固然与穷理之类的道德认识相联系,但它更需要在现实的道德生活中进行自我磨练。道德本质上是实践的,道德认识本身即形成于道德实践之中,道德理想也只有在道德实践中才能化为现实,离开了现实的道德实践而囿于虚寂的玄思,则很难使德性成为实有诸己的品格。王阳明要求通过日用事为间的体究践履而成就德性,无疑更自觉地注意到了道德实践在德性培养中的作用。

可以看到,知行互动与成就德性构成了同一过程的二个方面,王阳明对此作了如下概括:"区区专说致良知,随时就事上致其良知,便是格物;著实去致良知,便是诚意。"(《传习录中》)格物而致其知,是对先天良知的自觉,诚意则指向德性的完善。在这里,化本然之知为明觉之知与德性的培养便统一于"在事上"展开的著实工夫(行)。王阳明的如上思想可以看作是先秦儒家仁知统一说的进一步发挥,其中多少注意到了理性的自觉、德性的升华与后天的实际践履是一个统一的过程。

德性的形成关联着德性的展现。知行的统一不仅意味着在实践中成就德性,而且以化德性为德行为指归。王阳明举例说:以孝悌而言,孝悌无疑是一种善的品格,但仅仅停留在观念的层面上,并不表明真正具有了孝的德性。惟有在行孝行悌的过程中,才能展现出孝的品格。(《传习录上》)这里的知孝知悌不仅是指对孝悌涵义的理解,而且是对孝悌的认同和接受(使其化为内在德性),就前者而言,是否理解孝悌的涵义惟有付诸于行才能判断;就后者而言,对孝悌的品格的认同与接受,则需有孝悌的德行来确证,知行之不可分,在此具体表现为德性与德行的统一。

在知—行—知的总秩序下,王阳明把知与行的关系理解为从知(本然的良知)到行,又由行到知(明觉之知)的双重转化过程,而这一过程同时又表现为德性与德行的统一。对知行关系的这种理解,不同于抽象地肯定知行的统一,它通过引入过程的观点而在某些方面触及了知与行的现实运动。在王阳明以前,朱熹提出了知先行后说,尽管朱熹并不否认知与行之间的联系,但这种联系往往主要就以下二重意义而言:其一,知应付诸行;其二,行需遵循知。在这两种情况下,知的过程都是在行之前完成的。离开行谈知的形成与达到，常常容易导致知与行的割裂（形成知为一段，行其知则为另一段），从而将其抽象化。相形之下，王阳明以知与行的互动和转化说知行关系，似乎以过程的观点对知与行作了联结与沟通。

当然，在肯定知行统一的同时，王阳明也常常表现出模糊知与行界限的偏向。如为了根绝观念层面的不良动机，王阳明强调"一念发动处，便即是行了"（《传习录下》）。这里所谓念，是观念层面的动机；一念发动，亦即在观念层面形成某种动机，此时动机还处于意识之域，而没有向行为转化。从逻辑上看，以一念发动为行，无疑蕴含着概念内涵的混淆；就知行关系而言，则表现出以知为行的倾向。从这方面看，诚如后来王夫之所批评，王阳明的知行观确实有以知为行这一面。

王阳明心学形成之后，便产生了日渐扩大的影响。据《年谱》记载，王阳明晚年讲学，学生常多达数百人，无处可住，便借居附近的寺院，往往数十人合住一室，早晚都可听到弦歌诵读之声，其规模盛极一时。宋明时期虽然书院教育较为发达，但私人讲学有如此盛况，记载似乎并不多，从中亦不难想见当年王阳明心学影响之广。这种影响当然并不限于王阳明在世之时，事实上，心学在明中叶以后很快成为一代思潮，并向不同的方向衍化。

阳 明 传 习 录

〔明〕王守仁

传 习 录 上

先生于《大学》"格物"诸说,悉以旧本为正,盖先儒所谓误本者也。爱始闻而骇,既而疑,已而殚精竭思,参互错纵以质于先生,然后知先生之说若水之寒,若火之热,断断乎百世以俟圣人而不惑者也。先生明睿天授,然和乐坦易,不事边幅。人见其少时豪迈不羁,又尝泛滥于词章,出入二氏之学,骤闻是说,皆目以为立异好奇,漫不省究。不知先生居夷三载,处困养静,精一之功固已超入圣域,粹然大中至正之归矣。

爱朝夕炙门下,但见先生之道,即之若易而仰之愈高,见之若粗而探之愈精,就之若近而造之愈益无穷,十余年来竟未能窥其藩篱。世之君子,或与先生仅交一面,或犹未闻其謦欬,或先怀忽易愤激之心,而遽欲于立谈之间,传闻之说,臆断悬度,如之何其可得也?从游之士,闻先生之教,往往得一而遗二,见其牝牡骊黄而弃其所谓千里者。故爱备录平日之所闻,私以示夫同志,相与考而正之,庶无负先生之教云。门人徐爱书。

爱问:"'在亲民',朱子谓当作"新民",后章"作新民"

之文似亦有据；先生以为宜从旧本作'亲民'，亦有所据否？"先生曰："'作新民'之'新'是自新之民，与'在新民'之'新'不同，此岂足为据？'作'字却与'亲'字相对，然非'亲'字义。下面'治国平天下'处，皆于'新'字无发明，如云'君子贤其贤而亲其亲，小人乐其乐而利其利，如保赤子；民之所好好之，民之所恶恶之，此之谓民之父母'之类，皆是'亲'字意。'亲民'犹孟子'亲亲仁民'之谓，亲之即仁之也。百姓不亲，舜使契为司徒，敬敷五教，所以亲之也。《尧典》'克明峻德'，便是'明明德'；以'亲九族'至'平章协和'，便是'亲民'，便是'明明德于天下'。又如孔子言'修己以安百姓'，'修己'便是'明明德'，'安百姓'便是'亲民'。说'亲民'便是兼教养意，说'新民'便觉偏了。"

　　爱问："'知止而后有定'，朱子以为'事事物物皆有定理'，似与先生之说相戾。"先生曰："于事事物物上求至善，却是义外也。至善是心之本体，只是'明明德'到'至精至一'处便是。然亦未尝离却事物，本注所谓'尽夫天理之极，而无一毫人欲之私'者得之。"

　　爱问："至善只求诸心，恐于天下事理有不能尽。"先生曰："心即理也。天下又有心外之事，心外之理乎？"爱曰："如事父之孝，事君之忠，交友之信，治民之仁，其间有许多理在，恐亦不可不察。"先生叹曰："此说之蔽久矣，岂一语所能悟！今姑就所问者言之：且如事父不成，去父上求个孝的理；事君不成，去君上求个忠的理；交友治民不成，去友上、民上求个信与仁的理：都只在此心，心即理也。此心无私欲之蔽，即是天理，不须外面添一分。以此纯乎天理之心，发之事父便是孝，发之事君便是忠，发之交友治民便是信与仁。只在此心去人欲、存天理上用功便是。"爱曰："闻先生如此说，爱已觉有省悟处。但旧说缠于胸中，尚有未脱然者。如事父一事，其间温凊定省之类有许多节目，不亦须讲求否？"先生曰："如何不讲求？只是有个头脑，只是就此心去人欲、存天理上讲求。就如讲求冬温，也只是要尽此心之孝，恐怕有一毫人欲间杂；讲求夏凊，也只是要尽此心之孝，恐怕有一毫人欲间杂：只是讲求得此心。此心若无人欲，纯是天理，是个诚于孝亲的心，冬时自然思量父母的寒，便自要去求个温的道理；夏时自然思量父母的热，便自要去求个凊的道理。这都是那诚孝的心发出来的条件。却是须有这诚孝的心，然后有这条件发出来。譬之树木，这诚孝的心便是根，许多条件便是枝叶，须先有根然后有枝叶，不是先寻了枝叶然后去种根。《礼记》言：'孝子之有深爱者，必有和气；有和气者，必有愉色；有愉色者，必有婉容。'须是有个深爱做根，便自然如此。"

郑朝朔问："至善亦须有从事物上求者？"先生曰："至善只是此心纯乎天理之极便是，更于事物上怎生求？且试说几件看。"朝朔曰："且如事亲，如何而为温凊之节，如何而为奉养之宜，须求个是当，方是至善，所以有学问思辩之功。"先生曰："若只是温凊之节、奉养之宜，可一日二日讲之而尽，用得甚学问思辩？惟于温凊时，也只要此心纯乎天理之极；奉养时，也只要此心纯乎天理之极。此则非有学问思辩之功,将不免于毫厘千里之谬,所以虽在圣人犹加'精一'之训。若只是那些仪节求得是当,便谓至善,即如今扮戏子,扮得许多温清奉养的仪节是当,亦可谓之至善矣。"爱于是日又有省。

爱因未会先生"知行合一"之训,与宗贤、惟贤往复辩论,未能决,以问于先生。先生曰:"试举看。"爱曰:"如今人尽有知得父当孝、兄当弟者,却不能孝、不能弟,便是知与行分明是两件。"先生曰:"此已被私欲隔断,不是知行的本体了。未有知而不行者;知而不行,只是未知。圣贤教人知行,正是安复那本体,不是着你只恁的便罢。故《大学》指个真知行与人看,说'如好好色,如恶恶臭'。见好色属知,好好色属行。只见那好色时已自好了,不是见了后又立个心去好。闻恶臭属知,恶恶臭属行。只闻那恶臭时已自恶了,不是闻了后别立个心去恶。如鼻塞人虽见恶臭在前,鼻中不曾闻得,便亦不甚恶,亦只是不曾知臭。就如称某人知孝、某人知弟,必是其人已曾行孝行弟,方可称他知孝知弟,不成只是晓得说些孝弟的话,便可称为知孝弟。又如知痛,必已自痛了方知痛;知寒,必已自寒了;知饥,必已自饥了:知行如何分得开?此便是知行的本体,不曾有私意隔断的。圣人教人,必要是如此,方可谓之知。不然,只是不曾知。此却是何等紧切着实的工夫!如今苦苦定要说知行做两个,是甚么意?某要说做一个是甚么意?若不知立言宗旨,只管说一个两个,亦有甚用?"爱曰:"古人说知行做两个,亦是要人见个分晓,一行做知的功夫,一行做行的功夫,即功夫始有下落。"先生曰:"此却失了古人宗旨也。某尝说知是行的主意,行是知的功夫;知是行之始,行是知之成。若会得时,只说一个知已自有行在,只说一个行已自有知在。古人所以既说一个知又说一个行者,只为世间有一种人,懵懵懂懂的任意去做,全不解思惟省察,也只是个冥行妄作,所以必说个知,方才行得是;又有一种人,茫茫荡荡悬空去思索,全不肯着实躬行,也只是个揣摸影响,所以必说一个行,方才知得真。此是古人不得已补偏救弊的说话,若见得这个意时,即一言而足,今人却就将知行分作两件去做,以为必先知了然后能行,我如今且去讲习讨论做知的工夫,待知得真了方去做行的工夫,故遂终身不行,亦遂终身不知。此不是小病痛,其来已非一日矣。某今说个知行合一,正是对病的药。又不是某凿空杜撰,知行本体原是如此。今若知得宗旨时,即说两个亦不妨,亦只是一个;若不会宗旨,便说一个,亦济得甚事? 只是闲说话。"

爱问:"昨闻先生'止至善'之教,已觉功夫有用力处。但与朱子'格物'之训,思之终不能合。"先生曰:"格物是止至善之功,既知至善,即知格物矣。"爱曰:"昨以先生之教推之格物之说,似亦见得大略。但朱子之训,其于《书》之'精一',《论语》之'博约',《孟子》之'尽心知性',皆有所证据,以是未能释然。"先生曰:"子夏笃信圣人,曾子反求诸己。笃信固亦是,然不如反求之切。今既不得于心,安可狃于旧闻,不求是当? 就如朱子,亦尊信程子,至其不得于心处,亦何尝苟从? '精一'、'博约'、'尽心'本自与吾说吻合,但未之思耳。朱子格物之训,未免牵合附会,非其本旨。精是一之功,博是约之功。曰仁既明知行合一之说,此可一言而喻。尽心、知性、知天,是生知安行事;存心、养性、事天,是学知利行事;夭寿不贰,修身以俟,是困知勉行事。朱子错训'格物',只为倒看了此意,以'尽心知性'为'物格知至',要初学便去做生知安行事,如何做得?"爱问:"'尽心知性'何以为'生知安行'?"先生曰:"性是心之体,天是性之原,尽心即是尽性。'惟天下至诚为能尽其性,知天地之化育。'存心者,心有未尽也。知天,如知州、知县之知,是自己分上事,已与天为一;事天,如子之事父,臣之事君,须是恭敬奉承,然后能无失,尚与天为二;此便是圣贤之别。至于'夭寿不贰其心',乃是教学者一心为善,不可以穷通夭寿之故,便把为善的心变动了,只去修身以俟命;见得穷通寿夭有个命在,我亦不必以此动心。事天虽与天为二,已自见得个天在面前;俟命便是未曾见面,在此等候相似:此便是初学立心之始,有个困勉的意在。今却倒做了,所以使学者无下手处。"爱曰:"昨闻先生之教,亦影影见得功夫须是如此。今闻此说,益无可疑。爱昨晓思格物的物字即是事字,皆从心上说。"先生曰:"然。身之主宰便是心,心之所发便是意,意之本体便是知,意之所在便是物。如意在于事亲,即事亲便是一物;意在于事君,即事君便是一物;意在于仁民爱物,即仁民爱物便是一物;意在于视听言动,即视听言动便是一物。所以某说无心外之理,无心外之物。《中庸》言'不诚无物',《大学》'明明德'之功,只是个诚意。诚意之功只是个格物。"

先生又曰："格物，如《孟子》'大人格君心'之'格'，是去其心之不正，以全其本体之正。但意念所在，即要去其不正以全其正，即无时无处不是存天理，即是穷理。天理即是'明德'，穷理即是'明明德'。"

又曰："知是心之本体，心自然会知：见父自然知孝，见兄自然知弟，见孺子入井自然知恻隐，此便是良知不假外求。若良知之发，更无私意障碍，即所谓'充其恻隐之心，而仁不可胜用矣'。然在常人不能无私意障碍，所以须用致知格物之功胜私复理。即心之良知更无障碍，得以充塞流行，便是致其知；知致则意诚。"

爱问："先生以博文为约礼功夫，深思之未能得，略请开示。"先生曰："礼字即是理字。理之发见，可见者谓之文；文之隐微，不可见者谓之理：只是一物。约礼只是要此心纯是一个天理。要此心纯是天理，须就理之发见处用功。如发见于事亲时，就在事亲上学存此天理；发见于事君时，就在事君上学存此天理；发见于处富贵贫贱时，就在处富贵贫贱上学存此天理；发见于处患难夷狄时，就在处患难夷狄上学存此天理；至于作止语默，无处不然，随他发见处，即就那上面学个存天理。这便是博学之于文，便是约礼的功夫。'博文'即是'惟精'，'约礼'即是'惟一'。"

爱问："'道心常为一身之主，而人心每听命。'以先生精一之训推之，此语似有弊。"先生曰："然。心一也，未杂于人谓之道心，杂以人伪谓之人心。人心之得其正者即道心;道心之失其正者即人心:初非有二心也。程子谓人心即人欲,道心即天理,语若分析而意实得之。今日道心为主而人心听命,是二心也。天理人欲不并立,安有天理为主,人欲又从而听命者?"

爱问文中子、韩退之,先生曰:"退之文人之雄耳,文中子贤儒也。后人徒以文词之故推尊退之,其实退之去文中子远甚。"爱问:"何以有拟经之失?"先生曰:"拟经恐未可尽非。且说后世儒者著述之意,与拟经如何?"爱曰:"世儒著述,近名之意不无,然期以明道;拟经纯若为名。"先生曰:"著述以明道,亦何所效法?"曰:"孔子删述《六经》,以明道也。"先生曰:"然则拟经独非效法孔子乎?"爱曰:"著述即于道有所发明。拟经似徒拟其迹,恐于道无补。"先生曰:"子以明道者使其反朴还淳而见诸行事之实乎?抑将美其言辞而徒以诳诳于世也?天下之大乱,由虚文胜而实行衰也。使道明于天下,则《六经》不必述。删述《六经》,孔子不得已也。自伏羲画卦,至于文王、周公,其间言《易》如《连山》、《归藏》之属,纷纷籍籍,不知其几,《易》道大乱。孔子以天下好文之风日盛,知其说之将无纪极,于是取文王、周公之说而赞之,以为惟此为得其宗。于是纷纷之说尽废,而天下之言《易》者始一。《书》、《诗》、《礼》、《乐》、《春秋》皆然。《书》自《典》、《谟》以后,《诗》自《二南》以降,如《九丘》、《八索》,一切淫哇逸荡之词,盖不知其几千百篇;《礼》、《乐》之名物度数,至是亦不可胜穷。孔子皆删削而述正之,然后其说始废。如《书》、《诗》、《礼》、《乐》中,孔子何尝加一语?今之《礼记》诸说,皆后儒附会而成,已非孔子之旧。至于《春秋》,虽称孔子作之,其实皆鲁史旧文。所谓'笔者,笔其旧';所谓'削'者,削其繁:是有减无增。孔子述《六经》,惧繁文之乱天下,惟简之而不得,使天下务去其文以求其实,非以文教之也。《春秋》以后,繁文益盛,天下益乱。始皇焚书得罪,是出于私意,又不合焚《六经》。若当时志在明道,其诸反经叛理之说,悉取而焚之,亦正暗合删述之意。自秦、汉以降,文又日盛,若欲尽去之,断不能去;只宜取法孔子,录其近是者而表章之,则其诸怪悖之说,亦宜渐渐自废。不知文中子当时拟经之意如何?某切深有取于其事,以为圣人复起,不能易也。天下所以不治,只因文盛实衰,人出己见,新奇相高,以眩俗取誉。徒以乱天下之聪明,涂天下之耳目,使天下靡然争务修饰文词,以求知于世,而不复知有敦本尚实、反朴还淳之行:是皆著述者有以启之。"爱曰:"著述亦有不可缺者,如《春秋》一经,若无《左传》,恐亦难晓。"先生曰:"《春秋》必待《传》而后明,是歇后谜语矣,圣人何苦为此艰深隐晦之词?《左传》多是鲁史旧文,若《春秋》须此而后明,孔子何必削之?"爱曰:"伊川亦云'传是案,经是断';如书弑某君、伐某国,若不明其事,恐亦难断。"先生曰:"伊川此言,恐亦是相沿世儒之说,未得圣人作经之意。如书'弑君',即弑君便是罪,何必更问其弑君之详?征伐当自天子出,书'伐国',即伐国便是罪,何必更问其伐国之详?圣人述《六经》,只是要正人心,只是要存天理、去人欲,于存天理、去人欲之事,则尝言之;或因人请问,各随分量而说,亦不肯多道,恐人专求之言语,故曰'予欲无言'。若是一切纵人欲、灭天理的事,又安肯详以示人?是长乱导奸也。故孟子云:'仲尼之门无道桓、文之事者,是以后世无传焉。'此便是孔门家法。世儒只讲得一个伯者的学问,所以要知得许多阴谋诡计,纯是一片功利的心,与圣人作经的意思正相反,如何思量得通?"因叹曰:"此非达天德者未易与言此也。"

又曰:"孔子云:'吾犹及史之阙文也。'孟子云:'尽信《书》不如无书,吾于《武成》取二三策而已。'孔子删《书》,于唐、虞、夏四五百年间不过数篇,岂更无一事?而所述止此,圣人之意可知矣。圣人只是要删去繁文,后儒却只要添上。"爱曰:"圣人作经只是要去人欲、存天理。如五伯以下事,圣人不欲详以示人,则诚然矣。至如尧、舜以前事,如何略不少见?"先生曰:"羲、黄之世,其事阔疏,传之者鲜矣。此亦可以想见其时,全是淳庞朴素,略无文采的气象。此便是太古之治,非后世可及。"爱曰:"如《三坟》之类,亦有传者,孔子何以删之?"先生曰:"纵有传者,亦于世变渐非所宜。风气益开,文采日胜,至于周末,虽欲变以夏、商之俗,已不可挽,况唐、虞乎!又况羲、黄之世乎!然其治不同,其道则一。孔子于尧、舜则祖述之,于文、武则宪章之。文、武之法,即是尧、舜之道。但因时致治,其设施政令已自不同。即夏、商事业,施之于周,已有不合,故周公思兼三王,其有不合,仰而思之,夜以继日。况太古之治,岂复能行?斯固圣人之所可略也。"又曰:"专事无为,不能如三王之因时致治,而必欲行以太古之俗,即是佛、老的学术。因时致治,不能如三王之一本于道,而以功利之心行之,即是伯者以下事业。后世儒者许多讲来讲去,只是讲得个伯术。"

又曰:"唐、虞以上之治,后世不可复也,略之可也;三代以下之治,后世不可法也,削之可也;惟三代之治可行。然而世之论三代者不明其本,而徒事其末,则亦不可复矣!"

爱曰:"先儒论《六经》,以《春秋》为史。史专记事,恐与《五经》事体终或稍异。"先生曰:"以事言谓之史,以道言谓之经。事即道,道即事。《春秋》亦经,《五经》亦史。《易》是包牺氏之史,《书》是尧、舜以下史,《礼》、《乐》是三代史:其事同,其道同,安有所谓异?"

又曰:"《五经》亦只是史,史以明善恶,示训戒。善可为训者,时存其迹以示法;恶可为戒者,存其戒而削其事,以杜奸。"爱曰:"存其迹以示法,亦是存天理之本然;削其事以杜奸,亦是遏人欲于将萌否?"先生曰:"圣人作经,固无非是此意,然又不必泥着文句。"爱又问:"恶可为戒者,存其戒而削其事,以杜奸,何独于《诗》而不删郑、卫?先儒谓'恶者可以惩创人之逸志',然否?"先生曰:"《诗》非孔门之旧本矣。孔子云:'放郑声,郑声淫。'又曰:'恶郑声之乱雅乐也。郑、卫之音,亡国之音也。'此本是孔门家法。孔子所定三百篇,皆所谓雅乐,皆可奏之郊庙,奏之乡党,皆所以宣畅和平,涵泳德性,移风易俗,安得有此?是长淫导奸矣。此必秦火之后,世儒附会,以足三百篇之数。盖淫泆之词,世俗多所喜传,如今闾巷皆然。'恶者可以惩创人之逸志',是求其说而不得,从而为之辞。"

爱因旧说汩没，始闻先生之教，实是骇愕不定，无入头处。其后闻之既久，渐知反身实践，然后始信先生之学为孔门嫡传，舍是皆傍蹊小径、断港绝河矣！如说格物是诚意的工夫，明善是诚身的工夫，穷理是尽性的工夫，道问学是尊德性的工夫，博文是约礼的工夫，惟精是惟一的工夫：诸如此类，始皆落落难合，其后思之既久，不觉手舞足蹈。

　　　　　　　　右曰仁所录

陆澄问："主一之功，如读书则一心在读书上，接客则一心在接客上，可以为主一乎？"先生曰："好色则一心在好色上，好货则一心在好货上，可以为主一乎？是所谓逐物，非主一也。主一是专主一个天理。"

问"立志"，先生曰："只念念要存天理，即是立志。能不忘乎此，久则自然心中凝聚，犹道家所谓结圣胎也。此天理之念常存，驯至于美大圣神，亦只从此一念存养扩充去耳。"

"日间工夫，觉纷扰则静坐，觉懒看书则且看书，是亦因病而药。"

"处朋友，务相下则得益，相上则损。"

孟源有自是好名之病，先生屡责之。一日警责方已，一友自陈日来工夫请正。源从傍曰："此方是寻着源旧时家当。"先生曰："尔病又发。"源色变，议拟欲有所辨。先生曰："尔病又发。"因喻之曰："此是汝一生大病根。譬如方丈地内，种此一大树，雨露之滋，土脉之力，只滋养得这个大根；四傍纵要种些嘉谷，上面被此树叶遮覆，下面被此树根盘结，如何生长得成？须用伐去此树，纤根勿留，方可种植嘉种。不然,任汝耕耘培壅,只是滋养得此根。"

问:"后世著述之多,恐亦有乱正学。"先生曰:"人心天理浑然,圣贤笔之书,如写真传神,不过示人以形状大略,使之因此而讨求其真耳;其精神意气言笑动止,固有所不能传也。后世著述,是又将圣人所画,摹仿誊写,而妄自分析加增,以逞其技,其失真愈远矣。"

问:"圣人应变不穷,莫亦是预先讲求否?"先生曰:"如何讲求得许多? 圣人之心如明镜,只是一个明,则随感而应,无物不照;未有已往之形尚在,未照之形先具者。若后世所讲,却是如此,是以与圣人之学大背。周公制礼作乐以示天下,皆圣人所能为,尧、舜何不尽为之而待于周公? 孔子删述《六经》以诏万世,亦圣人所能为,周公何不先为之而有待于孔子? 是知圣人遇此时,方有此事。只怕镜不明,不怕物来不能照。讲求事变,亦是照时事,然学者却须先有个明的工夫。学者惟患此心之未能明,不患事变之不能尽。"曰:"然则所谓'冲漠无朕而万象森然已具者',其言如何?"曰:"是说本自好,只不善看,亦便有病痛。"

"义理无定在,无穷尽。吾与子言,不可以少有所得而遂谓止此也;再言之,十年、二十年、五十年未有止也。"他日又曰:"圣如尧、舜,然尧、舜之上,善无尽;恶如桀、纣,然桀、纣之下,恶无尽。使桀、纣未死,恶宁止此乎? 使善有尽时,文王何以'望道而未之见'?"

问:"静时亦觉意思好,才遇事便不同,如何?"先生曰:"是徒知静养而不用克己工夫也。如此临事,便要倾倒。人须在事上磨,方立得住;方能静亦定、动亦定。"

问"上达工夫",先生曰:"后儒教人才涉精微,便谓上
达未当学,且说下学,是分下学、上达为二也。夫目可得
见,耳可得闻,口可得言,心可得思者,皆下学也;目不可
得见,耳不可得闻,口不可得言,心不可得思者,上达也。
如木之栽培灌溉,是下学也;至于日夜之所息,条达畅茂,
乃是上达,人安能预其力哉? 故凡可用功可告语者皆下
学,上达只在下学里。凡圣人所说,虽极精微,俱是下学。
学者只从下学里用功,自然上达去,不必别寻个上达的工
夫。"

"持志如心痛。一心在痛上,岂有工夫说闲话、管闲
事。"

问:"'惟精惟一'是如何用功?"先生曰:"惟一是惟精
主意,惟精是惟一功夫,非惟精之外复有惟一也。精字从
米,姑以米譬之:要得此米纯然洁白,便是惟一意;然非加
舂、簸、筛、拣惟精之工,则不能纯然洁白也。舂、簸、筛、
拣是惟精之功,然亦不过要此米到纯然洁白而已。博学、
审问、慎思、明辨、笃行者,皆所以为惟精而求惟一也。他
如博文者,即约礼之功;格物致知者,即诚意之功;道问学
即尊德性之功;明善即诚身之功:无二说也。"

"知者行之始,行者知之成:圣学只一个功夫,知行不
可分作两事。"

"漆雕开曰:'吾斯之未能信。'夫子说之。子路使子
羔为费宰,子曰:'贼夫人之子。'曾点言志,夫子许之。圣
人之意可见矣。"

问:"宁静存心时,可为未发之中否?"先生曰:"今人存心,只定得气。当其宁静时,亦只是气宁静,不可以为未发之中。"曰:"未便是中,莫亦是求中功夫?"曰:"只要去人欲、存天理,方是功夫。静时念念去人欲、存天理,动时念念去人欲、存天理,不管宁静不宁静。若靠那宁静,不惟渐有喜静厌动之弊,中间许多病痛只是潜伏在,终不能绝去,遇事依旧滋长。以循理为主,何尝不宁静;以宁静为主,未必能循理。"

问:"孔门言志:由、求任政事,公西赤任礼乐,多少实用。及曾晳说来,却似耍的事,圣人却许他,是意何如?"曰:"三子是有意必,有意必便偏着一边,能此未必能彼;曾点这意思却无意必,便是'素其位而行,不愿乎其外','素夷狄行乎夷狄,素患难行乎患难,无入而不自得'矣。三子所谓'汝器也',曾点便有不器意。然三子之才,各卓然成章,非若世之空言无实者,故夫子亦皆许之。"

问:"知识不长进如何?"先生曰:"为学须有本原,须从本原上用力,渐渐盈科而进。仙家说婴儿,亦善譬。婴儿在母腹时,只是纯气,有何知识?出胎后方始能啼,既而后能笑,又既而后能识认其父母兄弟,又既而后能立能行、能持能负,卒乃天下之事无不可能:皆是精气日足,则筋力日强,聪明日开,不是出胎日便讲求推寻得来。故须有个本原。圣人到位天地,育万物,也只从喜怒哀乐未发之中上养来。后儒不明格物之说,见圣人无不知无不能,便欲于初下手时讲求得尽,岂有此理?"又曰:"立志用功,如种树然。方其根芽,犹未有干;及其有干,尚未有枝;枝而后叶,叶而后花实。初种根时,只管栽培灌溉,勿作枝想,勿作叶想,勿作花想,勿作实想。悬想何益! 但不忘栽培之功,怕没有枝叶花实?"

问:"看书不能明如何?"先生曰:"此只是在文义上穿求,故不明如此。又不如为旧时学问,他到看得多解得去。只是他为学虽极解得明晓,亦终身无得。须于心体上用功,凡明不得,行不去,须反在自心上体当即可通。盖《四书》、《五经》不过说这心体,这心体即所谓道。心体明即是道明,更无二:此是为学头脑处。"

"虚灵不昧,众理具而万事出。心外无理,心外无事。"

或问:"晦庵先生曰:'人之所以为学者,心与理而已。'此语如何?"曰:"心即性,性即理,下一'与'字,恐未免为二。此在学者善观。"

或曰:"人皆有是心。心即理,何以有为善,有为不善?"先生曰:"恶人之心,失其本体。"

问:"'析之有以极其精而不乱,然后合之有以尽其大而无余',此言如何?"先生曰:"恐亦未尽。此理岂容分析,又何须凑合得? 圣人说精一自是尽。"

"省察是有事时存养,存养是无事时省察。"

澄尝问象山在人情事变上做工夫之说。先生曰:"除了人情事变,则无事矣。喜怒哀乐非人情乎? 自视听言动,以至富贵贫贱、患难死生,皆事变也。事变亦只在人情里,其要只在致中和,致中和只在谨独。"

澄问:"仁、义、礼、智之名,因已发而有?"曰:"然。"他日，澄曰："恻隐、羞恶、辞让、是非，是性之表德邪？"曰："仁、义、礼、智，也是表德。性一而已：自其形体也谓之天，主宰也谓之帝，流行也谓之命，赋于人也谓之性，主于身也谓之心；心之发也，遇父便谓之孝，遇君便谓之忠，自此以往，名至于无穷，只一性而已。犹人一而已：对父谓之子，对子谓之父，自此以往，至于无穷，只一人而已。人只要在性上用功，看得一性字分明，即万理灿然。"

一日，论为学工夫。先生曰："教人为学，不可执一偏。初学时心猿意马，拴缚不定，其所思虑多是人欲一边，故且教之静坐，息思虑。久之，俟其心意稍定，只悬空静守如槁木死灰，亦无用，须教他省察克治。省察克治之功，则无时而可间，如去盗贼，须有个扫除廓清之意。无事时将好色好货好名等私逐一追究，搜寻出来，定要拔去病根，永不复起，方始为快。常如猫之捕鼠，一眼看着，一耳听着，才有一念萌动，即与克去，斩钉截铁，不可姑容与他方便，不可窝藏，不可放他出路，方是真实用功，方能扫除廓清。到得无私可克，自有端拱时在。虽曰何思何虑，非初学时事。初学必须思省察克治，即是思诚，只思一个天理。到得天理纯全，便是何思何虑矣。"

澄问："有人夜怕鬼者，奈何？"先生曰："只是平日不能集义，而心有所慊，故怕。若素行合于神明，何怕之有？"子莘曰："正直之鬼，不须怕；恐邪鬼不管人善恶，故未免怕。"先生曰："岂有邪鬼能迷正人乎？只此一怕，即是心邪，故有迷之者，非鬼迷也，心自迷耳。如人好色，即是色鬼迷；好货，即是货鬼迷；怒所不当怒，是怒鬼迷；惧所不当惧,是惧鬼迷也。"

"定者心之本体,天理也,动静所遇之时也。"

澄问《学》、《庸》同异,先生曰:"子思括《大学》一书之义,为《中庸》首章。"

问:"孔子正名,先儒说'上告天子,下告方伯,废辄立郢'。此意如何?"先生曰:"恐难如此。岂有一人致敬尽礼待我而为政,我就先去废他?岂人情天理?孔子既肯与辄为政,必已是他能倾心委国而听。圣人盛德至诚,必已感化卫辄,使知无父之不可以为人,必将痛哭奔走,往迎其父。父子之爱,本于天性,辄能悔痛真切如此,蒯聩岂不感动底豫。蒯聩既还,辄乃致国请戮。聩已见化于子,又有夫子至诚调和其间,当亦决不肯受,仍以命辄。群臣百姓又必欲得辄为君,辄乃自暴其罪恶,请于天子,告于方伯诸侯,而必欲致国于父。聩与群臣百姓亦皆表辄悔悟仁孝之美,请于天子,告于方伯诸侯,必欲得辄而为之君。于是集命于辄,使之复君卫国。辄不得已,乃如后世上皇故事,率群臣百姓尊聩为太公,备物致养,而始退复其位焉。则君君、臣臣、父父、子子,名正言顺,一举而可为政于天下矣!孔子正名,或是如此。"

澄在鸿胪寺仓居,忽家信至,言儿病危,澄心甚忧闷不能堪。先生曰:"此时正宜用功。若此时放过,闲时讲学何用?人正要在此等时磨炼。父之爱子,自是至情。然天理亦自有个中和处,过即是私意。人于此处多认做天理当忧,则一向忧苦,不知已是有所忧患,不得其正。大抵七情所感,多只是过,少不及者。才过便非心之本体,必须调停适中始得。就如父母之丧,人子岂不欲一哭便死,方快于心。然却曰'毁不灭性',非圣人强制之也,天理本体自有分限,不可过也。人但要识得心体,自然增减分毫不得。"

"不可谓未发之中,常人俱有。盖体用一源,有是体即有是用,有未发之中,即有发而皆中节之和。今人未能有发而皆中节之和,须知是他未发之中亦未能全得。"

"《易》之辞,是'初九,潜龙勿用'六字;《易》之象,是初画;《易》之变,是值其画;《易》之占,是用其辞。"

"夜气,是就常人说。学者能用功,则日间有事无事,皆是此气翕聚发生处。圣人则不消说夜气。"

澄问'操存舍亡'章,曰:"'出入无时,莫知其乡。'此虽就常人心说,学者亦须是知得心之本体亦元是如此,则操存功夫,始没病痛。不可便谓出为亡,入为存。若论本体,元是无出入的。若论出入,则其思虑运用是出。然主宰常昭昭在此,何出之有?既无所出,何入之有?程子所谓腔子,亦只是天理而已。虽终日应酬而不出天理,即是在腔子里。若出天理,斯谓之放,斯谓之亡。"又曰:"出入亦只是动静,动静无端,岂有乡邪?"

王嘉秀问:"佛以出离生死诱人入道,仙以长生久视诱人入道,其心亦不是要人做不好,究其极至,亦是见得圣人上一截,然非入道正路。如今仕者有由科,有由贡,有由传奉,一般做到大官,毕竟非入仕正路,君子不由也。仙、佛到极处,与儒者略同,但有了上一截,遗了下一截,终不似圣人之全;然其上一截同者,不可诬也。后世儒者,又只得圣人下一截,分裂失真,流而为记诵词章,功利训诂,亦卒不免为异端。是四家者终身劳苦,于身心无分毫益。视彼仙、佛之徒,清心寡欲,超然于世累之外者,反若有所不及矣。今学者不必先排仙、佛,且当笃志为圣人之学。圣人之学明,则仙、佛自泯。不然,则此之所学,恐彼或有不屑,而反欲其俯就,不亦难乎? 鄙见如此,先生以为何如?"先生曰:"所论大略亦是。但谓上一截,下一截,亦是人见偏了如此。若论圣人大中至正之道,彻上彻下,只是一贯,更有甚上一截,下一截? '一阴一阳之谓道',但仁者见之便谓之仁,知者见之便谓之智,百姓又日用而不知,故君子之道鲜矣。仁智岂可不谓之道? 但见得偏了,便有弊病。"

"蓍固是《易》,龟亦是《易》。"

问:"孔子谓武王未尽善,恐亦有不满意?"先生曰:"在武王自合如此。"曰:"使文王未没,毕竟如何?"曰:"文王在时,天下三分已有其二。若到武王伐商之时,文王若在,或者不致兴兵,必然这一分亦来归了。文王只善处纣,使不得纵恶而已。"

问孟子言"执中无权犹执一",先生曰:"中只是天理,只是易,随时变易,如何执得? 须是因时制宜,难预先定一个规矩在。如后世儒者要将道理一一说得无罅漏,立定个格式,此正是执一。"

唐诩问:"立志是常存个善念,要为善去恶否?"曰:"善念存时,即是天理。此念即善,更思何善? 此念非恶,更去何恶? 此念如树之根芽,立志者长立此善念而已。

'从心所欲，不逾矩'，只是志到熟处。"

"精神道德言动，大率收敛为主，发散是不得已。天地人物皆然。"

问："文中子是如何人?"先生曰："文中子庶几具体而微，惜其蚤死!"问："如何却有《续经》之非?"曰："《续经》亦未可尽非。"请问，良久曰："更觉良工心独苦。"

"许鲁斋谓儒者以治生为先之说，亦误人。"

问仙家元气、元神、元精，先生曰："只是一件：流行为气，凝聚为精，妙用为神。"

"喜怒哀乐，本体自是中和的。才自家着些意思，便过不及，便是私。"

问"哭则不歌"，先生曰："圣人心体自然如此。"

"克己须要扫除廓清，一毫不存方是。有一毫在，则众恶相引而来。"

问《律吕新书》，先生曰："学者当务为急。算得此数熟，亦恐未有用，必须心中先具礼乐之本方可。且如其书说多用管以候气，然至冬至那一刻时，管灰之飞，或有先后，须臾之间，焉知那管正值冬至之刻? 须自中心先晓得冬至之刻始得；此便有不通处。学者须先从礼乐本原上用功。"

曰仁云："心犹镜也。圣人心如明镜，常人心如昏镜。近世格物之说，如以镜照物，照上用功，不知镜尚昏在，何能照! 先生之格物，如磨镜而使之明，磨上用功，明了后亦未尝废照。"

问"道之精粗"，先生曰："道无精粗，人之所见有精粗。如这一间房,人初进来,只见一个大规模如此;处久便柱壁之类,一一看得明白;再久,如柱上有些文藻,细细都看出来:然只是一间房。"

先生曰:"诸公近见时少疑问,何也? 人不用功,莫不自以为已知,为学只循而行之是矣。殊不知私欲日生,如地上尘,一日不扫,便又有一层。着实用功,便见道无终穷,愈探愈深,必使精白无一毫不彻方可。"

问:"知至然后可以言诚意。今天理人欲,知之未尽,如何用得克己工夫?"先生曰:"人若真实切己用功不已,则于此心天理之精微日见一日,私欲之细微亦日见一日。若不用克己工夫,终日只是说话而已,天理终不自见,私欲亦终不自见。如人走路一般,走得一段,方认得一段;走到歧路处,有疑便问,问了又走,方渐能到得欲到之处。今人于已知之天理不肯存,已知之人欲不肯去,且只管愁不能尽知。只管闲讲,何益之有? 且待克得自己无私可克,方愁不能尽知,亦未迟在。"

问:"道一而已。古人论道往往不同,求之亦有要乎?"先生曰:"道无方体,不可执着。却拘滞于文义上求道,远矣。如今人只说天,其实何尝见天? 谓日月风雷即天,不可;谓人物草木不是天,亦不可。道即是天,若识得时,何莫而非道? 人但各以其一隅之见认定,以为道止如此,所以不同。若解向里寻求,见得自己心体,即无时无处不是此道。亘古亘今,无终无始,更有甚同异? 心即道,道即天,知心则知道、知天。"又曰:"诸君要实见此道,须从自己心上体认,不假外求始得。"

问:"名物度数,亦须先讲求否?"先生曰:"人只要成就自家心体,则用在其中。如养得心体,果有未发之中,自然有发而中节之和,自然无施不可。苟无是心,虽预先讲得世上许多名物度数,与己原不相干,只是装缀,临时自行不去。亦不是将名物度数全然不理,只要知所先后,则近道。"又曰:"人要随才成就。才是其所能为,如夔之乐,稷之种,是他资性合下便如此。成就之者,亦只是要他心体纯乎天理。其运用处,皆从天理上发来,然后谓之才。到得纯乎天理处,亦能不器,使夔、稷易艺而为,当亦能之。"又曰:"如'素富贵行乎富贵,素患难行乎患难',皆是不器:此惟养得心体正者能之。"

"与其为数顷无源之塘水,不若为数尺有源之井水,生意不穷。"时先生在塘边坐,傍有井,故以之喻学云。

问:"世道日降,太古时气象如何复见得?"先生曰:"一日便是一元。人平旦时起坐,未与物接,此心清明景象,便如在伏羲时游一般。"

问:"心要逐物,如何则可?"先生曰:"人君端拱清穆,六卿分职,天下乃治。心统五官,亦要如此。今眼要视时,心便逐在色上;耳要听时,心便逐在声上。如人君要选官时,便自去坐在吏部;要调军时,便自去坐在兵部:如此岂惟失却君体,六卿亦皆不得其职。"

"善念发而知之,而充之;恶念发而知之,而遏之。知与充与遏者,志也,天聪明也。圣人只有此,学者当存此。"

澄曰:"好色、好利、好名等心,固是私欲。如闲思杂虑,如何亦谓之私欲?"先生曰:"毕竟从好色、好利、好名等根上起,自寻其根便见。如汝心中,决知是无有做劫盗的思虑,何也? 以汝元无是心也。汝若于货色名利等心,一切皆如不做劫盗之心一般,都消灭了,光光只是心之本体,看有甚闲思虑? 此便是寂然不动,便是未发之中,便是廓然大公! 自然感而遂通,自然发而中节,自然物来顺应。"

问"志至气次",先生曰:"'志之所至,气亦至焉'之谓,非极至次贰之谓。持其志则养气在其中,无暴其气则亦持其志矣。孟子救告子之偏,故如此夹持说。"

问:"先儒曰:'圣人之道,必降而自卑;贤人之言,则引而自高。'如何?"先生曰:"不然。如此,却乃伪也。圣人如天,无往而非天,三光之上天也,九地之下亦天也,天何尝有降而自卑? 此所谓大而化之也。贤人如山岳,守其高而已。然百仞者不能引而为千仞,千仞者不能引而为万仞:是贤人未尝引而自高也,引而自高则伪矣。"

问:"伊川谓不当于喜怒哀乐未发之前求中,延平却教学者看未发之前气象,何如?"先生曰:"皆是也。伊川恐人于未发前讨个中,把中做一物看,如吾向所谓认气定时做中,故令只于涵养省察上用功。延平恐人未便有下手处,故令人时时刻刻求未发前气象,使人正目而视惟此,倾耳而听惟此:即是戒慎不睹,恐惧不闻的工夫。皆古人不得已诱人之言也。"

澄问:"喜怒哀乐之中和,其全体常人固不能有。如一件小事当喜怒者,平时无有喜怒之心,至其临时,亦能中节,亦可谓之中和乎?"先生曰:"在一时一事,固亦可谓之中和,然未可谓之大本达道。人性皆善,中和是人人原有的,岂可谓无? 但常人之心既有所昏蔽,则其本体虽亦时时发见,终是暂明暂灭,非其全体大用矣。无所不中,然后谓之大本;无所不和,然后谓之达道;惟天下之至诚,然后能立天下之大本。"曰:"澄于中字之义尚未明。"曰:"此须自心体认出来,非言语所能喻。中只是天理。"曰:"何者为天理?"曰:"去得人欲,便识天理。"曰:"天理何以谓之中?"曰:"无所偏倚。"曰:"无所偏倚是何等气象?"曰:"如明镜然,全体莹彻,略无纤尘染着。"曰:"偏倚是有所染着。如着在好色、好利、好名等项上,方见得偏倚;若未发时,美色名利皆未相着,何以便知其有所偏倚?"曰:"虽未相着,然平日好色、好利、好名之心原未尝无;既未尝无,即谓之有;既谓之有,则亦不可谓无偏倚。譬之病疟之人,虽有时不发,而病根原不曾除,则亦不得谓之无病之人矣。须是平日好色、好利、好名等项一应私心扫除荡涤,无复纤毫留滞,而此心全体廓然,纯是天理,方可谓之喜怒哀乐未发之中,方是天下之大本。"

　　问:"'颜子没而圣学亡',此语不能无疑。"先生曰:"见圣道之全者惟颜子。观喟然一叹,可见其谓'夫子循循然善诱人,博我以文,约我以礼',是见破后如此说。博文约礼,如何是善诱人? 学者须思之。道之全体,圣人亦难以语人,须是学者自修自悟。颜子虽欲从之,未由也已,即文王望道未见意。望道未见,乃是真见。颜子没,而圣学之正派遂不尽传矣。"

问:"身之主为心,心之灵明是知,知之发动是意,意之所着为物,是如此否?"先生曰:"亦是。"

"只存得此心常见在,便是学。过去未来事,思之何益?徒放心耳!"

"言语无序,亦足以见心之不存。"

尚谦问孟子之"不动心"与告子异,先生曰:"告子是硬把捉着此心,要他不动;孟子却是集义到自然不动。"又曰:"心之本体原自不动。心之本体即是性,性即是理,性元不动,理元不动。集义是复其心之本体。"

"万象森然时,亦冲漠无朕;冲漠无朕,即万象森然。冲漠无朕者一之父,万象森然者精之母。一中有精,精中有一。"

"心外无物。如吾心发一念孝亲,即孝亲便是物。"

先生曰:"今为吾所谓格物之学者,尚多流于口耳。况为口耳之学者,能反于此乎?天理人欲,其精微必时时用力省察克治,方日渐有见。如今一说话之间,虽只讲天理,不知心中倏忽之间已有多少私欲。盖有窃发而不知者,虽用力察之,尚不易见,况徒口讲而可得尽知乎?今只管讲天理来顿放着不循,讲人欲来顿放着不去,岂格物致知之学?后世之学,其极至,只做得个义袭而取的工夫。"

问"格物",先生曰:"格者,正也。正其不正,以归于正也。"

问:"知止者,知至善只在吾心,元不在外也,而后志定。"曰:"然。"

　　问:"格物于动处用功否?"先生曰:"格物无间动静,静亦物也。孟子谓'必有事焉',是动静皆有事。"

　　"工夫难处,全在格物致知上。此即诚意之事。意既诚,大段心亦自正,身亦自修。但正心修身工夫,亦各有用力处,修身是已发边,正心是未发边。心正则中,身修则和。"

　　"自'格物致知'至'平天下',只是一个'明明德'。虽亲民,亦明德事也。明德是此心之德,即是仁。仁者以天地万物为一体,使有一物失所,便是吾仁有未尽处。"

　　"只说'明明德'而不说'亲民',便似老、佛。"

　　"至善者性也,性元无一毫之恶,故曰至善。止之,是复其本然而已。"

　　问:"知至善即吾性,吾性具吾心,吾心乃至善所止之地,则不为向时之纷然外求,而志定矣。定则不扰扰而静,静而不妄动则安,安则一心一意只在此处,千思万想,务求必得此至善,是能虑而得矣。如此说是否?"先生曰:"大略亦是。"

　　问:"程子云'仁者以天地万物为一体',何墨氏'兼爱'反不得谓之仁?"先生曰:"此亦甚难言,须是诸君自体认出来始得。仁是造化生生不息之理,虽弥漫周遍,无处不是,然其流行发生,亦只有个渐,所以生生不息。如冬至一阳生,必自一阳生,而后渐渐至于六阳,若无一阳之生,岂有六阳?阴亦然。惟其渐,所以便有个发端处;惟其有个发端处,所以生;惟其生,所以不息。譬之木,其始抽芽,便是木之生意发端处;抽芽然后发干,发干然后生枝生叶,然后是生生不息。若无芽,何以有干有枝叶? 能抽芽,必是下面有个根在。有根方生,无根便死。无根何从抽芽? 父子兄弟之爱,便是人心生意发端处,如木之抽芽。自此而仁民,而爱物,便是发干生枝生叶。墨氏兼爱无差等,将自家父子兄弟与途人一般看,便自没了发端处;不抽芽便知得他无根,便不是生生不息,安得谓之仁? 孝弟为仁之本,却是仁理从里面发生出来。"

问:"延平云'当理而无私心',当理与无私心如何分别?"先生曰:"心即理也,无私心即是当理,未当理便是私心。若析心与理言之,恐亦未善。"又问:"释氏于世间一切情欲之私都不染着,似无私心。但外弃人伦,却似未当理。"曰:"亦只是一统事,都只是成就他一个私己的心。"

侃问:"持志如心痛,一心在痛上,安有工夫说闲语,管闲事?"先生曰:"初学工夫,如此用亦好;但要使知出入无时,莫知其乡。心之神明,原是如此工夫,方有着落。若只死死守着,恐于工夫上又发病。"

侃问:"专涵养而不务讲求,将认欲作理,则如之何?"先生曰:"人须是知学,讲求亦只是涵养。不讲求只是涵养之志不切。"曰:"何谓知学?"曰:"且道为何而学? 学个甚?"曰:"尝闻先生教,学是学存天理。心之本体即是天理,体认天理只要自心地无私意。"曰:"如此则只须克去私意便是,又愁甚理欲不明?"曰:"正恐这些私意认不真。"曰:"总是志未切。志切,目视耳听皆在此,安有认不真的道理? 是非之心人皆有之,不假外求。讲求亦只是体当自心所见,不成去心外别有个见。"

先生问在坐之友：“比来工夫何似？”一友举虚明意思。先生曰：“此是说光景。”一友叙今昔异同。先生曰：“此是说效验。”二友惘然，请是。先生曰：“吾辈今日用功，只是要为善之心真切。此心真切，见善即迁，有过即改，方是真切工夫。如此则人欲日消，天理日明。若只管求光景，说效验，却是助长外驰病痛，不是工夫。”

朋友观书，多有摘议晦庵者。先生曰：“是有心求异即不是。吾说与晦庵时有不同者，为入门下手处有毫厘千里之分，不得不辩；然吾之心与晦庵之心未尝异也。若其余文义解得明当处，如何动得一字？”

希渊问：“圣人可学而至。然伯夷、伊尹于孔子才力终不同，其同谓之圣者安在？”先生曰：“圣人之所以为圣，只是其心纯乎天理，而无人欲之杂。犹精金之所以为精，但以其成色足而无铜铅之杂也。人到纯乎天理方是圣，金到足色方是精。然圣人之才力，亦是大小不同，犹金之分两有轻重。尧、舜犹万镒，文王、孔子有九千镒，禹、汤、武王犹七八千镒，伯夷、伊尹犹四五千镒：才力不同而纯乎天理则同，皆可谓之圣人；犹分两虽不同，而足色则同，皆可谓之精金。以五千镒者而入于万镒之中，其足色同也；以夷、尹而厕之尧、孔之间，其纯乎天理同也。盖所以为精金者，在足色而不在分两；所以为圣者，在纯乎天理而不在才力也。故虽凡人而肯为学，使此心纯乎天理，则亦可为圣人；犹一两之金比之万镒，分两虽悬绝，而其到足色处可以无愧。故曰‘人皆可以为尧、舜’者以此。学者学圣人，不过是去人欲而存天理耳，犹炼金而求其足色。金之成色所争不多,则煅炼之工省而功易成,成色愈下则煅炼愈难;人之气质清浊粹驳,有中人以上,中人以下,其于道有生知安行,学知利行,其下者必须人一己百,人十己千,及其成功则一。后世不知作圣之本是纯乎天理,却专去知识才能上求圣人。以为圣人无所不知,无所不能,我须是将圣人许多知识才能逐一理会始得。故不务去天理上着工夫,徒弊精竭力,从册子上钻研,名物上考索,形迹上比拟,知识愈广而人欲愈滋,才力愈多而天理愈蔽。正如见人有万镒精金,不务煅炼成色,求无愧于彼之精纯,而乃妄希分两,务同彼之万镒,锡铅铜铁杂然而投,分两愈增而成色愈下,既其梢末,无复有金矣。”时曰仁在傍,曰:“先生此喻足以破世儒支离之惑,大有功于后学。”先生又曰:“吾辈用功只求日减,不求日增。减得一分人欲,便是复得一分天理;何等轻快脱洒! 何等简易!”

士德问曰:“格物之说如先生所教,明白简易,人人见得。文公聪明绝世,于此反有未审何也?”先生曰:“文公精神气魄大,是他早年合下便要继往开来,故一向只就考索著述上用功。若先切己自修,自然不暇及此。到得德盛后,果忧道之不明。如孔子退修六籍,删繁就简,开示来学,亦大段不费甚考索。文公早岁便著许多书,晚年方悔是倒做了。”士德曰:“晚年之悔,如谓‘向来定本之悟’,又谓‘虽读得书何益于吾事’,又谓‘此与守书籍,泥言语,全无交涉’,是他到此方悔从前用功之错,方去切己自修矣。”曰:“然此是文公不可及处。他力量大,一悔便转,可惜不久即去世,平日许多错处皆不及改正。"

侃去花间草,因曰:"天地间何善难培,恶难去?"先生曰:"未培未去耳。"少间,曰:"此等看善恶,皆从躯壳起念,便会错。"侃未达。曰:"天地生意,花草一般,何曾有善恶之分? 子欲观花,则以花为善,以草为恶;如欲用草时,复以草为善矣。此等善恶,皆由汝心好恶所生,故知是错。"曰:"然则无善无恶乎?"曰:"无善无恶者理之静,有善有恶者气之动。不动于气,即无善无恶,是谓至善。"曰:"佛氏亦无善无恶,何以异?"曰:"佛氏着在无善无恶上,便一切都不管,不可以治天下。圣人无善无恶,只是无有作好,无有作恶,不动于气。然遵王之道,会其有极,便自一循天理,便有个裁成辅相。"曰:"草既非恶,即草不宜去矣。"曰:"如此却是佛、老意见。草若有碍,何妨汝去?"曰:"如此又是作好作恶?"曰:"不作好恶,非是全无好恶,却是无知觉的人。谓之不作者,只是好恶一循于理,不去又着一分意思。如此,即是不曾好恶一般。"曰:"去草如何是一循于理,不着意思?"曰:"草有妨碍,理亦宜去,去之而已。偶未即去,亦不累心。若着了一分意思,即心体便有贻累,便有许多动气处。"曰:"然则善恶全不在物?"曰:"只在汝心循理便是善,动气便是恶。"曰:"毕竟物无善恶。"曰:"在心如此,在物亦然。世儒惟不知此,舍心逐物,将格物之学错看了,终日驰求于外,只做得个义袭而取,终身行不著,习不察。"曰:"'如好好色,如恶恶臭',则如何?"曰:"此正是一循于理;是天理合如此,本无私意作好作恶。"曰:"'如好好色,如恶恶臭',安得非意?"曰:"却是诚意,不是私意。诚意只是循天理。虽是循天理,亦着不得一分意,故有所忿懥好乐则不得其正,须是廓然大公,方是心之本体。知此即知未发之中。"伯生曰:"先生云'草有妨碍,理亦宜去',缘何又是躯壳起念?"曰:"此须汝心自体当。汝要去草,是甚么心?周茂叔窗前草不除,是甚么心?"

先生谓学者曰:"为学须得个头脑工夫,方有着落。纵未能无间,如舟之有舵,一提便醒。不然,虽从事于学,只做个义袭而取,只是行不著,习不察,非大本达道也。"又曰:"见得时,横说竖说皆是。若此处通,彼处不通,只是未见得。"

或问为学以亲故,不免业举之累。先生曰:"以亲之故而业举,为累于学,则治田以养其亲者亦有累于学乎?先正云'惟患夺志',但恐为学之志不真切耳。"

崇一问:"寻常意思多忙,有事固忙,无事亦忙,何也?"先生曰:"天地气机,元无一息之停;然有个主宰,故不先不后,不急不缓,虽千变万化,而主宰常定:人得此而生。若主宰定时,与天运一般不息,虽酬酢万变,常是从容自在,所谓'天君泰然,百体从令'。若无主宰,便只是这气奔放,如何不忙?"

先生曰:"为学大病在好名。"侃曰:"从前岁自谓此病已轻,比来精察,乃知全未,岂必务外为人,只闻誉而喜,闻毁而闷,即是此病发来。"曰:"最是。名与实对,务实之心重一分,则务名之心轻一分;全是务实之心,即全无务名之心;若务实之心如饥之求食,渴之求饮,安得更有工夫好名?"又曰:"'疾没世而名不称',称字去声读,亦'声闻过情,君子耻之'之意。实不称名,生犹可补,没则无及矣。四十五十而无闻,是不闻道,非无声闻也。孔子云'是闻也,非达也',安肯以此望人?"

侃多悔,先生曰:"悔悟是去病之药,然以改之为贵。若留滞于中,则又因药发病。"

德章曰:"闻先生以精金喻圣,以分两喻圣人之分量,以锻炼喻学者之工夫,最为深切。惟谓尧、舜为万镒,孔子为九千镒,疑未安。"先生曰:"此又是躯壳上起念,故替圣人争分两。若不从躯壳上起念,即尧、舜万镒不为多,孔子九千镒不为少;尧、舜万镒只是孔子的,孔子九千镒只是尧、舜的,原无彼我。所以谓之圣,只论精一,不论多寡。只要此心纯乎天理处同,便同谓之圣。若是力量气魄,如何尽同得?后儒只在分两上较量,所以流入功利。若除去了比较分两的心,各人尽着自己力量精神,只在此心纯天理上用功,即人人自有,个个圆成,便能大以成大,小以成小,不假外慕,无不具足。此便是实实落落明善诚身的事。后儒不明圣学,不知就自己心地良知良能上体认扩充,却去求知其所不知,求能其所不能,一味只是希高慕大;不知自己是桀、纣心地,动辄要做尧、舜事业,如何做得!终年碌碌,至于老死,竟不知成就了个甚么,可哀也已!"

侃问:"先儒以心之静为体,心之动为用,如何?"先生曰:"心不可以动静为体用。动静时也,即体而言用在体,即用而言体在用,是谓体用一源。若说静可以见其体,动可以见其用,却不妨。"

问:"上智下愚如何不可移?"先生曰:"不是不可移,只是不肯移。"

问"子夏门人问交"章,先生曰:"子夏是言小子之交,子张是言成人之交。若善用之,亦俱是。"

子仁问:"'学而时习之,不亦说乎',先儒以学为效先觉之所为,如何?"先生曰:"学是学去人欲,存天理;从事于去人欲,存天理,则自正。诸先觉考诸古训,自下许多问辨思索存省克治工夫;然不过欲去此心之人欲,存吾心之天理耳。若曰效先觉之所为,则只说得学中一件事,亦似专求诸外了。'时习'者,坐如尸,非专习坐也,坐时习此心也;立如斋,非专习立也,立时习此心也。说是'理义之说我心'之'说',人心本自说理义,如目本说色,耳本说声,惟为人欲所蔽所累,始有不说。今人欲日去,则理义日洽浃,安得不说?"

国英问:"曾子三省虽切,恐是未闻一贯时工夫。"先生曰:"一贯是夫子见曾子未得用功之要,故告之。学者果能忠恕上用功,岂不是一贯? 一如树之根本,贯如树之枝叶,未种根何枝叶之可得? 体用一源,体未立,用安从生? 谓曾子于其用处盖已随事精察而力行之,但未知其体之一,此恐未尽。"

黄诚甫问"汝与回也孰愈"章,先生曰:"子贡多学而识,在闻见上用功;颜子在心地上用功:故圣人问以启之。而子贡所对又只在知见上,故圣人叹惜之,非许之也。"

"颜子不迁怒,不贰过,亦是有未发之中,始能。"

“种树者必培其根，种德者必养其心。欲树之长，必于始生时删其繁枝；欲德之盛，必于始学时去夫外好。如外好诗文，则精神日渐漏泄在诗文上去；凡百外好皆然。”又曰：“我此论学是无中生有的工夫，诸公须要信得及只是立志。学者一念为善之志，如树之种，但勿助勿忘，只管培植将去，自然日夜滋长，生气日完，枝叶日茂。树初生时，便抽繁枝，亦须刊落，然后根干能大；初学时亦然。故立志贵专一。”

因论先生之门，某人在涵养上用功，某人在识见上用功，先生曰：“专涵养者日见其不足，专识见者日见其有余。日不足者日有余矣，日有余者日不足矣。”

梁日孚问：“居敬穷理是两事，先生以为一事，何如？”先生曰：“天地间只有此一事，安有两事？若论万殊，礼仪三百，威仪三千，又何止两？公且道居敬是如何？穷理是如何？”曰：“居敬是存养工夫，穷理是穷事物之理。”曰：“存养个甚？”曰：“是存养此心之天理。”曰：“如此亦只是穷理矣。”曰：“且道如何穷事物之理？”曰：“如事亲便要穷孝之理，事君便要穷忠之理。”曰：“忠与孝之理在君亲身上，在自己心上？若在自己心上，亦只是穷此心之理矣。且道如何是敬？”曰：“只是主一。”“如何是主一？”曰：“如读书便一心在读书上，接事便一心在接事上。”曰：“如此则饮酒便一心在饮酒上，好色便一心在好色上，却是逐物，成甚居敬功夫？”日孚请问。曰：“一者天理，主一是一心在天理上。若只知主一，不知一即是理，有事时便是逐物，无事时便是着空。惟其有事无事，一心皆在天理上用功,所以居敬亦即是穷理。就穷理专一处说,便谓之居敬;就居敬精密处说,便谓之穷理;却不是居敬了别有个心穷理,穷理时别有个心居敬:名虽不同,功夫只是一事。就如《易》言'敬以直内,义以方外',敬即是无事时义,义即是有事时敬,两句合说一件。如孔子言'修己以敬',即不须言义,孟子言'集义'即不须言敬,会得时横说竖说工夫总是一般。若泥文逐句,不识本领,即支离决裂,工夫都无下落。"问:"穷理何以即是尽性?"曰:"心之体性也,性即理也。穷仁之理,真要仁极仁,穷义之理,真要义极义:仁义只是吾性,故穷理即是尽性。如孟子说充其恻隐之心,至仁不可胜用,这便是穷理工夫。"日孚曰:"先儒谓一草一木亦皆有理,不可不察,如何?"先生曰:"夫我则不暇。公且先去理会自己性情,须能尽人之性,然后能尽物之性。"日孚悚然有悟。

惟乾问:"知如何是心之本体?"先生曰:"知是理之灵处。就其主宰处说,便谓之心;就其禀赋处说,便谓之性。孩提之童无不知爱其亲,无不知敬其兄,只是这个灵能不为私欲遮隔,充拓得尽,便完;完是他本体,便与天地合德。自圣人以下不能无蔽,故须格物以致其知。"

守衡问:"《大学》工夫只是诚意,诚意工夫只是格物。修齐治平,只诚意尽矣。又有'正心之功,有所忿懥好乐,则不得其正',何也?"先生曰:"此要自思得之,知此则知未发之中矣。"守衡再三请。曰:"为学工夫有浅深。初时若不着实用意去好善恶恶,如何能为善去恶? 这着实用意便是诚意。然不知心之本体原无一物,一向着意去好善恶恶,便又多了这分意思,便不是廓然大公。《书》所谓无有作好作恶,方是本体。所以说'有所忿懥好乐,则不得其正'。正心只是诚意工夫里面体当自家心体,常要鉴空衡平,这便是未发之中。"

正之问:"戒惧是己所不知时工夫,慎独是己所独知时工夫,此说如何?"先生曰:"只是一个工夫,无事时固是独知,有事时亦是独知。人若不知于此独知之地用力,只在人所共知处用功,便是作伪,便是见君子而后厌然。此独知处便是诚的萌芽,此处不论善念恶念,更无虚假,一是百是,一错百错,正是王霸义利诚伪善恶界头。于此一立立定,便是端本澄源,便是立诚。古人许多诚身的工夫,精神命脉全体只在此处。真是莫见莫显,无时无处,无终无始,只是此个工夫。今若又分戒惧为己所不知,即工夫便支离,亦有间断。既戒惧即是知,己若不知,是谁戒惧?如此见解,便要流入断灭禅定。"曰:"不论善念恶念,更无虚假,则独知之地更无无念时邪?"曰:"戒惧亦是念,戒惧之念无时可息。若戒惧之心稍有不存,不是昏聩,便已流入恶念。自朝至暮,自少至老,若要无念,即是已不知,此除是昏睡,除是槁木死灰。"

志道问:"荀子云'养心莫善于诚',先儒非之,何也?"先生曰:"此亦未可便以为非。诚字有以工夫说者:诚是心之本体,求复其本体,便是思诚的工夫。明道说'以诚敬存之',亦是此意。《大学》'欲正其心,先诚其意'。荀子之言固多病,然不可一例吹毛求疵。大凡看人言语,若先有个意见,便有过当处。'为富不仁'之言,孟子有取于阳虎,此便见圣贤大公之心。"

萧惠问:"己私难克,奈何?"先生曰:"将汝己私来,替汝克。"先生曰:"人须有为己之心,方能克己;能克己,方能成己。"萧惠曰:"惠亦颇有为己之心,不知缘何不能克己?"先生曰:"且说汝有为己之心是如何?"惠良久曰:"惠亦一心要做好人,便自谓颇有为己之心。今思之,看来亦只是为得个躯壳的己,不曾为个真己。"先生曰:"真己何曾离着躯壳! 恐汝连那躯壳的己也不曾为。且道汝所谓躯壳的己,岂不是耳目口鼻四肢?"惠曰:"正是。为此,目便要色,耳便要声,口便要味,四肢便要逸乐,所以不能克。"先生曰:"'美色令人目盲,美声令人耳聋,美味令人口爽,驰骋田猎令人发狂',这都是害汝耳目口鼻四肢的,岂得是为汝耳目口鼻四肢? 若为着耳目口鼻四肢时,便须思量耳如何听,目如何视,口如何言,四肢如何动;必须非礼勿视听言动,方才成得个耳目口鼻四肢,这个才是为着耳目口鼻四肢。汝今终日向外驰求,为名为利,这都是为着躯壳外面的物事。汝若为着耳目口鼻四肢,要非礼勿视听言动时,岂是汝之耳目口鼻四肢自能勿视听言动,须由汝心。这视听言动皆是汝心:汝心之视,发窍于目;汝心之听,发窍于耳;汝心之言,发窍于口;汝心之动,发窍于四肢。若无汝心,便无耳目口鼻。所谓汝心,亦不专是那一团血肉。若是那一团血肉,如今已死的人,那一团血肉还在,缘何不能视听言动? 所谓汝心,却是那能视听言动的,这个便是性,便是天理。有这个性才能生。这性之生理便谓之仁;这性之生理,发在目便会视,发在耳便会听,发在口便会言,发在四肢便会动,都只是那天理发生,以其主宰一身,故谓之心。这心之本体,原只是个天理,原无非礼,这个便是汝之真己。这个真己是躯壳的主宰。若无真己,便无躯壳,真是有之即生,无之即死。汝若真为那个躯壳的己,必须用着这个真己,便须常常保守着这个真己的本体,戒慎不睹,恐惧不闻,惟恐亏损了他一些;才有一毫非礼萌动,便如刀割,如针刺,忍耐不过,必须去了刀,拔了针,这才是有为己之心,方能克己。汝今正是认贼作子,缘何却说有为己之心,不能克己?"

有一学者病目,戚戚甚忧。先生曰:"尔乃贵目贱心。"

萧惠好仙、释,先生警之曰:"吾亦自幼笃志二氏,自谓既有所得,谓儒者为不足学。其后居夷三载,见得圣人之学若是其简易广大,始自叹悔错用了三十年气力。大抵二氏之学,其妙与圣人只有毫厘之间。汝今所学乃其土苴,辄自信自好若此,真鸱鸮窃腐鼠耳!"惠请问二氏之妙,先生曰:"向汝说圣人之学简易广大,汝却不问我悟的,只问我悔的!"惠惭谢,请问圣人之学。先生曰:"已与汝一句道尽,汝尚自不会。"

刘观时问:"未发之中是如何?"先生曰:"汝但戒慎不睹,恐惧不闻,养得此心纯是天理,便自然见。"观时请略示气象。先生曰:"哑子吃苦瓜,与你说不得。你要知此苦,还须你自吃。"时曰仁在傍,曰:"如此才是真知,即是行矣。"一时在座诸友皆有省。

萧惠问"死生之道",先生曰:"知昼夜即知死生。"问

"昼夜之道",曰:"知昼则知夜。"曰:"昼亦有所不知乎?"先生曰:"汝能知昼?懵懵而兴,蠢蠢而食,行不著,习不察,终日昏昏,只是梦昼。惟息有养,瞬有存,此心惺惺明明,天理无一息间断,才是能知昼。这便是天德,便是通乎昼夜之道,而知更有甚么死生?"

马子莘问:"修道之教,旧说谓'圣人品节,吾性之固有,以为法于天下,若礼乐刑政之属',此意如何?"先生曰:"道即性即命,本是完完全全,增减不得,不假修饰的,何须要圣人品节?却是不完全的物件。礼乐刑政是治天下之法,固亦可谓之教,但不是子思本旨。若如先儒之说,下面由教入道的,缘何舍了圣人礼乐刑政之教,别说出一段戒慎恐惧工夫,却是圣人之教为虚设矣。"子莘请问。先生曰:"子思性、道、教,皆从本原上说天命。于人则命便谓之性;率性而行,则性便谓之道;修道而学,则道便谓之教。率性是诚者事,所谓自诚明谓之性也;修道是诚之者事,所谓自明诚谓之教也。圣人率性而行,即是道。圣人以下,未能率性于道,未免有过不及,故须修道。修道则贤知者不得而过,愚不肖者不得而不及,都要循着这个道,则道便是个教。此'教'字与'天道至教,风雨霜露无非教也'之'教'同。'修道'字与'修道以仁'同。人能修道,然后能不违于道,以复其性之本体,则亦是圣人率性之道矣。下面'戒慎恐惧'便是修道的工夫,'中和'便是复其性之本体,如《易》所谓穷理尽性以至于命,中和位育便是尽性至命。"

黄诚甫问:"先儒以孔子告颜渊为邦之问,是立万世常行之道,如何?"先生曰:"颜子具体圣人,其于为邦的大本大原都已完备。夫子平日知之已深,到此都不必言,只就制度文为上说。此等处亦不可忽略,须要是如此方尽善。又不可因自己本领是当了,便于防范上疏阔,须是要放郑声,远佞人。盖颜子是个克己向里、德上用心的人,孔子恐其外面末节或有疏略,故就他不足处帮补说。若在他人,须告以为政在人,取人以身,修身以道,修道以仁,达道九经及诚身许多工夫,方始做得,这个方是万世常行之道。不然,只去行了夏时,乘了殷辂,服了周冕,作了韶舞,天下便治得。后人但见颜子是孔门第一人,又问个'为邦',便把做天下事看了。"

蔡希渊问:"文公《大学》新本先格致而后诚意工夫,似与首章次第相合。若如先生从旧本之说,即诚意反在格致之前,于此尚未释然。"先生曰:"《大学》工夫即是明明德,明明德只是个诚意,诚意的工夫只是格物致知。若以诚意为主,去用格物致知的工夫,即工夫始有下落,即为善去恶无非是诚意的事。如新本先去穷格事物之理,即茫茫荡荡,都无着落处;须用添个敬字方才牵扯得向身心上来,然终是没根源。若须用添个敬字,缘何孔门倒将一个最紧要的字落了,直待千余年后要人来补出?正谓以诚意为主,即不须添敬字,所以提出个诚意来说,正是学问的大头脑处。于此不察,直所谓毫厘之差,千里之谬。大抵《中庸》工夫只是诚身,诚身之极便是至诚;《大学》工夫只是诚意,诚意之极便是至善:工夫总是一般。今说这里补个敬字,那里补个诚字,未免画蛇添足。"

传习录中

德洪曰:"昔南元善刻《传习录》于越,凡二册。下册摘录先师手书,凡八篇。其答徐成之二书,吾师自谓:'天下是朱非陆,论定既久,一旦反之为难。二书姑为调停两可之说,使人自思得之。'故元善录为下册之首者,意亦以是欤?今朱、陆之辨明于天下久矣。洪刻先师《文录》置二书于《外集》者,示未全也,故今不复录。其余指'知行之本体',莫详于答人论学与答周道通、陆清伯、欧阳崇一四书;而谓'格物为学者用力日可见之地',莫详于答罗整庵一书。平生冒天下之非诋推陷,万死一生,遑遑然不忘讲学,惟恐吾人不闻斯道,流于功利机智,以日堕于夷狄禽兽而不觉;其一体同物之心,谆谆终身,至于毙而后已:此孔、孟已来贤圣苦心,虽门人子弟未足以慰其情也。是情也,莫详于答聂文蔚之第一书。此皆仍元善所录之旧。而揭'必有事焉即致良知功夫,明白简切,使人言下即得入手',此又莫详于答文蔚之第二书;故增录之。元善当时汹汹,乃能以身明斯道,卒至遭奸被斥,油油然惟以此生得闻斯学为庆,而绝无有纤芥愤郁不平之气。斯录之刻,人见其有功于同志甚大,而不知其处时之甚艰也。今所去取,裁之时义则然,非忍有所加损于其间也。"

答顾东桥书

来书云:"近时学者务外遗内,博而寡要,故先生特倡'诚意'一义,针砭膏肓,诚大惠也。"

吾子洞见时弊如此矣,亦将何以救之乎?然则鄙人之心,吾子固已一句道尽,复何言哉! 复何言哉! 若"诚意"之说,自是圣门教人用功第一义。但近世学者乃作第二义看,故稍与提掇系要出来,非鄙人所能特倡也。

来书云:"但恐立说太高,用功太捷,后生师传,影响谬误,未免坠于佛氏明心见性、定慧顿悟之机,无怪闻者见疑。"

区区"格致诚正"之说,是就学者本心日用事为间,体究践履,实地用功,是多少次第、多少积累在,正与空虚顿悟之说相反。闻者本无求为圣人之志,又未尝讲究其详,遂以见疑,亦无足怪。若吾子之高明,自当一语之下便了然矣! 乃亦谓立说太高,用功太捷,何邪?

来书云:"所喻知行并进,不宜分别前后,即《中庸》尊德性而道问学之功交养互发、内外本末一以贯之之道。然工夫次第不能无先后之差,如知食乃食,知汤乃饮,知衣乃衣,知路乃行,未有不见是物,先有是事。此亦毫厘倏忽之间,非谓有等今日知之而明日乃行也。"

既云"交养互发、内外本末一以贯之",则知行并进之说无复可疑矣。又云"工夫次第不能不无先后之差",无乃自相矛盾已乎？"知食乃食"等说，此尤明白易见，但吾子为近闻障蔽，自不察耳。夫人必有欲食之心然后知食：欲食之心即是意，即是行之始矣。食味之美恶必待入口而后知，岂有不待入口而已先知食味之美恶者邪？必有欲行之心然后知路：欲行之心即是意，即是行之始矣。路岐之险夷必待身亲履历而后知，岂有不待身亲履历而已先知路岐之险夷者邪？"知汤乃饮"，"知衣乃服"，以此例之，皆无可疑。若如吾子之喻，是乃所谓不见是物而先有是事者矣。吾子又谓"此亦毫厘倏忽之间，非谓截然有等今日知之而明日乃行也"，是亦察之尚有未精。然就如吾子之说，则知行之为合一并进，亦自断无可疑矣。

　　来书云："真知即所以为行，不行不足谓之知，此为学者吃紧立教，俾务躬行则可。若真谓行即是知，恐其专求本心，遂遗物理，必有暗而不达之处。抑岂圣门知行并进之成法哉？"

　　知之真切笃实处，即是行；行之明觉精察处，即是知；知行工夫本不可离。只为后世学者分作两截用功，失却知行本体，故有合一并进之说。"真知即所以为行，不行不足谓之知"，即如来书所云"知食乃食"等说可见，前已略言之矣。此虽吃紧救弊而发，然知行之体本来如是，非以己意抑扬其间，姑为是说以苟一时之效者也。"专求本心，遂遗物理"，此盖失其本心者也。夫物理不外于吾心，外吾心而求物理，无物理矣；遗物理而求吾心，吾心又何物邪？心之体，性也；性即理也。故有孝亲之心，即有孝之理，无孝亲之心，即无孝之理矣。有忠君之心，即有忠之理，无忠君之心，即无忠之理矣。理岂外于吾心邪？晦庵谓："人之所以为学者，心与理而已。"心虽主乎一身，而实管乎天下之理，理虽散在万事，而实不外乎一人之心。是其一分一合之间，而未免已启学者心理为二之弊。此后世所以有专求本心，遂遗物理之患，正由不知心即理耳。夫外心以求物理，是以有暗而不达之处；此告子"义外"之说，孟子所以谓之不知义也。心，一而已。以其全体恻怛而言谓之仁，以其得宜而言谓之义，以其条理而言谓之理；不可外心以求仁，不可外心以求义，独可外心以求理乎？外心以求理，此知行之所以二也。求理于吾心，此圣门知行合一之教，吾子又何疑乎？

　　来书云："所释《大学》古本，谓致其本体之知，此固孟子尽心之旨。朱子亦以虚灵知觉为此心之量。然尽心由于知性，致知在于格物。"

"尽心由于知性，致知在于格物"，此语然矣。然而推本吾子之意，则其所以为是语者，尚有未明也。朱子以尽心、知性、知天为物格知致，以存心、养性、事天为诚意、正心、修身，以夭寿不贰、修身以俟为知至仁尽、圣人之事。若鄙人之见，则与朱子正相反矣。夫尽心、知性、知天者，生知安行：圣人之事也；存心、养性、事天者，学知利行：贤人之事也；夭寿不贰，修身以俟者，困知勉行：学者之事也。岂可专以尽心知性为知，存心养性为行乎？吾子骤闻此言，必又以为大骇矣。然其间实无可疑者，一为吾子言之：夫心之体，性也；性之原，天也。能尽其心，是能尽其性矣。《中庸》云"惟天下至诚为能尽其性"，又云"知天地之化育；质诸鬼神而无疑，知天也"，此惟圣人而后能然，故曰"此生知安行，圣人之事也"。存其心者，未能尽其心者也，故须加存之之功；心存之既久，不待于存而自无不存，然后可以进而言尽。盖"知天"之"知"，如"知州"、"知县"之"知"，知州则一州之事皆己事也，知县则一县之事皆己事也，是与天为一者也；事天则如子之事父，臣之事君，犹与天为二也。天之所以命于我者，心也，性也，吾但存之而不敢失，养之而不敢害，如父母全而生之、子全而归之者也：故曰"此学知利行，贤人之事也"。至于"夭寿不贰"，则与存其心者又有间矣。存其心者虽未能尽其心，固已一心于为善，时有不存，则存之而已；今使之夭寿不贰，是犹以夭寿贰其心者也，犹以夭寿贰其心，是其为善之心犹未能一也，存之尚有所未可，而何尽之可云乎？今且使之不以夭寿贰其为善之心，若曰死生夭寿皆有定命，吾但一心于为善，修吾之身，以俟天命而已，是其平日尚未知有天命也。事天虽与天为二，然已真知天命之所在，但惟恭敬奉承之而已耳；若俟之云者，则尚未能真知天命之所在，犹有所俟者也，故曰所以立命。"立"者"创立"之"立"，如"立德"、"立言"、"立功"、"立名"之类，凡言"立"者，皆是昔未尝有而本始建立之谓，孔子所谓"不知命，无以为君子"者也：故曰"此困知勉行，学者之事也"。今以尽心、知性、知天为格物致知，使初学之士尚未能不贰其心者，而遽责之以圣人生知安行之事，如捕风捉影，茫然莫知所措其心，几何而不至于率天下而路也！今世致知格物之弊，亦居然可见矣。吾子所谓"务外遗内、博而寡要"者，无乃亦是过欤？此学问最紧要处，于此而差，将无往而不差矣！此鄙人之所以冒天下之非笑，忘其身之陷于罪戮，呶呶其言，其不容己者也。

来书云："闻语学者乃谓即物穷理之说，亦是玩物丧志；又取其厌繁就约，涵养本原数说，标示学者，指为晚年定论，此亦恐非。"

朱子所谓"格物"云者，在即物而穷其理也。即物穷理，是就事事物物上求其所谓定理者也。是以吾心而求理于事事物物之中，析"心"与"理"而为二矣。夫求理于事事物物者，如求孝之理于其亲之谓也。求孝之理于其亲，则孝之理其果在于吾之心邪？抑果在于亲之身邪？假而果在于亲之身，则亲没之后，吾心遂无孝之理欤？见孺子之入井，必有恻隐之理，是恻隐之理果在于孺子之身欤？抑在于吾心之良知欤？其或不可以从之于井欤？其或可以手而援之欤？是皆所谓理也，是果在于孺子之身欤？抑果出于吾心之良知欤？以是例之，万事万物之理，莫不皆然。是可以知析心与理为二之非矣。夫析心与理而为二，此告子"义外"之说，孟子之所深辟也。务外遗内，博而寡要，吾子既已知之矣。是果何谓而然哉？谓之玩物丧志，尚犹以为不可欤？若鄙人所谓致知格物者，致吾心之良知于事事物物也。吾心之良知，即所谓天理也。致吾心良知之天理于事事物物，则事事物物皆得其理矣。致吾心之良知者，致知也。事事物物皆得其理者，格物也。是合心与理而为一者也。合心与理而为一，则凡区区前之所云，与朱子晚年之论，皆可以不言而喻矣！

　　来书云："人之心体本无不明；而气拘物蔽鲜有不昏，非学问思辨以明天下之理，则善恶之机，真妄之辨，不能自觉；任情恣意，其害有不可胜言者矣。"

　　此段大略似是而非，盖承沿旧说之弊，不可以不辨也。夫学、问、思、辨、行，皆所以为学，未有学而不行者也。如言学孝，则必服劳奉养，躬行孝道，然后谓之学，岂徒悬空口耳讲说，而遂可以谓之学孝乎？学射则必张弓挟矢，引满中的；学书则必伸纸执笔，操觚染翰；尽天下之学无有不行而可以言学者，则学之始固已即是行矣。笃者敦实笃厚之意，已行矣，而敦笃其行，不息其功之谓尔。盖学之不能以无疑，则有问，问即学也，即行也；又不能无疑，则有思，思即学也，即行也；又不能无疑，则有辨，辨即学也，即行也。辨既明矣，思既慎矣，问既审矣，学既能矣，又从而不息其功焉，斯之谓笃行。非谓学、问、思、辨之后而始措之于行也；是故以求能其事而言谓之学，以求解其惑而言谓之问，以求通其说而言谓之思，以求精其察而言谓之辨，以求履其实而言谓之行：盖析其功而言则有五，合其事而言则一而已。此区区心理合一之体，知行并进之功，所以异于后世之说者，正在于是。今吾子特举学、问、思、辨以穷天下之理，而不及笃行，是专以学、问、思、辨为知，而谓穷理为无行也已。天下岂有不行而学者邪？岂有不行而遂可谓之穷理者邪？明道云："只穷理，便尽性至命。"故必仁极仁，而后谓之能穷仁之理；义极义，而后谓之能穷义之理。仁极仁则尽仁之性矣，义极义则尽义之性矣。学至于穷理至矣，而尚未措之于行，天下宁有是邪？是故知不行之不可以为学，则知不行之不可以为穷理矣；知不行之不可以为穷理，则知知行之合一并进，而不可以分为两节事矣。夫万事万物之理不外于吾心，而必曰穷天下之理，是殆以吾心之良知为未足，而必外求于天下之广，以裨补增益之，是犹析心与理而为二也。夫学、问、思、辨、笃行之功，虽其困勉至于人一己百，而扩充之极，至于尽性知天，亦不过致吾心之良知而已。良知之外，岂复有加于毫末乎？今必曰穷天下之理，而不知反求诸其心，则凡所谓善恶之机，真妄之辨者，舍吾心之良知，亦将何所致其体察乎？吾子所谓"气拘物蔽"者，拘此蔽此而已。今欲去此之蔽，不知致力于此，而欲以外求，是犹目之不明者，不务服药调理以治其目，而徒伥伥然求明于其外，明岂可以自外而得哉？任情恣意之害，亦以不能精察天理于此心之良知而已。此诚毫厘千里之谬者，不容于不辨，吾子毋谓其论之太刻也。

　　来书云："教人以致知明德，而戒其即物穷理，诚使昏暗之士深居端坐，不闻教告，遂能至于知致而德明乎？纵令静而有觉，稍悟本性，则亦定慧无用之见，果能知古今，达事变，而致用于天下国家之实否乎？其曰'知者意之体，物者意之用，格物如格君心之非'之'格'，语虽超悟独得，不踵陈见，抑恐于道未相吻合。"

区区论致知格物，正所以穷理，未尝戒人穷理，使之深居端坐而一无所事也。若谓即物穷理，如前所云务外而遗内者，则有所不可耳。昏暗之士，果能随事随物精察此心之天理，以致其本然之良知，则虽愚必明，虽柔必强，大本立而达道行,九经之属可一以贯之而无遗矣。尚何患其无致用之实乎?彼顽空虚静之徒,正惟不能随事随物精察此心之天理,以致其本然之良知,而遗弃伦理,寂灭虚无以为常,是以要之不可以治家国天下。孰谓圣人穷理尽性之学而亦有是弊哉?心者身之主也,而心之虚灵明觉,即所谓本然之良知也。其虚灵明觉之良知,应感而动者谓之意;有知而后有意,无知则无意矣。知非意之体乎?意之所用,必有其物,物即事也。如意用于事亲,即事亲为一物;意用于治民,即治民为一物;意用于读书,即读书为一物;意用于听讼,即听讼为一物:凡意之所用无有无物者,有是意即有是物,无是意即无是物矣。物非意之用乎?"格"字之义,有以"至"字训者,如"格于文祖"、"有苗来格",是以"至"训者也。然格于文祖,必纯孝诚敬,幽明之间,无一不得其理,而后谓之格;有苗之顽,实以文德诞敷而后格,则亦兼有"正"字之义在其间,未可专以"至"字尽之也。如"格其非心"、"大臣格君心之非"之类,是则一皆正其不正以归于正之义,而不可以"至"字为训矣。且《大学》格物之训,又安知其不以"正"字为训,而必以"至"字为义乎?如以"至"字为义者,必曰穷至事物之理,而后其说始通。是其用功之要全在一"穷"字,用力之地全在一"理"字也。若上去一"穷"、下去一"理"字,而直曰"致知在至物",其可通乎?夫穷理尽性,圣人之成训,见于《系辞》者也。苟格物之说而果即穷理之义,则圣人何不直曰"致知在穷理",而必为此转折不完之语,以启后世之弊邪?盖《大学》格物之说,自与《系辞》穷理大旨虽同,而微有分辨。穷理者,兼格致诚正而为功也;故言穷理则格致诚正之功皆在其中,言格物则必兼举致知、诚意、正心,而后其功始备而密。今偏举格物而遂谓之穷理,此所以专以穷理属知,而谓格物未常有行,非惟不得格物之旨,并穷理之义而失之矣。此后世之学所以析知行为先后两截,日以支离决裂,而圣学益以残晦者,其端实始于此。吾子盖亦未免承沿积习见,则以为于道未相吻合,不为过矣。

　　来书云:"谓致知之功将如何为温清?如何为奉养?即是诚意,非别有所谓格物,此亦恐非。"

此乃吾子自以己意揣度鄙见而为是说,非鄙人之所以告吾子者矣。若果如吾子之言,宁复有可通乎?盖鄙人之见,是谓意欲温清,意欲奉养者,所谓意也,而未可谓之诚意。必实行其温清奉养之意,务求自慊而无自欺,然后谓之诚意。知如何而为温清之节,知如何而为奉养之宜者,所谓知也,而未可谓之致知。必致其知如何为温清之节者之知,而实以之温清,致其知如何为奉养之宜者之知,而实以之奉养,然后谓之致知。温清之事,奉养之事,所谓物也,而未可谓之格物。必其于温清之事也,一如其良知之所知,当如何为温清之节者而为之,无一毫之不尽;于奉养之事也,一如其良知之所知,当如何为奉养之宜者而为之,无一毫之不尽;然后谓之格物。温清之物格,然后知温清之良知始致;奉养之物格,然后知奉养之良知始致;故曰"物格而后知至"。致其知温清之良知,而后温清之意始诚,致其知奉养之良知,而后奉养之意始诚,故曰"知至而后意诚"。此区区诚意、致知、格物之说盖如此。吾子更熟思之,将亦无可疑者矣。

来书云:"道之大端易于明白,所谓良知良能,愚夫愚妇可与及者。至于节目时变之详,毫厘千里之谬,必待学而后知。今语孝于温清定省,孰不知之?至于舜之不告而娶,武之不葬而兴师,养志养口,小杖大杖,割股庐墓等事,处常处变,过与不及之间,必须讨论是非,以为制事之本,然后心体无蔽,临事无失。"

"道之大端易于明白",此语诚然。顾后之学者,忽其易于明白者而弗由,而求其难于明白者以为学,此其所以道在迩而求诸远,事在易而求诸难也。孟子云:"夫道若大路然,岂难知哉?人病不由耳!"良知良能,愚夫愚妇与圣人同。但惟圣人能致其良知,而愚夫愚妇不能致,此圣愚之所由分也。节目时变,圣人夫岂不知?但不专以此为学。而其所谓学者,正惟致其良知,以精察此心之天理,而与后世之学不同耳。吾子未暇良知之致,而汲汲焉顾是之忧,此正求其难于明白者以为学之弊也。夫良知之于节目时变,犹规矩尺度之于方圆长短也。节目时变之不可预定,犹方圆长短之不可胜穷也。故规矩诚立,则不可欺以方圆,而天下之方圆不可胜用矣;尺度诚陈,则不可欺以长短,而天下之长短不可胜用矣;良知诚致,则不可欺以节目时变,而天下之节目时变不可胜应矣。毫厘千里之谬,不于吾心良知一念之微而察之,亦将何所用其学乎?是不以规矩而欲定天下之方圆,不以尺度而欲尽天下之长短,吾见其乖张谬戾,日劳而无成也已。吾子谓:"语孝于温清定省,孰不知之?"然而能致其知者鲜矣。若谓粗知温清定省之仪节,而遂谓之能致其知,则凡知君之当仁者皆可谓之能致其仁之知,知臣之当忠者皆可谓之能致其忠之知,则天下孰非致知者邪? 以是而言,可以知致知之必在于行,而不行之不可以为致知也明矣。知行合一之体,不益较然矣乎? 夫舜之不告而娶,岂舜之前已有不告而娶者为之准则,故舜得以考之何典,问诸何人,而为此邪? 抑亦求诸其心一念之良知,权轻重之宜,不得已而为此邪? 武之不葬而兴师,岂武之前已有不葬而兴师者为之准则,故武得以考之何典,问诸何人,而为此邪? 抑亦求诸其心一念之良知,权轻重之宜,不得已而为此邪? 使舜之心而非诚于为无后,武之心而非诚于为救民,则其不告而娶与不葬而兴师,乃不孝不忠之大者。而后之人不务致其良知,以精察义理于此心感应酬酢之间,顾欲悬空讨论此等变常之事,执之以为制事之本,以求临事之无失,其亦远矣! 其余数端,皆可类推,则古人致知之学,从可知矣。

来书云:"谓《大学》格物之说专求本心,犹可牵合;至于《六经》、《四书》所载多闻多见,前言往行,好古敏求,博学审问,温故知新,博学详说,好问好察,是皆明白求于事为之际,资于论说之间者,用功节目固不容素矣。"

格物之义,前已详悉;牵合之疑,想已不俟复解矣。至于多闻多见,乃孔子因子张之务外好高,徒欲以多闻多见为学,而不能求诸其心,以阙疑殆,此其言行所以不免于尤悔,而所谓见闻者,适以资其务外好高而已。盖所以

救子张多闻多见之病,而非以是教之为学也。夫子尝曰
"盖有不知而作之者,我无是也",是犹孟子"是非之心,人
皆有之"之义也。此言正所以明德性之良知,非由于闻见
耳。若曰"多闻择其善者而从之,多见而识之",则是专求
诸见闻之末,而已落在第二义矣,故曰"知之次也"。夫以
见闻之知为次,则所谓知之上者果安所指乎? 是可以窥
圣门致知用力之地矣。夫子谓子贡曰:"赐也,汝以予为
多学而识之者欤? 非也,予一以贯之。"使诚在于多学而
识,则夫子胡乃谬为是说以欺子贡者邪?"一以贯之",非
致其良知而何?《易》曰:"君子多识前言往行,以畜其
德。"夫以畜其德为心,则凡多识前言往行者,孰非畜德之
事? 此正知行合一之功矣。"好古敏求"者,好古人之学
而敏求此心之理耳。心即理也;学者,学此心也;求者,求
此心也。孟子云:"学问之道无他,求其放心而已矣。"非
若后世广记博诵古人之言词,以为好古,而汲汲然惟以求
功名利达之具于其外者也。"博学审问",前言已尽。"温
故知新",朱子亦以温故属之尊德性矣。德性岂可以外求
哉? 惟夫知新必由于温故,而温故乃所以知新,则亦可以
验知行之非两节矣。"博学而详说之"者,将以反说约也,
若无反约之云,则博学详说者果何事邪? 舜之"好问好
察",惟以用中而致其精一于道心耳。道心者,良知之谓
也。君子之学,何尝离去事为而废论说? 但其从事于事
为论说者,要皆知行合一之功,正所以致其本心之良知;
而非若世之徒事口耳谈说以为知者,分知行为两事,而果
有节目先后之可言也。

来书云:"杨、墨之为仁义,乡愿之辞忠信,尧、舜、子之之禅让,汤、武、楚项之放伐,周公、莽、操之摄辅,谩无印正,又焉适从?且于古今事变,礼乐名物,未尝考识,使国家欲兴明堂,建辟雍,制历律,草封禅,又将何所致其用乎?故《论语》曰'生而知之'者,义理耳。若夫礼乐名物,古今事变,亦必待学而后有以验其行事之实。此则可谓定论矣。"

所喻杨、墨、乡愿,尧、舜、子之、汤、武、楚项、周公、莽、操之辨,与前舜、武之论,大略可以类推。古今事变之疑,前于良知之说,已有规矩尺度之喻,当亦无俟多赘矣。至于明堂、辟雍诸事,似尚未容于无言者。然其说甚长,姑就吾子之言而取正焉,则吾子之惑将亦可以少释矣。夫明堂、辟雍之制,始见于吕氏之《月令》,汉儒之训疏,《六经》、《四书》之中未尝详及也。岂吕氏、汉儒之知,乃贤于三代之贤圣乎?齐宣之时,明堂尚有未毁,则幽、厉之世,周之明堂皆无恙也。尧、舜茅茨土阶,明堂之制未必备,而不害其为治;幽、厉之明堂,固犹文、武、成、康之旧,而无救于其乱。何邪?岂能以不忍人之心而行不忍人之政,则虽茅茨土阶,固亦明堂也,以幽、厉之心而行幽、厉之政,则虽明堂,亦暴政所自出之地邪?武帝肇讲于汉而武后盛作于唐,其治乱何如邪?天子之学曰辟雍,诸侯之学曰泮宫,皆象地形而为之名耳。然三代之学,其要皆所以明人伦,非以辟不辟、泮不泮为重轻也。孔子云:"人而不仁,如礼何!人而不仁,如乐何!"制礼作乐,必具中和之德,声为律而身为度者,然后可以语此。若夫器数之末,乐工之事,祝史之守,故曾子曰"君子所贵乎道者三"，"笾豆之事，则有司存"也。尧命羲和，钦若昊天，历象日月星辰，其重在于敬授人时也。舜在璿玑玉衡，其重在于以齐七政也。是皆汲汲然以仁民之心，而行其养民之政，治历明时之本，固在于此也。羲和历数之学，皋、契未必能之也，禹、稷未必能之也；尧、舜之知而不遍物，虽尧、舜亦未必能之也。然至于今，循羲和之法而世修之，虽曲知小慧之人、星术浅陋之士，亦能推步占候而无所忒，则是后世曲知小慧之人，反贤于禹、稷、尧、舜者邪？封禅之说，尤为不经，是乃后世佞人谀士，所以求媚于其上，倡为夸侈，以荡君心，而靡国费。盖欺天罔人，无耻之大者，君子之所不道，司马相如之所以见讥于天下后世也。吾子乃以是为儒者所宜学，殆亦未之思邪？夫圣人之所以为圣者，以其生而知之也。而释《论语》者曰："生而知之者，义理耳。若夫礼乐名物，古今事变，亦必待学而后有以验其行事之实。"夫礼乐名物之类，果有关于作圣之功也，而圣人亦必待学而后能知焉，则是圣人亦不可以谓之生知矣！谓圣人为生知者，专指义理而言，而不以礼乐名物之类，则是礼乐名物之类无关于作圣之功矣。圣人之所以谓之生知者，专指义理而不以礼乐名物之类，则是学而知之者亦惟当学知此义理而已，困而知之者亦惟当困知此义理而已。今学者之学圣人，于圣人之所能知者，未能学而知之，而顾汲汲焉求知圣人之所不能知者以为学，无乃失其所以希圣之方欤？凡此皆就吾子之所惑者，而稍为之分释，未及乎"拔本塞源"之论也。夫"拔本塞源"之论不明于天下，则天下之学圣人者将日繁日难,斯人沦于禽兽夷狄,而犹自以为圣人之学;吾之说虽或暂明于一时,终将冻解于西而冰坚于东,雾释于前而云滃于后,呶呶焉危困以死,而卒无救于天下之分毫也已!夫圣人之心,以天地万物为一体,其视天下之人,无外内远近,凡有血气,皆其昆弟赤子之亲,莫不欲安全而教养之,以遂其万物一体之念。天下之人心,其始亦非有异于圣人也,特其间于有我之私,隔于物欲之蔽,大者以小,通者以塞,人各有心,至有视其父子兄弟如仇雠者。圣人有忧之,是以推其天地万物一体之仁以教天下,使之皆有以克其私,去其蔽,以复其心体之同然。其教之大端,则尧、舜、禹之相授受,所谓"道心惟微,惟精惟一,允执厥中"。而其节目则舜之命契,所谓"父子有亲,君臣有义,夫妇有别,长幼有序,朋友有信"五者而已。唐、虞、三代之世,教者惟以此为教,而学者惟以此为学。当是之时,人无异见,家无异习,安此者谓之圣,勉此者谓之贤,而背此者虽其启明如朱亦谓之不肖。下至闾井、田野、农、工、商、贾之贱,莫不皆有是学,而惟以成其德行为务。何者?无有闻见之杂,记诵之烦,辞章之靡滥,功利之驰逐,而但使之孝其亲,弟其长,信其朋友,以复其心体之同然。是盖性分之所固有,而非有假于外者,则人亦孰不能之乎?学校之中,惟以成德为事,而才能之异或有长于礼乐,长于政教,长于水土播植者,则就其成德,而因使益精其能于学校之中。迨夫举德而任,则使之终身居其职而不易,用之者惟知同心一德,以共安天下之民,视才之称否,而不以崇卑为轻重,劳逸为美恶;效用者亦惟知同心一德,以共安天下之民,苟当其能,则终身处于烦剧而不以为劳,安于卑琐而不以为贱。当是之时,天下之人熙熙皞皞,皆相视如一家之亲。其才质之下者,则安其农、工、商、贾之分,各勤其业以相生相养,而无有乎希高慕外之心。其才能之异若皋、夔、稷、契者,则出而各效其能,若一家之务,或营其衣食,或通其有无,或备其器用,集谋并力,以求遂其仰事俯育之愿,惟恐当其事者之或怠而重己之累也。故稷勤其稼,而不耻其不知教,视契之善教,即己之善教也;夔司其乐,而不耻于不明礼,视夷之通礼,即己之通礼也。盖其心学纯明,而有以全其万物一体之仁,故其精神流贯,志气通达,而无有乎人己之分,物我之间。譬之一人之身,目视、耳听、手持、足行,以济一身之用。目不耻其无聪,而耳之所涉,目必营焉;足不耻其无执,而手之所探,足必前焉;盖其元气充周,血脉条畅,是以痒疴呼吸,感触神应,有不言而喻之妙。此圣人之学所以至易至简,易知易从,学易能而才易成者,正以大端惟在复心体之同然,而知识技能非所与论也。三代之衰,王道熄而霸术猖;孔、孟既没,圣学晦而邪说横:教者不复以此为教,而学者不复以此为学;霸者之徒,窃取先王之近似者,假之于外,以内济其私己之欲,天下靡然而宗之,圣人之道遂以芜塞,相仿相效,日求所以富强之说,倾诈之谋,攻伐之计,一切欺天罔人,苟一时之得,以猎取声利之术,若管、商、苏、张之属者,至不可名数。既其久也,斗争劫夺,不胜其祸,斯人沦于禽兽夷狄,而霸术亦有所不能行矣。世之儒者,慨然悲伤,搜猎先圣王之典章法制,而掇拾修补于煨烬之余；盖其为心，良亦欲以挽回先王之道。圣学既远，霸术之传积渍已深，虽在贤知，皆不免于习染，其所以讲明修饰，以求宣畅光复于世者，仅足以增霸者之藩篱，而圣学之门墙遂不复可睹。于是乎有训诂之学，而传之以为名；有记诵之学，而言之以为博；有词章之学，而侈之以为丽。若是者纷纷籍籍，群起角立于天下，又不知其几家，万径千蹊，莫知所适。世之学者，如入百戏之场，欢谑跳踉，骋奇斗巧，献笑争妍者，四面而竞出，前瞻后盼，应接不遑，而耳目眩瞀，精神恍惑，日夜遨游淹息其间，如病狂丧心之人，莫自知其家业之所归。时君世主亦皆昏迷颠倒于其说，而终身从事于无用之虚文，莫自知其所谓。间有觉其空疏谬妄，支离牵滞，而卓然自奋，欲以见诸行事之实者，极其所抵，亦不过为富强功利五霸之事业而止。圣人之学日远日晦，而功利之习愈趋愈下。其间虽尝瞀惑于佛、老，而佛、老之说卒亦未能有以胜其功利之心；虽又尝折衷于群儒，而群儒之论终亦未能有以破其功利之见。盖至于今，功利之毒沦浃于人之心髓，而习以成性也几千年矣。相矜以知，相轧以势，相争以利，相高以技能，相取以声誉。其出而仕也，理钱谷者则欲兼夫兵刑，典礼乐者又欲与于铨轴，处郡县则思藩臬之高，居台谏则望宰执之要。故不能其事，则不得以兼其官；不通其说，则不可以要其誉；记诵之广，适以长其敖也；知识之多，适以行其恶也；闻见之博，适以肆其辨也；辞章之富，适以饰其伪也。是以皋、夔、稷、契所不能兼之事，而今之初学小生皆欲通其说，究其术。其称名僭号，未尝不曰吾欲以共成天下之务；而其诚心实意之所在，以为不如是则无以济其私而满其欲也。呜呼！以若是之积染，以若是之心志，而又讲之以若是之学术，宜其闻吾圣人之教而视之以为赘疣枘凿，则其以良知为未足，而谓圣人之学为无所用，亦其势有所必至矣！呜呼，士生斯世，而尚何以求圣人之学乎！尚何以论圣人之学乎！士生斯世而欲以为学者，不亦劳苦而繁难乎！不亦拘滞而险艰乎！呜呼，可悲也已！所幸天理之在人心，终有所不可泯，而良知之明，万古一日，则其闻吾"拔本塞源"之论，必有恻然而悲，戚然而痛，愤然而起，沛然若决江河而有所不可御者矣！非夫豪杰之士无所待而兴起者，吾谁与望乎？

启问道通书

　　吴、曾两生至，备道道通恳切为道之意，殊慰相念！若道通，真可谓笃信好学者矣。忆病中会，不能与两生细论，然两生亦自有志向肯用功者，每见辄觉有进，在区区诚不能无负于两生之远来，在两生则亦庶几无负其远来之意矣。临别以此册致道通意，请书数语，荒愦无可言者，辄以道通来书中所问数节，略下转语奉酬。草草殊不详细，两生当亦自能口悉也。

　　来书云："日用工夫只是立志。近来以先生诲言时时体验，愈益明白。然于朋友不能一时相离。若得朋友讲习，则此志才精健阔大，才有生意。若三五日不得朋友相讲，便觉微弱，遇事便会困，亦时会忘。乃今无朋友相讲之日，还只静坐，或看书，或游衍经行，凡寓目措身，悉取以培养此志，颇觉意思和适。然终不如朋友讲聚，精神流动，生意更多也。离群索居之人，当更有何法以处之？”

此段足验道通日用工夫所得，工夫大略亦只是如此用，只要无间断到得纯熟后，意思又自不同矣。大抵吾人为学紧要大头脑，只是立志，所谓困忘之病，亦只是志欠真切。今好色之人未尝病于困忘，只是一真切耳。自家痛痒，自家须会知得，自家须会搔摩得。既自知得痛痒，自家须不能不搔摩得；佛家谓之方便法门，须是自家调停斟酌，他人总难与力，亦更无别法可设也。

来书云：“上蔡尝问：‘天下何思何虑？’伊川云：‘有此理，只是发得太早。’在学者工夫，固是‘必有事焉而勿忘’，然亦须识得何思何虑底气象，一并看为是。若不识得这气象，便有‘正’与‘助长’之病。若认得何思何虑而忘‘必有事焉’工夫，恐又堕于无也。须是不滞于有，不堕于无。然乎否也？”

所论亦相去不远矣，只是契悟未尽。上蔡之问与伊川之答，亦只是上蔡、伊川之意，与孔子《系辞》原旨稍有不同。《系》言“何思何虑”，是言所思所虑只是一个天理，更无别思别虑耳，非谓无思无虑也：故曰“同归而殊途，一致而百虑，天下何思何虑”。云“殊途”，云“百虑”，则岂谓无思无虑邪？心之本体即是天理，天理只是一个，更有何可思虑得？天理原自寂然不动，原自感而遂通，学者用功虽千思万虑，只是要复他本来体用而已，不是以私意去安排思索出来；故明道云：“君子之学莫若廓然而大公，物来而顺应。”若以私意去安排思索，便是用智自私矣。何思何虑正是工夫,在圣人分上便是自然的,在学者分上便是勉然的。伊川却是把作效验看了,所以有"发得太早"之说。既而云"却好用功",则已自觉其前言之有未尽矣。濂溪"主静"之论,亦是此意。今道通之言虽已不为无见,然亦未免尚有两事也。

> 来书云:"凡学者才晓得做工夫,便要识认得圣人气象。盖认得圣人气象,把做准的,乃就实地做工夫去,才不会差,才是作圣工夫。未知是否?"

"先认圣人气象",昔人尝有是言矣,然亦欠有头脑。圣人气象自是圣人的,我从何处识认?若不就自己良知上真切体认,如以无星之称而权轻重,未开之镜而照妍媸,真所谓以小人之腹而度君子之心矣。圣人气象何由认得?自己良知原与圣人一般,若体认得自己良知明白,即圣人气象不在圣人而在我矣。程子尝云:"觑著尧学他行事,无他许多聪明睿智,安能如彼之动容周旋中礼?"又云:"心通于道,然后能辨是非。"今且说通于道在何处?聪明睿智从何处出来?

> 来书云:"事上磨炼,一日之内不管有事无事,只一意培养本原。若遇事来感,或自己有感,心上既有觉,安可谓无事。但因事凝心一会,大段觉得事理当如此,只如无事处之,尽吾心而已。然乃有处得善与未善,何也?又或事来得多,须要次第与处,每因才力不足,辄为所困,虽极力扶起,而精神已觉衰弱。遇此未免要十分退省,宁不了事,不可不加培养。如何?"

所说工夫,就道通分上也只是如此用,然未免有出入。在凡人为学,终身只为这一事,自少至老,自朝至暮,不论有事无事，只是做得这一件，所谓"必有事焉"者也。若说宁不了事，不可不加培养，却是尚为两事也。必有事焉而勿忘勿助，事物之来，但尽吾心之良知以应之，所谓"忠恕违道不远"矣。凡处得有善有未善，及有困顿失次之患者，皆是牵于毁誉得丧，不能实致其良知耳。若能实致其良知，然后见得平日所谓善者未必是善，所谓未善者却恐正是牵于毁誉得丧，自贼其良知者也。

来书云："致知之说，春间再承诲益，已颇知用力，觉得比旧尤为简易。但鄙心则谓与初学言之，还须带格物意思，使之知下手处。本来致知格物一并下，但在初学，未知下手用功，还说与格物，方晓得致知。"云云。

格物是致知工夫，知得致知，便已知得格物。若是未知格物，则是致知工夫亦未尝知也。近有一书与友人论此颇悉，今往一通，细观之当自见矣。

来书云："今之为朱、陆之辨者尚未已，每对朋友言正学不明已久，且不须枉费心力为朱、陆争是非；只依先生立志二字点化人，若其人果能辨得此志来，决意要知此学，已是大段明白了，朱、陆虽不辨，彼自能觉得。又尝见朋友中见有人议先生之言者，辄为动气。昔在朱、陆二先生所以遗后世纷纷之议者，亦见二先生工夫有未纯熟，分明亦有动气之病，若明道则无此矣。观其与吴涉礼论介甫之学，云：'为我尽达诸介甫，不有益于他，必有益于我也。'气象何等从容！尝见先生与人书中亦引此言，愿朋友皆如此。如何？"

此节议论得极是极是，愿道通遍以告于同志，各自且论自己是非，莫论朱、陆是非也。以言语谤人，其谤浅，若自己不能身体实践，而徒入耳出口，哓哓度日，是以身谤也，其谤深矣。凡今天下之论议我者，苟能取以为善，皆是砥砺切磋我也，则在我无非警惕修省进德之地矣。昔人谓"攻吾之短者是吾师"，师又可恶乎？

来书云："有引程子'人生而静以上不容说，才说性，便已不是性'，何故不容说？何故不是性？晦庵答云：'不容说者，未有性之可言；不是性者，已不能无气质之杂矣。'二先生之言皆未能晓，每看书至此，辄为一惑，请问。"

"生之谓性"，"生"字即是"气"字，犹言气即是性也。气即是性，人生而静以上不容说，才说气即是性，即已落在一边，不是性之本原矣。孟子性善，是从本原上说。然性善之端须在气上始见得，若无气亦无可见矣。恻隐羞恶辞让是非即是气，程子谓"论性不论气不备，论气不论性不明"，亦是为学者各认一边，只得如此说。若见得自性明白时，气即是性，性即是气，原无性气之可分也。

答 陆 原 静 书

来书云："下手工夫，觉此心无时宁静。妄心固动也，照心亦动也；心既恒动，则无刻暂停也。"

是有意于求宁静，是以愈不宁静耳。夫妄心则动也，照心非动也；恒照则恒动恒静，天地之所以恒久而不已也。照心固照也，妄心亦照也；其为物不贰，则其生物不息，有刻暂停则息矣，非至诚无息之学矣。

来书云"良知亦有起处"云云。

此或听之未审。良知者，心之本体，即前所谓恒照者也。心之本体，无起无不起，虽妄念之发，而良知未尝不在，但人不知存，则有时而或放耳；虽昏塞之极，而良知未尝不明，但人不知察，则有时而或蔽耳，虽有时而或放，其体实未尝不在也，存之而已耳；虽有时而或蔽，其体实未尝不明也，察之而已耳。若谓良知亦有起处，则是有时而不在也，非其本体之谓矣。

"精一"之"精"以理言，"精神"之"精"以气言。理者气之条理，气者理之运用；无条理则不能运用，无运用则亦无以见其所谓条理者矣。精则精，精则明，精则一，精则神，精则诚；一则精，一则明，一则神，一则诚：原非有二事也。后世儒者之说与养生之说各滞于一偏，是以不相为用。前日"精一"之论，虽为原静爱养精神而发，然而作圣之功实亦不外是矣。

　　来书云"元神、元气、元精，必各有寄藏发生之处，又有真阴之精、真阳之气"云云。

夫良知一也，以其妙用而言谓之神，以其流行而言谓之气，以其凝聚而言谓之精，安可以形象方所求哉？真阴之精，即真阳之气之母；真阳之气，即真阴之精之父；阴根阳，阳根阴，亦非有二也。苟吾良知之说明，则凡若此类皆可以不言而喻。不然，则如来书所云"三关七返九还"之属，尚有无穷可疑者也。

又

　　来书云："良知，心之本体，即所谓性善也，未发之中也，寂然不动之体也,廓然大公也。何常人皆不能而必待于学邪? 中也,寂也,公也,既以属心之体,则良知是矣。今验之于心,知无不良,而中寂大公实未有也。岂良知复超然于体用之外乎?"

性无不善,故知无不良,良知即是未发之中,即是廓然大公,寂然不动之本体,人人之所同具者也。但不能不昏蔽于物欲,故须学以去其昏蔽,然于良知之本体,初不能有加损于毫末也。知无不良,而中寂大公未能全者,是昏蔽之未尽去,而存之未纯耳。体即良知之体,用即良知之用,宁复有超然于体用之外者乎?

来书云:"周子曰'主静',程子曰'动亦定,静亦定',先生曰:'定者心之本体,是静定也,决非不睹不闻、无思无为之谓,必常知、常存、常主于理之谓也。'夫常知、常存、常主于理,明是动也,已发也,何以谓之静? 何以谓之本体? 岂是静定也,又有以贯乎心之动静者邪?"

理无动者也。"常知常存常主于理",即"不睹不闻、无思无为"之谓也。不睹不闻、无思无为非槁木死灰之谓也,睹闻思为一于理,而未尝有所睹闻思为,即是动而未尝动也;所谓"动亦定,静亦定,体用一原"者也。

来书云:"此心未发之体,其在已发之前乎? 其在已发之中而为之主乎? 其无前后内外而浑然之体者乎? 今谓心之动静者,其主有事无事而言乎? 其主寂然感通而言乎? 其主循理从欲而言乎? 若以循理为静,从欲为动,则于所谓动中有静,静中有动,动极而静,静极而动者,不可通矣。若以有事而感通为动,无事而寂然为静,则于所谓动而无动,静而无静者,不可通矣。若谓未发在已发之先,静而生动,是至诚有息也,圣人有复也,又不可矣。若谓未发在已发之中,则不知未发已发俱当主静乎? 抑未发为静,而已发为动乎? 抑未发已发俱无动无静乎? 俱有动有静乎? 幸教。"

"未发之中"即良知也,无前后内外而浑然一体者也。有事无事,可以言动静,而良知无分于有事无事也。寂然感通,可以言动静,而良知无分于寂然感通也。动静者所遇之时,心之本体固无分于动静也。理无动者也,动即为欲。循理则虽酬酢万变而未尝动也,从欲则虽槁心一念而未尝静也。动中有静,静中有动,又何疑乎? 有事而感通,固可以言动,然而寂然者未尝有增也。无事而寂然,固可以言静,然而感通者未尝有减也。动而无动,静而无静,又何疑乎? 无前后内外而浑然一体,则至诚有息之疑,不待解矣。未发在已发之中,而已发之中未尝别有未发者在;已发在未发之中,而未发之中未尝别有已发者存;是未尝无动静,而不可以动静分者也。凡观古人言语,在以意逆志而得其大旨,若必拘滞于文义,则靡有孑遗者,是周果无遗民也。周子"静极而动"之说,苟不善观,亦未免有病。盖其意从"太极动而生阳,静而生阴"说来。太极生生之理,妙用无息,而常体不易。太极之生生,即阴阳之生生。就其生生之中,指其妙用无息者而谓之动,谓之阳之生,非谓动而后生阳也。就其生生之中,指其常体不易者而谓之静,谓之阴之生,非谓静而后生阴也。若果静而后生阴,动而后生阳,则是阴阳动静截然各自为一物矣。阴阳一气也,一气屈伸而为阴阳;动静一理也,一理隐显而为动静。春夏可以为阳为动,而未尝无阴

与静也;秋冬可以为阴为静,而未尝无阳与动也。春夏此
不息,秋冬此不息,皆可谓之阳、谓之动也;春夏此常体,
秋冬此常体,皆可谓之阴、谓之静也。自元会运世岁月日
时,以至刻杪忽微,莫不皆然,所谓动静无端,阴阳无始,
在知道者默而识之,非可以言语穷也。若只牵文泥句,比
拟仿像,则所谓心从法华转,非是转法华矣。

来书云:"尝试于心,喜怒忧惧之感发也,虽动气之极,
而吾心良知一觉,即罔然消阻,或遏于初,或制于中,或悔于
后。然则良知常若居优闲无事之地而为之主,于喜怒忧惧
若不与焉者,何欤?"

知此则知未发之中,寂然不动之体,而有发而中节之
和,感而遂通之妙矣。然谓良知常若居于优闲无事之地,
语尚有病。盖良知虽不滞于喜怒忧惧,而喜怒忧惧亦不
外于良知也。

来书云:"夫子昨以良知为照心。窃谓:良知,心之本体
也;照心,人所用功,乃戒慎恐惧之心也,犹思也。而遂以戒
慎恐惧为良知,何欤?"

能戒慎恐惧者,是良知也。

来书云:"先生又曰'照心非动也',岂以其循理而谓之
静欤?'妄心亦照也',岂以其良知未尝不在于其中,未尝不
明于其中,而视听言动之不过则者皆天理欤?且既曰妄心,
则在妄心可谓之照,而在照心则谓之妄矣。妄与息何异?
今假妄之照以续至诚之无息,窃所未明,幸再启蒙。"

照心非动者,以其发于本体明觉之自然,而未尝有所
动也;有所动即妄矣。妄心亦照者,以其本体明觉之自然
者,未尝不在于其中,但有所动耳;无所动即照矣。无妄

无照,非以妄为照,以照为妄也。照心为照,妄心为妄,是犹有妄有照也。有妄有照则犹贰也,贰则息矣。无妄无照则不贰,不贰则不息矣。

来书云:"养生以清心寡欲为要。夫清心寡欲,作圣之功毕矣。然欲寡则心自清,清心非舍弃人事而独居求静之谓也。盖欲使此心纯乎天理,而无一毫人欲之私耳。今欲为此之功,而随人欲生而克之,则病根常在,未免灭于东而生于西。若欲刊剥洗荡于众欲未萌之先,则又无所用其力,徒使此心之不清。且欲未萌而搜剔以求去之,是犹引犬上堂而逐之也,愈不可矣。"

必欲此心纯乎天理,而无一毫人欲之私,此作圣之功也。必欲此心纯乎天理,而无一毫人欲之私,非防于未萌之先,而克于方萌 际不能也。防于未萌之先,而克于方萌之际,此正《中庸》"戒慎恐惧"、《大学》"致知格物"之功,舍此之外,无别功矣。夫谓"灭于东而生于西,引犬上堂而逐之"者,是自私自利,将迎意必之为累,而非克治洗荡之为患也。今曰"养生以清心寡欲为要",只养生二字,便是自私自利,将迎意必之根。有此病根潜伏于中,宜其有"灭于东而生于西,引犬上堂而逐之"之患也。

来书云:"佛氏'于不思善不思恶时认本来面目',与吾儒'随物而格'之功不同。吾若于不思善不思恶时用致知之功,则已涉于思善矣。欲善恶不思,而心之良知清静自在,惟有寐而方醒之时耳。斯正孟子'夜气'之说。但于斯光景不能久,倏忽之际,思虑已生。不知用功久者,其常寐初醒而思未起之时否乎?今澄欲求宁静,愈不宁静,欲念无生,则念愈生,如之何而能使此心前念易灭,后念不生,良知独显,而与造物者游乎?"

"不思善不思恶时认本来面目",此佛氏为未识本来面目者设此方便。"本来面目"即吾圣门所谓"良知"。今既认得良知明白,即已不消如此说矣。"随物而格",是"致知"之功,即佛氏之"常惺惺",亦是常存他本来面目耳。体段工夫,大略相似。但佛氏有个自私自利之心,所以便有不同耳。今欲善恶不思,而心之良知清静自在,此便有自私自利,将迎意必之心,所以有"不思善、不思恶时用致知之功,则已涉于思善"之患。孟子说"夜气",亦只是为失其良心之人指出个良心萌动处,使他从此培养将去。今已知得良知明白,常用致知之功,即已不消说夜气;却是得兔后不知守兔,而仍去守株,兔将复失之矣。欲求宁静欲念无生,此正是自私自利,将迎意必之病,是以念愈生而愈不宁静。良知只是一个良知,而善恶自辨,更有何善何恶可思?良知之体本自宁静,今却又添一个求宁静;本自生生,今却又添一个欲无生;非独圣门致知之功不如此,虽佛氏之学亦未如此将迎意必也。只是一念良知,彻头彻尾,无始无终,即是前念不灭,后念不生。今却欲前念易灭,而后念不生,是佛氏所谓断灭种性,入于槁木死灰之谓矣。

来书云:"佛氏又有'常提念头'之说,其犹孟子所谓'必有事',夫子所谓'致良知'之说乎?其即常惺惺,常记得,常知得,常存得者乎?于此念头提在之时,而事至物来,应之必有其道。但恐此念头提起时少,放下时多,则工夫间断耳。且念头放失,多因私欲客气之动而始,忽然惊醒而后提。其放而未提之间,心之昏杂多不自觉。今欲日精日明,常提不放,以何道乎?只此常提不放,即全功乎?抑于常提不放之中,更宜加省克之功乎?虽曰常提不放,而不加戒惧克治之功,恐私欲不去;若加戒惧克治之功焉,又为思善之事,而于本来面目又未达一间也。如之何则可?"

"戒惧克治",即是"常提不放"之功,即是"必有事焉",岂有两事邪?此节所问,前一段已自说得分晓;末后却是自生迷惑,说得支离,及有"本来面目,未达一间"之疑,都是自私自利将迎意必之为病。去此病,自无此疑矣。

来书云:"质美者明得尽,渣滓便浑化。如何谓明得尽?如何而能便浑化?"

良知本来自明。气质不美者,渣滓多,障蔽厚,不易开明。质美者渣滓原少,无多障蔽,略加致知之功,此良知便自莹彻,些少渣滓如汤中浮雪,如何能作障蔽?此本不甚难晓。原静所以致疑于此,想是因一"明"字不明白,亦是稍有欲速之心。向曾面论"明善"之义,明则诚矣,非若后儒所谓明善之浅也。

来书云:"聪明睿知果质乎?仁义礼智果性乎?喜怒哀乐果情乎?私欲客气果一物乎?二物乎?古之英才若子房、仲舒、叔度、孔明、文仲、韩、范诸公,德业表著,皆良知中所发也,而不得谓之闻道者,果何在乎?苟曰此特生质之美耳,则生知安行者,不愈于学知困勉者乎?愚意窃云谓诸公见道偏则可,谓全无闻,则恐后儒崇尚记诵训诂之过也。然乎?否乎?"

性一而已,仁义礼智,性之性也;聪明睿知,性之质也;喜怒哀乐,性之情也;私欲客气,性之蔽也。质有清浊,故情有过不及,而蔽有浅深也。私欲客气,一病两痛,非二物也,张、黄、诸葛及韩、范诸公,皆天质之美,自多暗合道妙;虽未可尽谓之知学,尽谓之闻道,然亦自其有学,违道不远者也。使其闻学知道,即伊、傅、周、召矣。若文中子则又不可谓之不知学者,其书虽多出于其徒,亦多有未是处,然其大略则亦居然可见,但今相去辽远,无有的然凭证,不可悬断其所至矣。夫良知即是道,良知之在人心,不但圣贤,虽常人亦无不如此。若无有物欲牵蔽,但循著良知发用流行将去,即无不是道。但在常人多为物欲牵蔽,不能循得良知。如数公者天质既自清明,自少物欲为之牵蔽,则其良知之发用流行处自然是多,自然违道不远。学者学循此良知而已,谓之知学,只是知得专在学循良知。数公虽未知专在良知上用功,而或泛滥于多岐,疑迷于影响,是以或离或合而未纯。若知得时,便是圣人矣。后儒尝以数子者尚皆是气质用事,未免于行不著,习不察,此亦未为过论。但后儒之所谓著察者,亦是狃于闻见之狭,蔽于沿习之非,而依拟仿象于影响形迹之间,尚非圣门之所谓著察者也;则亦安得以己之昏昏,而求人之昭昭也乎? 所谓“生知安行”,“知行”二字亦是就用功上说;若是知行本体即是良知良能,虽在困勉之人,亦皆可谓之“生知安行”矣。“知行”二字更宜精察。

　　来书云:“昔周茂叔每令伯淳寻仲尼、颜子乐处。敢问是乐也,与七情之乐同乎? 否乎? 若同,则常人之一遂所欲,皆能乐矣,何必圣贤? 若别有真乐,则圣贤之遇大忧大怒大惊大惧之事,此乐亦在否乎?且君子之心常存戒惧,是盖终身之忧也,恶得乐?澄平生多闷,未尝见真乐之趣,今切愿寻之。"

"乐"是心之本体,虽不同于七情之乐,而亦不外于七情之乐。虽则圣贤别有真乐,而亦常人之所同有。但常人有之而不自知,反自求许多忧苦,自加迷弃。虽在忧苦迷弃之中,而此乐又未尝不存。但一念开明,反身而诚,则即此而在矣。每与原静论,无非此意。而原静尚有何道可得之问,是犹未免于'骑驴觅驴'之蔽也。

来书云:"《大学》以心有好乐忿懥忧患恐惧为不得其正,而程子亦谓圣人情顺万事而无情。所谓'有'者,《传习录》中以病疟譬之,极精切矣。若程子之言,则是圣人之情不生于心而生于物也,何谓耶?且事感而情应,则是是非非可以就格。事或未感时谓之有,则未形也;谓之无,则病根在有无之间,何以致吾知乎?学务无情,累虽轻而出儒入佛矣,可乎?"

圣人致知之功至诚无息,其良知之体皎如明镜,略无纤翳。妍媸之来,随物见形,而明镜曾无留染,所谓情顺万事而无情也。无所住而生其心,佛氏曾有是言,未为非也。明镜之应物,妍者妍,媸者媸,一照而皆真,即是生其心处。妍者妍,媸者媸,一过而不留,即是无所住处。病疟之喻,既已见其精切,则此节所问可以释然。病疟之人,疟虽未发,而病根自在,则亦安可以其疟之未发而遂忘其服药调理之功乎?若必待疟发而后服药调理,则既晚矣。致知之功无间于有事无事,而岂论于病之已发未发邪?大抵原静所疑,前后虽若不一,然皆起于自私自利,将迎意必之为祟。此根一去,则前后所疑自将冰消雾释,有不待于问辨者矣。

《答原静书》出,读者皆喜。澄善问,师善答,得闻所未闻。师曰:"原静所问,只是知解上转,不得已与之逐节分疏。若信得良知,只在良知上用工,虽千经万典,无不吻合,异端曲学,一勘尽破矣。何必如此节节分解?佛家有扑人逐块之喻,见块扑人,则得人矣,见块逐块,于块奚得哉?"在座诸友闻之,惕然皆有惺悟。此学贵反求,非知解可入也。

答 欧 阳 崇 一

崇一来书云:"师云:'德性之良知,非由于闻见。若曰多闻择其善者而从之,多见而识之,则是专求之见闻之末,而已落在第二义。'窃意良知虽不由见闻而有,然学者之知未尝不由见闻而发;滞于见闻固非,而见闻亦良知之用也。今日落在第二义,恐为专以见闻为学者而言。若致其良知而求之见闻,似亦知行合一之功矣。如何?"

良知不由见闻而有,而见闻莫非良知之用,故良知不滞于见闻,而亦不离于见闻。孔子云:"吾有知乎哉?无知也。"良知之外,别无知矣。故"致良知"是学问大头脑,是圣人教人第一义。今云专求之见闻之末,则是失却头脑,而已落在第二义矣。近时同志中盖已莫不知有致良知之说,然其功夫尚多鹘突者,正是欠此一问。大抵学问功夫只要主意头脑是当,若主意头脑专以致良知为事,则凡多闻多见,莫非致良知之功。盖日用之间,见闻酬酢,虽千头万绪,莫非良知之发用流行,除却见闻酬酢,亦无良知可致矣；故只是一事。若曰致其良知而求之见闻，则语意之间未免为二，此与专求之见闻之末者虽稍不同，其为未得精一之旨，则一而已。"多闻，择其善者而从之，多见而识之"，既云择，又云识，其良知亦未尝不行于其间；但其用意乃专在多闻多见上去择识，则已失却头脑矣。崇一于此等处见得当已分晓，今日之问，正为发明此学，于同志中极有益。但语意未莹，则毫厘千里，亦不容不精察之也。

　　来书云："师云：'《系》言何思何虑，是言所思所虑只是天理，更无别思别虑耳，非谓无思无虑也。心之本体即是天理，有何可思虑得？学者用功，虽千思万虑，只是要复他本体，不是以私意去安排思索出来。若安排思索，便是自私用智矣。学者之蔽，大率非沈空守寂，则安排思索。'德辛壬之岁著前一病，近又著后一病。但思索亦是良知发用，其与私意安排者何所取别？恐认贼作子，惑而不知也。"

"思曰睿，睿作圣"，"心之官则思"，思则得之。思其可少乎？沈空守寂与安排思索，正是自私用智，其为丧失良知，一也。良知是天理之昭明灵觉处，故良知即是天理。思是良知之发用。若是良知发用之思，则所思莫非天理矣。良知发用之思自然明白简易，良知亦自能知得。若是私意安排之思，自是纷纭劳扰，良知亦自会分别得。盖思之是非邪正，良知无有不自知者。所以认贼作子，正为致知之学不明，不知在良知上体认之耳。

　　来书又云："师云：'为学终身只是一事，不论有事无事，只是这一件。若说宁不了事，不可不加培养，却是分为两事也。'窃意觉精力衰弱，不足以终事者，良知也。宁不了事，且加休养,致知也。如何却为两事? 若事变之来,有事势不容不了,而精力虽衰,稍鼓舞亦能支持,则持志以帅气可矣。然言动终无气力,毕事则困惫已甚,不几于暴其气已乎? 此其轻重缓急,良知固未尝不知,然或迫于事势,安能顾精力? 或困于精力,安能顾事势? 如之何则可?"

"宁不了事,不可不加培养"之意,且与初学如此说,亦不为无益。但作两事看了,便有病痛。在孟子言必有事焉,则君子之学终身只是集义一事。义者宜也;心得其宜之谓义。能致良知,则心得其宜矣,故集义亦只是致良知。君子之酬酢万变,当行则行,当止则止,当生则生,当死则死,斟酌调停,无非是致其良知,以求自慊而已。故君子素其位而行,思不出其位,凡谋其力之所不及而强其知之所不能者,皆不得为致良知;而凡劳其筋骨,饿其体肤,空乏其身,行拂乱其所为,动心忍性以增益其所不能者,皆所以致其良知也。若云"宁不了事,不可不加培养"者,亦是先有功利之心,较计成败利钝而爱憎取舍于其间,是以将了事自作一事,而培养又别作一事,此便有是内非外之意,便是自私用智,便是义外,便有不得于心勿求于气之病,便不是致良知以求自慊之功矣。所云"鼓舞支持,毕事困惫已甚",又云"迫于事势,困于精力",皆是把作两事做了,所以有此。凡学问之功,一则诚,二则伪,凡此皆是致良知之意欠诚一真切之故。《大学》言诚其意者,如恶恶臭,如好好色,此之谓自慊。曾见有恶恶臭,好好色,而须鼓舞支持者乎? 曾见毕事则困惫已甚者乎? 曾有迫于事势,困于精力者乎? 此可以知其受病之所从来矣。

> 来书又有云："人情机诈百出，御之以不疑，往往为所欺；觉则自入于逆亿。夫逆诈即诈也，亿不信即非信也，为人欺又非觉也。不逆不亿而常先觉，其惟良知莹彻乎？然而出入毫忽之间，背觉合诈者多矣。"

"不逆不亿而先觉"，此孔子因当时人专以逆诈亿不信为心，而自陷于诈与不信，又有不逆不亿者，然不知致良知之功，而往往又为人所欺诈，故有是言；非教人以是存心而专欲先觉人之诈与不信也。以是存心，即是后世猜忌险薄者之事，而只此一念，已不可与入尧、舜之道矣。不逆不亿而为人所欺者，尚亦不失为善，但不如能致其良知而自然先觉者之尤为贤耳。崇一谓其惟良知莹彻者，盖已得其旨矣。然亦颖悟所及，恐未实际也。盖良知之在人心，亘万古，塞宇宙，而无不同，不虑而知，恒易以知险，不学而能，恒简以知阻，先天而天不违，天且不违，而况于人乎？况于鬼神乎？夫谓背觉合诈者，是虽不逆人而或未能无自欺也，虽不亿人而或未能果自信也，是或常有求先觉之心，而未能常自觉也。常有求先觉之心，即已流于逆亿而足以自蔽其良知矣；此背觉合诈之所以未免也。君子学以为己，未尝虞人之欺己也，恒不自欺其良知而已；未尝虞人之不信己也，恒自信其良知而已；未尝求先觉人之诈与不信也，恒务自觉其良知而已。是故不欺则良知无所伪而诚，诚则明矣；自信则良知无所惑而明，明则诚矣。明诚相生，是故良知常觉常照。常觉常照，则如明镜之悬，而物之来者自不能遁其妍媸矣。何者？不欺而诚则无所容其欺，苟有欺焉，而觉矣；自信而明则无所容其不信，苟不信焉，而觉矣。是谓易以知险，简以知阻，子思所谓'至诚如神，可以前知'者也。然子思谓'如神'，谓'可以前知'，犹二而言之。是盖推言思诚者之功效，是犹为不能先觉者说也。若就至诚而言，则至诚之妙用即谓之神，不必言"如神"。至诚则无知而无不知，不必言"可以前知"矣。

答罗整庵少宰书

某顿首启：昨承教及《大学》，发舟匆匆，未能奉答。晓来江行稍暇，复取手教而读之。恐至赣后人事复纷沓，先具其略以请。

来教云："见道固难，而体道尤难。道诚未易明，而学诚不可不讲。恐未可安于所见而遂以为极则也。"幸甚幸甚！何以得闻斯言乎？其敢自以为极则而安之乎？正思就天下之有道以讲明之耳。而数年以来，闻其说而非笑之者有矣，诟訾之者有矣，置之不足较量辨议之者有矣，其肯遂以教我乎？其肯遂以教我，而反覆晓谕，恻然惟恐不及救正之乎？然则天下之爱我者，固莫有如执事之心深且至矣！感激当何如哉！

夫德之不修，学之不讲，孔子以为忧。而世之学者稍能传习训诂，即皆自以为知学，不复有所谓讲学之求，可悲矣！夫道必体而后见，非已见道而后加体道之功也；道必学而后明，非外讲学而复有所谓明道之事也。然世之讲学者有二:有讲之以身心者,有讲之以口耳者。讲之以口耳,揣摸测度,求之影响者也;讲之以身心,行著习察,实有诸己者也,知此则知孔门之学矣。

来教谓某"《大学》古本之复,以人之为学但当求之于内,而程、朱格物之说不免求之于外,遂去朱子之分章而削其所补之传",非敢然也。学岂有内外乎?《大学》古本乃孔门相传旧本耳。朱子疑其有所脱误,而改正补缉之。在某则谓其本无脱误,悉从其旧而已矣。失在于过信孔子则有之,非故去朱子之分章而削其传也。夫学贵得之心;求之于心而非也,虽其言之出于孔子,不敢以为是也,而况其未及孔子者乎!求之于心而是也,虽其言之出于庸常,不敢以为非也,而况其出于孔子者乎!且旧本之传数千载矣,今读其文词,既明白而可通;论其工夫,又易简而可入,亦何所按据而断其此段之必在于彼,彼段之必在于此,与此之如何而缺,彼之如何而补?而遂改正补缉之,无乃重于背朱而轻于叛孔已乎?

来教谓:"如必以学不资于外求,但当反观内省以为务,则正心诚意四字亦何不尽之有?何必于入门之际,便困以格物一段工夫也?"诚然诚然。若语其要,则修身二字亦足矣,何必又言正心?正心二字亦足矣,何必又言诚意?诚意二字亦足矣,何必又言致知,又言格物?惟其工夫之详密,而要之只是一事,此所以为精一之学,此正不可不思者也。夫理无内外,性无内外,故学无内外;讲习讨论,未尝非内也;反观内省,未尝遗外也。夫谓学必资于外求,是以己性为有外也,是义外也,用智者也;谓反观内省为求之于内,是以己性为有内也,是有我也,自私者也:是皆不知性之无内外也。故曰:精义入神,以致用也;利用安身,以崇德也;性之德也,合内外之道也。此可以知格物之学矣。格物者,《大学》之实下手处,彻首彻尾,自始学至圣人,只此工夫而已,非但入门之际有此一段也。夫正心诚意、致知格物,皆所以修身而格物者,其所用力,日可见之地。故格物者,格其心之物也,格其意之物也,格其知之物也;正心者,正其物之心也;诚意者,诚其物之意也;致知者,致其物之知也:此岂有内外彼此之分哉!理一而已。以其理之凝聚而言,则谓之性;以其凝聚之主宰而言,则谓之心;以其主宰之发动而言,则谓之意;以其发动之明觉而言,则谓之知;以其明觉之感应而言,则谓之物。故就物而言谓之格,就知而言谓之致,就意而言谓之诚,就心而言谓之正:正者,正此也;诚者,诚此也;致者,致此也;格者,格此也。皆所谓穷理以尽性也。天下无性外之理,无性外之物。学之不明,皆由世之儒者认理为外,认物为外,而不知义外之说,孟子盖尝辟之,乃至袭陷其内而不觉,岂非亦有似是而难明者欤?不可以不察。凡执事所以致疑于格物之说者,必谓其是内而非外也;必谓其专事于反观内省之为,而遗弃其讲习讨论之功;必谓其一意于纲领本原之约,而脱略于支条节目之详也;必谓其沈溺于枯槁虚寂之偏,而不尽于物理人事之变。审如是,岂但获罪于圣门,获罪于朱子,是邪说诬民,叛道乱正,人得而诛之也,而况于执事之正直哉?审如是,世之稍明训诂,闻先哲之绪论者,皆知其非也,而况执事之高明哉?凡某之所谓格物,其于朱子"九条"之说,皆包罗统括于其中;但为之有要,作用不同,正所谓毫厘之差耳。然毫厘之差而千里之谬实起于此,不可不辨。孟子辟杨、墨至于"无父,无君",二子亦当时之贤者,使与孟子并世而生,未必不以之为贤。墨子"兼爱",行仁而过耳;杨子"为我",行义而过耳。此其为说,亦岂灭理乱常之甚,而足以眩天下哉?而其流之弊,孟子至比于禽兽夷狄,所谓"以学术杀天下后世"也。今世学术之弊,其谓之学仁而过者乎?谓之学义而过者乎?抑谓之学不仁不义而过者乎?吾不知其于洪水猛兽何如也!孟子云:"予岂好辨哉?予不得已也!"杨、墨之道塞天下,孟子之时,天下之尊信杨、墨,当不下于今日之崇尚朱说,而孟子独以一人呶呶于其间,噫,可哀矣!韩氏云:"佛、老之害甚于杨、墨。"韩愈之贤不及孟子,孟子不能救之于未坏之先,而韩愈乃欲全之于已坏之后,其亦不量其力,且见其身之危,莫之救以死也矣!呜呼!若某者其尤不量其力,果见其身之危,莫之救以死也矣。夫众方嘻嘻之中,而独出涕嗟,若举世恬然以趋,而独疾首蹙额以为忧,此其非病狂丧心,殆必诚有大苦者隐于其中,而非天下之至仁,其孰能察之?其为《朱子晚年定论》,盖亦不得已而然。中间年岁早晚诚有所未考,虽不必尽出于晚年,固多出于晚年者矣。然大意在委曲调停以明此学为重,平生于朱子之说如神明蓍龟,一旦与之背驰,心诚有所未忍,故不得已而为此。"知我者,谓我心忧;不知我者,谓我何求",盖不忍抵牾朱子者,其本心也;不得已而与之抵

牾者，道固如是，不直则道不见也。执事所谓决与朱子异
者，仆敢自欺其心哉？夫道，天下之公道也；学，天下之公
学也；非朱子可得而私也，非孔子可得而私也。天下之公
也，公言之而已矣。故言之而是，虽异于己，乃益于己也；
言之而非，虽同于己，适损于己也。益于己者，己必喜之；
损于己者，己必恶之。然则某今日之论，虽或于朱子异，
未必非其所喜也。君子之过，如日月之食，其更也，人皆
仰之，而小人之过也必文。某虽不肖，固不敢以小人之心
事朱子也。执事所以教反复数百言，皆以未悉鄙人格物
之说。若鄙说一明，则此数百言皆可以不待辨说而释然
无滞，故今不敢缕缕以滋琐屑之渎，然鄙说非面陈口析断
亦未能了了于纸笔间也。嗟呼！执事所以开导启迪于我
者，可谓恳到详切矣！人之爱我，宁有如执事者乎？仆虽
甚愚下，宁不知所感刻佩服；然而不敢遽舍其中心之诚然
而姑以听受云者，正不敢有负于深爱，亦思有以报之耳。
秋尽东还，必求一面，以卒所请，千万终教！

答 聂 文 蔚

　　春间远劳迂途枉顾问证，惓惓此情，何可当也！已期
二三同志，更处静地，扳留旬日，少效其鄙见，以求切劘之
益；而公期俗绊，势有不能，别去极怏怏，如有所失。忽承
笺惠，反复千余言，读之无甚浣慰。中间推许太过，盖亦
奖掖之盛心，而规砺真切，思欲纳之于贤圣之域；又托诸
崇一以致其勤勤恳恳之怀，此非深交笃爱，何以及是！知

感知愧，且惧其无以堪之也。虽然，仆亦何敢不自鞭勉，而徒以感愧辞让为乎哉？其谓："思、孟、周、程无意相遭于千载之下，与其尽信于天下，不若真信于一人。道固自在，学亦自在，天下信之不为多，一人信之不为少者，斯固君子不见是而无闷之心，岂世之谆谆屑屑者知足以及之乎？"乃仆之情则有大不得已者存乎其间，而非以计人之信与不信也。

夫人者，天地之心。天地万物，本吾一体者也，生民之困苦荼毒，孰非疾痛之切于吾身者乎？不知吾身之疾痛，无是非之心者也。是非之心，不虑而知，不学而能，所谓良知也。良知之在人心，无间于圣愚，天下古今之所同也。世之君子惟务致其良知，则自能公是非，同好恶，视人犹己，视国犹家，而以天地万物为一体，求天下无治，不可得矣。古之人所以能见善不啻若己出，见恶不啻若己入，视民之饥溺犹己之饥溺，而一夫不获，若己推而纳诸沟中者，非故为是而以蕲天下之信己也，务致其良知，求自慊而已矣。尧、舜、三王之圣，言而民莫不信者，致其良知而言之也；行而民莫不说者，致其良知而行之也。是以其民熙熙皞皞，杀之不怨，利之不庸，施及蛮貊，而凡有血气者莫不尊亲，为其良知之同也。呜呼！圣人之治天下，何其简且易哉！

后世良知之学不明，天下之人用其私智以相比轧，是以人各有心，而偏琐僻陋之见，狡伪阴邪之术，至于不可胜说；外假仁义之名，而内以行其自私自利之实，诡辞以阿俗，矫行以干誉，掩人之善而袭以为己长，讦人之私而窃以为己直,忿以相胜而犹谓之徇义,险以相倾而犹谓之疾恶,妒贤忌能而犹自以为公是非,恣情纵欲而犹自以为同好恶,相陵相贼,自其一家骨肉之亲,已不能无尔我胜负之意,彼此藩篱之形,而况于天下之大,民物之众,又何能一体而视之? 则无怪于纷纷籍籍,而祸乱相寻于无穷矣!

仆诚赖天之灵,偶有见于良知之学,以为必由此而后天下可得而治。是以每念斯民之陷溺,则为之戚然痛心,忘其身之不肖,而思以此救之,亦不自知其量者。天下之人见其若是,遂相与非笑而诋斥之,以为是病狂丧心之人耳。鸣呼! 是奚足恤哉? 吾方疾痛之切体,而暇计人之非笑乎! 人固有见其父子兄弟之坠溺于深渊者,呼号匍匐,裸跣颠顿,扳悬崖壁而下拯之。士之见者方相与揖让谈笑于其傍,以为是弃其体貌衣冠而呼号颠顿若此,是病狂丧心者也。故夫揖让谈笑于溺人之傍而不知救,此惟行路之人,无亲戚骨肉之情者能之,然已谓之无恻隐之心,非人矣。若夫在父子兄弟之爱者,则固未有不痛心疾首,狂奔尽气,匍匐而拯之。彼将陷溺之祸有不顾,而况于病狂丧心之讥乎? 而又况于蕲人之信与不信乎?

鸣呼! 今之人虽谓仆为病狂丧心之人,亦无不可矣。天下之人心皆吾之心也,天下之人犹有病狂者矣,吾安得而非病狂乎? 犹有丧心者矣,吾安得而非丧心乎? 昔者孔子之在当时,有议其为谄者,有讥其为佞者,有毁其未贤,诋其为不知礼,而侮之以为东家丘者,有嫉而沮之者,有恶而欲杀之者;晨门、荷蒉之徒,皆当时之贤士,且曰:

"是知其不可而为之者欤！鄙哉硁硁乎，莫己知也，斯己而已矣！"虽子路在升堂之列，尚不能无疑于其所见，不悦于其所欲往，而且以之为迂，则当时之不信夫子者，岂特十之二三而已乎？然而夫子汲汲遑遑，若求亡子于道路，而不暇于暖席者，宁以蕲人之知我信我而已哉？盖其天地万物一体之仁，疾痛迫切，虽欲已之而自有所不容已，故其言曰："吾非斯人之徒与而谁与！欲洁其身而乱大伦，果哉，末之难矣！"呜呼！此非诚以天地万物为一体者，孰能以知夫子之心乎？若其遁世无闷，乐天知命者，则固无入而不自得道，并行而不相悖也。仆之不肖，何敢以夫子之道为己任？顾其心亦已稍知疾痛之在身，是以徬徨四顾，将求其有助于我者，相与讲去其病耳。今诚得豪杰同志之士扶持匡翼，共明良知之学于天下，使天下之人皆知自致其良知，以相安相养，去其自私自利之蔽，一洗谗妒胜忿之习，以济于大同，则仆之狂病，固将脱然以愈，而终免于丧心之患矣，岂不快哉！

嗟乎！今诚欲求豪杰同志之士于天下，非如吾文蔚者而谁望之乎？如吾文蔚之才与志，诚足以援天下之溺者；今又既知其具之在我而无假于外求矣，循是而充，若决河注海，孰得而御哉？文蔚所谓"一人信之不为少"，其又能逊以委之何人乎？会稽素号山水之区，深林长谷，信步皆是，寒暑晦明，无时不宜，安居饱食，尘嚣无扰，良朋四集，道义日新，优哉游哉，天地之间宁复有乐于是者！孔子云："不怨天，不尤人，下学而上达。"仆与二三同志，方将请事斯语，奚暇外慕？独其切肤之痛，乃有未能恝然者,辄复云云尔。

　　咳疾暑毒,书札绝懒。盛使远来,迟留经月,临岐执笔,又不觉累纸。盖于相知之深,虽已缕缕至此,殊觉有所未能尽也。

二

　　得书见近来所学之骤进,喜慰不可言。谛视数过,其间虽亦有一二未莹彻处,却是致良知之功尚未纯熟;到纯熟时,自无此矣。譬之驱车,既已由于康庄大道之中,或时横斜迂曲者,乃马性未调,衔勒不齐之故,然已只在康庄大道中,决不赚入傍蹊曲径矣。近时海内同志到此地位者曾未多见,喜慰不可言,斯道之幸也!

　　贱躯旧有咳嗽畏热之病,近入炎方,辄复大作。主上圣明洞察,责付甚重,不敢遽辞。地方军务冗沓,皆舆疾从事。今却幸已平定,已具本乞回养病。得在林下稍就清凉,或可瘳耳。人还,伏枕草草,不尽倾企。外惟濬一简,幸达致之!

　　来书所询,草草奉复一二:

　　近岁来山中讲学者往往多说"勿忘勿助"工夫甚难,问之则云:"才著意便是助,才不著意便是忘,所以甚难。"区区因问之云:"忘是忘个甚么? 助是助个甚么?"其人默然无对,始请问。区区因与说我此间讲学,却只说个"必有事焉",不说"勿忘勿助"。必有事焉者,只是时时去集义。若时时去用必有事的工夫,而或有时间断,此便是忘了,即须勿忘。时时去用必有事的工夫,而或有时欲速求效,此便是助了,即须勿助。其工夫全在必有事焉上用,勿忘勿助只就其间提撕警觉而已。若是工夫原不间断,即不须更说勿忘;原不欲速求效,即不须更说勿助。此其工夫何等明白简易,何等洒脱自在!今却不去必有事上用工,而乃悬空守著一个勿忘勿助,此正如烧锅煮饭,锅内不曾渍水下米,而乃专去添柴放火,不知毕竟煮出个甚么物来。吾恐火候未及调停,而锅已先破裂矣。近日一种专在勿忘勿助上用工者,其病正是如此。终日悬空去做个勿忘,又悬空去做个勿助,济济荡荡,全无实落下手处;究竟工夫只做得个沉空守寂,学成一个痴呆汉,才遇些子事来,即便牵滞纷扰,不复能经纶宰制。此皆有志之士,而乃使之劳苦缠缚,担阁一生,皆由学术误人之故,甚可悯矣!夫必有事焉,只是集义;集义只是致良知。说集义则一时未见头脑,说致良知即当下便有实地步可用工。故区区专说致良知,随时就事上致其良知,便是格物;著实去致良知,便是诚意;著实致其良知而无一毫意必固我,便是正心;著实致良知则自无忘之病;无一毫意必固我则自无助之病:故说格致诚正则不必更说个忘助。孟子说忘助,亦就告子得病处立方。告子强制其心,是助的病痛,故孟子专说助长之害。告子助长,亦是他以义为外,不知就自心上集义,在必有事焉上用功,是以如此。若时时刻刻就自心上集义,则良知之体洞然明白,自然是是非非纤毫莫遁,又焉有不得于言,勿求于心,不得于心,勿求于气之弊乎?孟子集义养气之说,固大有功于后学。

然亦是因病立方,说得大段;不若《大学》格致诚正之功,尤极精一简易,为彻上彻下,万世无弊者也。圣贤论学,多是随时就事,虽言若人殊,而要其工夫头脑,若合符节。缘天地之间,原只有此性,只有此理,只有此良知,只有此一件事耳。故凡就古人论学处说工夫,更不必挽和兼搭而说,自然无不吻合贯通者。才须挽和兼搭而说,即是自己工夫未明彻也。近时有谓集义之功必须兼搭个致良知而后备者,则是集义之功尚未了彻也。集义之功尚未了彻,适足以为致良知之累而已矣。谓致良知之功必须兼搭一个勿忘勿助而后明者,则是致良知之功尚未了彻也。致良知之功尚未了彻,适足以为勿忘勿助之累而已矣。若此者,皆是就文义上解释牵附,以求混融凑泊,而不曾就自己实工夫上体验,是以论之愈精,而去之愈远。文蔚之论,其于大本达道既已沛然无疑,至于致知穷理及忘助等说,时亦有挽和兼搭处,却是区区所谓康庄大道之中,或时横斜迂曲者。到得工夫熟后,自将释然矣。

文蔚谓"致知之说,求之事亲从兄之间,便觉有所持循"者,此段最见近来真切笃实之功。但以此自为,不妨自有得力处;以此遂为定说教人,却未免又有因药发病之患,亦不可不一讲也。盖良知只是一个天理,自然明觉发见处,只是一个真诚恻怛,便是他本体。故致此良知之真诚恻怛,以事亲便是孝;致此良知之真诚恻怛,以从兄便是弟;致此良知之真诚恻怛,以事君便是忠:只是一个良知,一个真诚恻怛。若是从兄的良知不能致其真诚恻怛,即是事亲的良知不能致其真诚恻怛矣,事君的良知不能致其真诚恻怛,即是从兄的良知不能致其真诚恻怛矣。故致得事君的良知,便是致却从兄的良知;致得从兄的良知,便是致却事亲的良知;不是事君的良知不能致,却须又从事亲的良知上去扩充将来,如此又是脱却本原,著在支节上求了。良知只是一个,随他发见流行处当下具足,更无去求,不须假借。然其发见流行处却自有轻重厚薄,毫发不容增减者,所谓天然自有之中也。虽则轻重厚薄毫发不容增减,而厚又只是一个;虽则只是一个,而其间轻重厚薄又毫发不容增减,若可得增减,若须假借,即已非其真诚恻怛之本体矣。此良知之妙用,所以无方体,无穷尽,语大天下莫能载,语小天下莫能破者也。孟氏"尧、舜之道,孝弟而已"者,是就人之良知发见得最真切笃厚、不容蔽昧处提省人,使人于事君处友仁民爱物,与凡动静语默间,皆只是致他那一念事亲从兄真诚恻怛的良知,即自然无不是道。盖天下之事虽千变万化,至于不可穷诘,而但惟致此事亲从兄、一念真诚恻怛之良知以应之,则更无有遗缺渗漏者,正谓其只有此一个良知故也。事亲从兄一念良知之外更无有良知可致得者,故曰:"尧、舜之道,孝弟而已矣。"此所以为惟精惟一之学,放之四海而皆准,施诸后世而无朝夕者也。

文蔚云:"欲于事亲从兄之间,而求所谓良知之学。"就自己用工得力处如此说,亦无不可;若曰"致其良知之真诚恻怛,以求尽夫事亲从兄之道焉",亦无不可也。明道云:"行仁自孝弟始,孝弟是仁之一事,谓之行仁之本则可,谓是仁之本则不可。"其说是矣。

亿逆先觉之说，文蔚谓"诚则旁行曲防，皆良知之用"，甚善甚善！间有搀搭处，则前已言之矣。惟濬之言亦未为不是，在文蔚须有取于惟濬之言 而后尽，在惟濬又须有取于文蔚之言而后明；不然，则亦未免各有倚著之病也。"舜察迩言而询蒭荛"，非是以迩言当察，蒭荛当询，而后如此，乃良知之发见流行，光明圆莹，更无挂碍遮隔处，此所以谓之大知；才有执著意必，其知便小矣。讲学中自有去取分辨，然就心地上著实用工夫，却须如此方是尽心三节，区区曾有生知、学知、困知之说，颇已明白，无可疑者。盖尽心、知性、知天者，不必说存心、养性、事天，不必说夭寿不贰、修身以俟，而存心养性与修身以俟之功已在其中矣。存心养性事天者，虽未到得尽心知天的地位，然已是在那里做个求到尽心知天的工夫，更不必说夭寿不贰，修身以俟，而夭寿不贰、修身以俟之功已在其中矣。譬之行路，尽心知天者，如年力壮健之人，既能奔走往来于数千百里之间者也；存心事天者，如童稚之年，使之学习步趋于庭除之间者也；夭寿不贰、修身以俟者，如襁抱之孩，方使之扶墙傍壁而渐学起立移步者也。既已能奔走往来于数千里之间者，则不必更使之于庭除之间而学步趋，而步趋于庭除之间自无弗能矣；既已能步趋于庭除之间，则不必更使之扶墙傍壁而学起立移步，而起立移步自无弗能矣。然学起立移步，便是学步趋庭除之始；学步趋庭除，便是学奔走往来于数千里之基，固非有二事。但其工夫之难易，则相去悬绝矣。心也，性也，天也，一也，故及其知之成功则一；然而三者人品力量自有阶级,不可躐等而能也。细观文蔚之论,其意以恐尽心知天者废却存心修身之功,而反为尽心知天之病。是盖为圣人忧工夫之或间断,而不知为自己忧工夫之未真切也。吾侪用工,却须专心致志在夭寿不贰,修身以俟上做,只此便是做尽心知天功夫之始。正如学起立移步,便是学奔走千里之始。吾方自虑其不能起立移步,而岂遽虑其不能奔走千里,又况为奔走千里者而虑其或遗忘于起立移步之习哉?

文蔚识见,本自超绝迈往,而所论云然者,亦是未能脱去旧时解说文义之习。是为此三段书分疏比合,以求融会贯通,而自添许多意见缠绕,反使用工不专一也。近时悬空去做勿忘勿助者,其意见正有此病,最能担误人,不可不涤除耳。所谓"尊德性而道问学"一节,至当归一,更无可疑。此便是文蔚曾著实用工,然后能为此言。此本不是险僻难见的道理,人或意见不同者,还是良知尚有纤翳潜伏。若除去此纤翳,即自无不洞然矣。

已作书后,移卧檐间,偶遇无事,遂复答此。文蔚之学既已得其大者,此等处久当释然自解,本不必屑屑如此分疏。但承相爱之厚,千里差人远及,谆谆下问,而竟虚来意,又自不能已于言也。然直戆烦缕已甚,恃在信爱,当不为罪。惟濬及谦之、崇一处各得转录一通,寄视之,尤承一体之好也。

右南大吉录

训蒙大意示教读刘伯颂等

　　古之教者，教以人伦。后世记诵词章之习起，而先王之教亡。今教童子，惟当以孝弟忠信礼义廉耻为专务。其栽培涵养之方，则宜诱之歌诗以发其志意，导之习礼以肃其威仪，讽之读书以开其知觉。今人往往以歌诗习礼为不切时务，此皆末俗庸鄙之见，乌足以知古人立教之意哉！

　　大抵童子之情，乐嬉游而惮拘检，如草木之始萌芽，舒畅之则条达，摧挠之则衰痿。今教童子，必使其趋向鼓舞，中心喜悦，则其进自不能已。譬之时雨春风，沾被卉木，莫不萌动发越，自然日长月化；若冰霜剥落，则生意萧索，日就枯槁矣。故凡诱之歌诗者，非但发其志意而已，亦以泄其跳号呼啸于咏歌，宣其幽抑结滞于音节也；导之习礼者，非但肃其威仪而已，亦所以周旋揖让而动荡其血脉，拜起屈伸而固束其筋骸也；讽之读书者，非但开其知觉而已，亦所以沈潜反复而存其心，抑扬讽诵以宣其志也。凡此皆所以顺导其志意，调理其性情，潜消其鄙吝，默化其粗顽，日使之渐于礼义而不苦其难，入于中和而不知其故。是盖先王立教之微意也。

　　若近世之训蒙稚者，日惟督以句读课仿，责其检束，而不知导之以礼；求其聪明，而不知养之以善；鞭挞绳缚，若待拘囚。彼视学舍如图狱而不肯入，视师长如寇仇而不欲见，窥避掩覆以遂其嬉游，设诈饰诡以肆其顽鄙，偷薄庸劣,日趋下流。是盖驱之于恶而求其为善也,何可得乎?

凡吾所以教,其意实在于此。恐时俗不察,视以为迂,且吾亦将去,故特叮咛以告。尔诸教读,其务体吾意,永以为训;毋辄因时俗之言,改废其绳墨,庶成蒙以养正之功矣。念之念之!

教 约

每日清晨,诸生参揖毕,教读以次。遍询诸生:在家所以爱亲敬长之心,得无懈忽,未能真切否?温凊定省之仪,得无亏缺,未能实践否?往来街衢,步趋礼节,得无放荡,未能谨饰否?一应言行心术,得无欺妄非僻,未能忠信笃敬否?诸童子务要各以实对,有则改之,无则加勉。教读复随时就事,曲加诲谕开发。然后各退就席肄业。

凡歌《诗》,须要整容定气,清朗其声音,均审其节调;毋躁而急,毋荡而嚣,毋馁而慑。久则精神宣畅,心气和平矣。每学量童生多寡,分为四班,每日轮一班歌《诗》;其余皆就席,敛容肃听。每五日则总四班递歌于本学。每朔望,集各学会歌于书院。

凡习礼,须要澄心肃虑,审其仪节,度其容止;毋忽而惰,毋沮而怍,毋径而野;从容而不失之迂缓,修谨而不失之拘局。久则体貌习熟,德性坚定矣。童生班次,皆如歌诗。每间一日,则轮一班习礼。其余皆就席,敛容肃观。习礼之日,免其课仿。每十日则总四班递习于本学。每朔望,则集各学会习于书院。

　　凡授书不在徒多,但贵精熟。量其资禀,能二百字者,止可授以一百字。常使精神力量有余,则无厌苦之患,而有自得之美。讽诵之际,务令专心一志,口诵心惟,字字句句绌绎反复,抑扬其音节,宽虚其心意。久则义礼浃洽,聪明日开矣。

　　每日工夫,先考德,次背书诵书,次习礼,或作课仿,次复诵书讲书,次歌《诗》。凡习礼歌《诗》之数,皆所以常存童子之心,使其乐习不倦,而无暇及于邪僻。教者知此,则知所施矣。虽然,此其大略也;神而明之,则存乎其人。

传习录下 附朱子晚年定论

正德乙亥，九川初见先生于龙江，先生与甘泉先生论格物之说，甘泉持旧说。先生曰："是求之于外了。"甘泉曰："若以格物理为外，是自小其心也。"九川甚喜旧说之是。先生又论《尽心》一章，九川一闻，却遂无疑。后家居，复以格物遗质先生。答云："但能实地用功，久当自释。"山间乃自录《大学》旧本读之，觉朱子格物之说非是；然亦疑先生以意之所在为物，物字未明。己卯归自京师，再见先生于洪都。先生兵务倥偬，乘隙讲授，首问："近年用功何如？"九川曰："近年体验得'明明德'功夫只是'诚意'。自'明明德于天下'，步步推入根源，到'诚意'上，再去不得，如何以前又有格致工夫？后又体验，觉得意之诚伪，必先知觉乃可，以颜子有不善未尝知之，知之未尝复行为证，豁然若无疑；却又多了格物功夫。又思来吾心之灵，何有不知意之善恶，只是物欲蔽了，须格去物欲，始能如颜子未尝不知耳。又自疑功夫颠倒，与诚意不成片段。后问希颜。希颜曰：'先生谓格物致知是诚意功夫，极好。'九川曰：'如何是诚意功夫？'希颜令再思体看，九川终不悟，请问。"先生曰："惜哉！此可一言而悟。惟濬所举颜子事便是了，只要知身心意知物是一件。"九川疑曰："物在外，如何与身心意知是一件？"先生曰："耳目口鼻四肢，身也，非心安能视听言动？心欲视听言动，无耳目口鼻四肢亦不能，故无心则无身，无身则无心。但指其充塞处言之谓之身，指其主宰处言之谓之心，指心之发动处谓之意，指意之灵明处谓之知，指意之涉着处谓之物：只是一件。意未有悬空的，必着事物，故欲诚意则随意所在某事而格之，去其人欲而归于天理，则良知之在此事者无蔽而得致矣。此便是诚意的工夫。"九川乃释然，破数年之疑。又问："甘泉近亦信用《大学》古本，谓格物犹言造道。又谓穷理如穷其巢穴之穷，以身至之也。故格物亦只是随处体认天理，似与先生之说渐同。"先生曰："甘泉用功，所以转得来。当时与说亲民字不须改，他亦不信，今论格物亦近，但不须换物字作理字，只还他一物字便是。"后有人问九川曰："今何不疑'物'字？"曰："《中庸》曰'不诚无物'，程子曰'物来顺应'，又如'物各付物'、'胸中无物'之类，皆古人常用字也。"他日先生亦云然。

九川问："近年因厌泛滥之学，每要静坐，求屏息念虑。非惟不能，愈觉扰扰，如何？"先生曰："念如何可息？只是要正。"曰："当自有无念时否？"先生曰："实无无念时。"曰："如此却如何言静？"曰："静未尝不动，动未尝不静。戒谨恐惧即是念，何分动静？"曰："周子何以言定之以中正仁义而主静？"曰："无欲故静，是'静亦定，动亦定'

的'定'字,主其本体也。戒惧之念是活泼泼地。此是天机不息处,所谓'维天之命,于穆不已',一息便是死。非本体之念,即是私念。"

又问:"用功收心时,有声有色在前,如常闻见,恐不是专一。"曰:"如何欲不闻见?除是槁木死灰,耳聋目盲则可。只是虽闻见而不流去,便是。"曰:"昔有人静坐,其子隔壁读书,不知其勤惰,程子称其甚敬。何如?"曰:"伊川恐亦是讥他。"

又问:"静坐用功,颇觉此心收敛,遇事又断了。旋起个念头,去事上省察。事过又寻旧功,还觉有内外,打不作一片。"先生曰:"此格物之说未透。心何尝有内外?即如惟濬,今在此讲论,又岂有一心在内照管?这听讲说时专敬,即是那静坐时心,功夫一贯,何须更起念头,人须在事上磨炼做功夫,乃有益。若只好静,遇事便乱,终无长进。那静时功夫,亦差似收敛,而实放溺也。"后在洪都,复与于中、国裳论内外之说。渠皆云:"物自有内外,但要内外并着功夫,不可有间耳!"以质先生。曰:"功夫不离本体,本体原无内外。只为后来做功夫的分了内外,失其本体了。如今正要讲明功夫不要有内外,乃是本体功夫。"是日俱有省。

又问:"陆子之学何如?"先生曰:"濂溪、明道之后,还是象山,只是粗些。"九川曰:"看他论学,篇篇说出骨髓,句句似针膏肓,却不见他粗。"先生曰:"然他心上用过功夫,与揣摹依仿,求之文义,自不同。但细看有粗处,用功久当见之。"

庚辰往虔州，再见先生，问："近来功夫虽若稍知头脑，然难寻个稳当快乐处。"先生曰："尔却去心上寻个天理，此正所谓理障。此间有个诀窍。"曰："请问如何？"曰："只是致知。"曰："如何致？"曰："尔那一点良知，是尔自家底准则。尔意念着处，他是便知是，非便知非，更瞒他一些不得。尔只不要欺他，实实落落依着他做去，善便存，恶便去。他这里何等稳当快乐。此便是格物的真诀，致知的实功。若不靠着这些真机，如何去格物？我亦近年体贴出来如此分明，初犹疑只依他恐有不足，精细看无些小欠阙。"

在虔，与于中、谦之同侍。先生曰："人胸中各有个圣人，只自信不及，都自埋倒了。"因顾于中曰："尔胸中原是圣人。"于中起不敢当。先生曰："此是尔自家有的，如何要推？"于中又曰："不敢。"先生曰："众人皆有之，况在于中，却何故谦起来？谦亦不得。"于中乃笑受。又论："良知在人，随你如何不能泯灭，虽盗贼亦自知不当为盗，唤他做贼，他还忸怩。"于中曰："只是物欲遮蔽，良心在内，自不会失；如云自蔽日，日何尝失了！"先生曰："于中如此聪明，他人见不及此。"

先生曰："这些子看得透彻，随他千言万语，是非诚伪，到前便明。合得的便是，合不得的便非。如佛家说心印相似，真是个试金石、指南针。"

先生曰："人若知这良知诀窍，随他多少邪思枉念，这里一觉，都自消融。真个是灵丹一粒，点铁成金。"

崇一曰："先生致知之旨，发尽精蕴，看来这里再去不得。"先生曰："何言之易也？再用功半年，看如何？又用功一年，看如何？功夫愈久，愈觉不同，此难口说。"

先生问九川："于'致知'之说体验如何？"九川曰："自觉不同往时，操持常不得个恰好处，此乃是恰好处。"先生曰："可知是体来与听讲不同。我初与讲时，知尔只是忽易，未有滋味。只这个要妙，再体到深处，日见不同，是无穷尽的。"又曰："此'致知'二字，真是个千古圣传之秘；见到这里，百世以俟圣人而不惑！"

九川问曰："伊川说到'体用一原，显微无间'处，门人已说是泄天机。先生致知之说，莫亦泄天机太甚否？"先生曰："圣人已指以示人，只为后人掩匿，我发明耳，何故说泄？此是人人自有的，觉来甚不打紧一般。然与不用实功人说，亦甚轻忽可惜，彼此无益无实。用功而不得其要者，提撕之甚沛然得力。"

又曰："知来本无知，觉来本无觉，然不知则遂沦埋。"

先生曰："大凡朋友，须箴规指摘处少，诱掖奖劝意多，方是。"后又戒九川云："与朋友论学，须委曲谦下，宽以居之。"

九川卧病虔州，先生云："病物亦难格，觉得如何？"对曰："功夫甚难。"先生曰："常快活便是功夫。"

九川问："自省念虑或涉邪妄，或预料理天下事，思到极处，井井有味，便缱绻难屏。觉得早则易，觉迟则难；用力克治，愈觉扞格。惟稍迁念他事，则随两忘。如此廓清，亦似无害。"先生曰："何须如此！只要在良知上着功夫。"九川曰："正谓那一时不知。"先生曰："我这里自有功夫,何缘得他来? 只为尔功夫断了,便蔽其知。既断了则继续旧功便是,何必如此。"九川曰:"直是难鏖,虽知丢他不去。"先生曰:"须是勇。用功久,自有勇。故曰是集义所生者,胜得容易,便是大贤。"

九川问:"此功夫却于心上体验明白,只解书不通。"先生曰:"只要解心。心明白,书自然融会。若心上不通,只要书上文义通,却自生意见。"

有一属官,因久听讲先生之学,曰:"此学甚好。只是簿书讼狱繁难,不得为学。"先生闻之曰:"我何尝教尔离了簿书讼狱,悬空去讲学? 尔既有官司之事,便从官司的事上为学,才是真格物。如问一词讼,不可因其应对无状,起个怒心;不可因他言语圆转,生个喜心;不可恶其嘱托,加意治之;不可因其请求,屈意从之;不可因自己事务烦冗,随意苟且断之;不可因旁人潜毁罗织,随人意思处之:这许多意思皆私,只尔自知,须精细省察克治,惟恐此心有一毫偏倚,杜人是非,这便是格物致知。簿书讼狱之间,无非实学;若离了事物为学,却是著空。"

虔州将归,有诗别先生云:"良知何事系多闻,妙合当时已种根。好恶从之为圣学,将迎无处是乾元。"先生曰:"若未来讲此学,不知说好恶从之从个甚么?"敷英在座曰:"诚然。尝读先生《大学古本序》,不知所说何事。及来听讲许时,乃稍知大意。"

于中、国裳辈同侍食。先生曰:"凡饮食只是要养我身,食了要消化;若徒蓄积在肚里,便成痞了,如何长得肌肤? 后世学者博闻多识,留滞胸中,皆伤食之病也。"

先生曰：“圣人亦是学知，众人亦是生知。”问曰：“何如？”曰：“这良知人人皆有，圣人只是保全，无些障蔽，兢兢业业，亹亹翼翼，自然不息，便也是学；只是生的分数多，所以谓之生知安行。众人自孩提之童，莫不完具此知，只是障蔽多，然本体之知自难泯息，虽问学克治也只凭他；只是学的分数多，所以谓之学知利行。”

黄以方问：“先生格致之说，随时格物以致其知，则知是一节之知，非全体之知也。何以到得溥博如天，渊泉如渊地位？”先生曰：“人心是天渊。心之本体无所不该，原是一个天。只为私欲障碍，则天之本体失了。心之理无穷尽，原是一个渊。只为私欲窒塞，则渊之本体失了。如今念念致良知，将此障碍窒塞一齐去尽，则本体已复，便是天渊了。”乃指天以示之曰：“比如面前见天，是昭昭之天；四外见天，也只是昭昭之天。只为许多房子墙壁遮蔽，便不见天之全体。若撤去房子墙壁，总是一个天矣。不可道眼前天是昭昭之天，外面又不是昭昭之天也。于此便见一节之知，即全体之知；全体之知，即一节之知：总是一个本体。”已下门人黄直录。

先生曰：“圣贤非无功业气节，但其循著这天理，则便是道，不可以事功气节名矣。”

“‘发愤忘食’，是圣人之志，如此真无有已时；‘乐以忘忧’，是圣人之道，如此真无有戚时。恐不必云得不得也。”

先生曰：“我辈致知，只是各随分限所及。今日良知见在如此，只随今日所知扩充到底；明日良知又有开悟，便从明日所知扩充到底。如此方是精一功夫。与人论学，亦须随人分限所及。如树有这些萌芽，只把这些水去灌溉。萌芽再长，便又加水。自拱把以至合抱，灌溉之功皆是随其分限所及。若些小萌芽，有一桶水在，尽要倾上，便浸坏他了。"

问"知行合一"，先生曰："此须识我立言宗旨。今人学问，只因知行分作两件，故有一念发动，虽是不善，然却未曾行，便不去禁止。我今说个知行合一，正要人晓得一念发动处，便即是行了。发动处有不善，就将这不善的念克倒了。须要彻根彻底，不使那一念不善潜伏在胸中。此是我立言宗旨。"

"圣人无所不知，只是知个天理；无所不能，只是能个天理。圣人本体明白，故事事知个天理所在，便去尽个天理。不是本体明后，却于天下事物都便知得，便做得来也。天下事物，如名物度数、草木鸟兽之类，不胜其烦。圣人须是本体明了，亦何缘能尽知得？但不必知的，圣人自不消求知；其所当知的，圣人自能问人。如'子入太庙，每事问'之类，先儒谓'虽知亦问，敬谨之至'，此说不可通。圣人于礼乐名物，不必尽知。然他知得一个天理，便自有许多节文度数出来。不知能问，亦即是天理节文所在。"

问："先生尝谓'善恶只是一物'。善恶两端，如冰炭相反，如何谓只一物？"先生曰："至善者，心之本体。本体上才过当些子，便是恶了。不是有一个善，却又有一个恶来相对也。故善恶只是一物。"直因闻先生之说，则知程

子所谓"善固性也,恶亦不可不谓之性"。又曰:"善恶皆
天理。谓之恶者本非恶,但于本性上过与不及之间耳。"
其说皆无可疑。

先生尝谓:"人但得好善如好好色,恶恶如恶恶臭,便
是圣人。"直初时闻之觉甚易,后体验得来,此个功夫著实
是难。如一念虽知好善恶恶,然不知不觉,又夹杂去了。
才有夹杂,便不是好善如好好色,恶恶如恶恶臭的心。善
能实实的好,是无念不善矣;恶能实实的恶,是无念及恶
矣:如何不是圣人? 故圣人之学,只是一诚而已。

问:"修道说言:'率性之谓道',属圣人分上事;'修道
之谓教',属贤人分上事。"先生曰:"众人亦率性也,但率
性在圣人分上较多,故'率性之谓道'属圣人事。圣人亦
修道也,但修道在贤人分上多,故'修道之谓教'属贤人
事。"又曰:"《中庸》一书,大抵皆是说修道的事。故后面
凡说君子,说颜渊,说子路,皆是能修道的;说小人,说贤
知愚不肖,说庶民,皆是不能修道的;其他言舜、文、周公、
仲尼至诚至圣之类,则又圣人之自能修道者也。"

问:"儒者到三更时分,扫荡胸中思虑,空空静静,与
释氏之静只一般,两下皆不用,此时何所分别?"先生曰:
"动静只是一个。那三更时分空空静静的,只是存天理,
即是如今应事接物的心。如今应事接物的心,亦是循此
天理,便是那三更时分空空静静的心。故动静只是一个,
分别不得。知得动静合一,释氏毫厘差处亦自莫掩矣。"

门人在座,有动止甚矜持者。先生曰:"人若矜持太
过,终是有弊。"曰:"矜持太过,如何有弊?"曰:"人只有许

多精神,若专在容貌上用功,则于中心照管不及者多矣。"有太直率者。先生曰:"如今讲此学,却外面全不检束,又分心与事为二矣。"

门人作文送友行,问先生曰:"作文字不免费思,作了后又一二日,常记在怀。"曰:"文字思索亦无害。但作了常记在怀,则为文所累,心中有一物矣,此则未可也。"又作诗送人,先生看诗毕,谓曰:"凡作文字要随我分限所及。若说得太过了,亦非修辞立诚矣。"

"文公格物之说,只是少头脑,如所谓'察之于念虑之微',此一句不该与'求之文字之中,验之于事为之著,索之讲论之际'混作一例看,是无轻重也。"

问"有所忿懥"一条,先生曰:"忿懥几件,人心怎能无得?只是不可有耳!凡人忿懥著了一分意思,便怒得过当,非廓然大公之体了。故有所忿懥,便不得其正也。如今于凡忿懥等件,只是个物来顺应,不要着一分意思,便心体廓然大公,得其本体之正了。且如出外见人相斗,其不是的,我心亦怒。然虽怒,却此心廓然,不曾动些子气。如今怒人,亦得如此,方才是正。"

先生尝言:"佛氏不著相,其实著了相。吾儒著相,其实不著相。"请问。曰:"佛怕父子累,却逃了父子;怕君臣累,却逃了君臣;怕夫妇累,却逃了夫妇:都是为个君臣、父子、夫妇著了相,便须逃避。如吾儒有个父子,还他以仁;有个君臣,还他以义;有个夫妇,还他以别:何曾著父子、君臣、夫妇的相?"

黄勉叔问:"心无恶念时,此心空空荡荡的,不知亦须存个善念否？"先生曰："既去恶念，便是善念，便复心之本体矣。譬如日光，被云来遮蔽，云去，光已复矣。若恶念既去，又要存个善念，即是日光之中添燃一灯。"已下门人黄修易录。

问："近来用功，亦颇觉妄念不生。但腔子里黑窣窣的，不知如何打得光明。"先生曰："初下手用功，如何腔子里便得光明？譬如奔流浊水，才贮在缸里，初然虽定，也只是昏浊的。须俟澄定既久，自然渣滓尽去，复得清来。汝只要在良知上用功。良知存久，黑窣窣自能光明矣。今便要责效，却是助长，不成工夫。"

先生曰："吾教人致良知，在格物上用功，却是有根本的学问。日长进一日，愈久愈觉精明。世儒教人事事物物上去寻讨，却是无根本的学问。方其壮时，虽暂能外面修饰，不见有过，老则精神衰迈，终须放倒。譬如无根之树，移栽水边，虽暂时鲜好，终久要憔悴。"

问"志于道"一章，先生曰："只'志道'一句，便含下面数句功夫，自住不得。譬如做此屋，志于道是念念要去择地鸠材，经营成个区宅。据德却是经画已成，有可据矣。依仁却是常常住在区宅内，更不离去。游艺却是加些画采，美此区宅。艺者，义也，理之所宜者也，如诵诗读书弹琴习射之类，皆所以调习此心，使之熟于道也。苟不志道而游艺，却如无状小子；不先去置造区宅，只管要去买画挂做门面，不知将挂在何处？"

问："读书所以调摄此心，不可缺的。但读之之时，一种科目意思牵引而来，不知何以免此？"先生曰："只要良知真切,虽做举业,不为心累;总有累亦易觉,克之而已。且如读书时,良知知得强记之心不是,即克去之;有欲速之心不是,即克去之;有夸多斗靡之心不是,即克去之:如此,亦只是终日与圣贤印对,是个纯乎天理之心。任他读书,亦只是调摄此心而已,何累之有?"曰:"虽蒙开示,奈资质庸下,实难免累。窃闻穷通有命,上智之人恐不屑此。不肖为声利牵缠,甘心为此,徒自苦耳。欲屏弃之,又制于亲,不能舍去,奈何?"先生曰:"此事归辞于亲者多矣,其实只是无志。志立得时,良知千事万为只是一事。读书作文安能累人?人自累于得失耳。"因叹曰:"此学不明,不知此处担阁了几多英雄汉!"

问:"'生之谓性',告子亦说得是,孟子如何非之?"先生曰:"固是性,但告子认得一边去了,不晓得头脑。若晓得头脑,如此说亦是。孟子亦曰'形色天性也',这也是指气说。"又曰:"凡人信口说,任意行,皆说此是依我心性出来,此是所谓生之谓性;然却要有过差。若晓得头脑,依吾良知上说出来,行将去,便自是停当。然良知亦只是这口说,这身行,岂能外得气,别有个去行去说?故曰:'论性不论气不备,论气不论性不明':气亦性也,性亦气也,但须认得头脑是当。"

又曰:"诸君功夫最不可助长。上智绝少,学者无超入圣人之理。一起一伏,一进一退,自是功夫节次。不可以我前日用得功夫了,今却不济,便要矫强,做出一个没破绽的模样。这便是助长,连前些子功夫都坏了。此非小过,譬如行路的人,遭一蹶跌,起来便走,不要欺人做那不曾跌倒的样子出来。诸君只要常常怀个'遁世无闷,不见是而无闷'之心,依此良知,忍耐做去,不管人非笑,不管人毁谤,不管人荣辱,任他功夫有进有退,我只是这致良知的主宰不息,久久自然有得力处,一切外事亦自能不动。"又曰:"人若著实用功,随人毁谤,随人欺慢,处处得益,处处是进德之资。若不用功,只是魔也,终被累倒。"

先生一日出游禹穴,顾田间禾曰:"能几何时,又如此长了。"范兆期在傍曰:"此只是有根。学问能自植根,亦不患无长。"先生曰:"人孰无根? 良知即是天植灵根,自生生不息;但著了私累,把此根戕贼蔽塞,不得发生耳。"

一友常易动气责人。先生警之曰:"学须反己。若徒责人,只见得人不是,不见自己非。若能反己,方见自己有许多未尽处,奚暇责人? 舜能化得象的傲,其机括只是不见象的不是。若舜只要正他的奸恶,就见得象的不是矣。象是傲人,必不肯相下,如何感化得他?"是友感悔。曰:"你今后只不要去论人之是非,凡尝责辨人时,就把做一件大己私克去方可。"

先生曰:"凡朋友问难,纵有浅近粗疏,或露才扬己,皆是病发。当因其病而药之可也;不可便怀鄙薄之心,非君子与人为善之心矣。"

问:"《易》,朱子主卜筮,程传主理,何如?"先生曰:"卜筮是理,理亦是卜筮。天下之理孰有大于卜筮者乎? 只为后世将卜筮专主在占卦上看了,所以看得卜筮似小艺。不知今之师友问答,博学、审问、慎思、明辨、笃行之类,皆是卜筮,卜筮者,不过求决狐疑,神明吾心而已。

《易》是问诸天人,有疑自信不及,故以《易》问天;谓人心尚有所涉,惟天不容伪耳。"

黄勉之问:"'无适也,无莫也,义之与比',事事要如此否?"先生曰:"固是事事要如此,须是识得个头脑乃可。义即是良知,晓得良知是个头脑,方无执著。且如受人馈送,也有今日当受的,他日不当受的;也有今日不当受的,他日当受的。你若执着了今日当受的,便一切受去,执着了今日不当受的,便一切不受去,便是适莫,便不是良知的本体,如何唤得做义?"已下门人黄省曾录:

问:"'思无邪'一言,如何便盖得三百篇之义?"先生曰:"岂特三百篇,《六经》只此一言便可该贯,以至穷古今天下圣贤的话,'思无邪'一言也可该贯。此外更有何说?此是一了百当的功夫。"

问"道心人心",先生曰:"'率性之谓道'便是道心。但着些人的意思在,便是人心。道心本是无声无臭,故曰'微'。依著人心行去,便有许多不安稳处,故曰'惟危'。"

问:"'中人以下不可以语上',愚的人与之语上尚且不进,况不与之语,可乎?"先生曰:"不是圣人终不与语。圣人的心,忧不得人人都做圣人。只是人的资质不同,施教不可躐等。中人以下的人,便与他说性说命,他也不省得,也须慢慢琢磨他起来。"

一友问:"读书不记得如何?"先生曰:"只要晓得,如何要记得?要晓得已是落第二义了,只要明得自家本体。若徒要记得,便不晓得;若徒要晓得,便明不得自家的本体。"

问:"'逝者如斯',是说自家心性活泼泼地否?"先生曰:"然。须要时时用致良知的功夫,方才活泼泼地,方才与他川水一般。若须臾间断,便与天地不相似。此是学问极至处,圣人也只如此。"

问"志士仁人"章,先生曰:"只为世上人都把生身命子看得来太重,不问当死不当死,定要宛转委曲保全,以此把天理却丢去了。忍心害理,何者不为?若违了天理,便与禽兽无异,便偷生在世上百千年,也不过做了千百年的禽兽。学者要于此等处看得明白。比干、龙逢只为他看得分明,所以能成就得他的人。"

问:"叔孙、武叔毁仲尼,大圣人如何犹不免于毁谤?"先生曰:"毁谤自外来的,虽圣人如何免得?人只贵于自修,若自己实实落落是个圣贤,纵然人都毁他,也说他不著。却若浮云掩日,如何损得日的光明?若自己是个象恭色庄,不坚不介的,纵然没一个人说他,他的恶愿终须一日发露。所以孟子说'有求全之毁,有不虞之誉'。毁誉在外的,安能避得?只要自修何如尔!"

刘君亮要在山中静坐。先生曰:"汝若以厌外物之心去求之静,是反养成一个骄惰之气了。汝若不厌外物,复于静处涵养,却好。"

王汝中、省曾侍坐。先生握扇命曰:"你们用扇。"省曾起对曰:"不敢。"先生曰:"圣人之学,不是这等捆缚苦楚的,不是妆做道学的模样。"汝中曰:"观'仲尼与曾点言志'一章略见。"先生曰:"然。以此章观之,圣人何等宽洪包含气象！且为师者问志于群弟子，三子皆整顿以对。
至于曾点，飘飘然不看那三子在眼，自去鼓起瑟来，何等
狂态。及至言志，又不对师之问目，都是狂言。设在伊
川，或斥骂起来了。圣人乃复称许他，何等气象！圣人教
人，不是个束缚他通做一般：只如狂者便从狂处成就他，
狷者便从狷处成就他。人之才气如何同得？"

先生语陆元静曰："元静少年亦要解《五经》，志亦好
博。但圣人教人，只怕人不简易，他说的皆是简易之规。
以今人好博之心观之，却似圣人教人差了。"

先生曰："孔子无不知而作；颜子有不善，未尝不知：
此是圣学真血脉路。"

何廷仁、黄正之、李侯璧、汝中、德洪侍坐，先生顾而
言曰："汝辈学问不得长进，只是未立志。"侯璧起而对曰：
"琪亦愿立志。"先生曰："难说不立，未是必为圣人之志
耳。"对曰："愿立必为圣人之志。"先生曰："你真有圣人之
志，良知上更无不尽。良知上留得些子别念挂带，便非必
为圣人之志矣。"洪初闻时，心若未服，听说到此，不觉悚
汗。

先生曰："良知是造化的精灵。这些精灵，生天生地，
成鬼成帝，皆从此出，真是与物无对。人若复得他完完全
全，无少亏欠，自不觉手舞足蹈，不知天地间更有何乐可
代。"

一友静坐有见，驰问先生。答曰："吾昔居滁时，见诸
生多务知解，口耳异同，无益于得，姑教之静坐。一时窥
见光景，颇收近效。久之，渐有喜静厌动，流入枯槁之病。

或务为玄解妙觉,动人听闻。故迩来只说致良知。良知
明白,随你去静处体悟也好,随你去事上磨炼也好,良知
本体原是无动无静的。此便是学问头脑。我这个话头自
滁州到今,亦较过几番,只是致良知三字无病。医经折
肱,方能察人病理。"

一友问:"功夫欲得此知时时接续,一切应感处反觉
照管不及。若去事上周旋,又觉不见了。如何则可?"先
生曰:"此只认良知未真,尚有内外之间。我这里功夫,不
由人急心认得。良知头脑,是当去朴实用功,自会透彻。
到此便是内外两忘,又何心事不合一?"

又曰:"功夫不是透得这个真机,如何得他充实光辉?
若能透得时,不由你聪明知解接得来。须胸中渣滓浑化,
不使有毫发沾带,始得。"

先生曰:"'天命之谓性',命即是性。'率性之谓道',
性即是道。'修道之谓教',道即是教。"问:"如何道即是
教?"曰:"道即是良知。良知原是完完全全,是的还他是,
非的还他非,是非只依著他,更无有不是处。这良知还是
你的明师。"

问:"'不睹不闻'是说本体,'戒慎恐惧'是说功夫
否?"先生曰:"此处须信得本体原是不睹不闻的,亦原是
戒慎恐惧的。戒慎恐惧,不曾在不睹不闻上加得些子。
见得真时,便谓戒慎恐惧是本体,不睹不闻是功夫,亦
得。"

问"通乎昼夜之道而知",先生曰:"良知原是知昼知
夜的。"又问"人睡熟时良知亦不知了",曰:"不知何以一

叫便应?"曰:"良知常知,如何有睡熟时?"曰:"向晦宴息,此亦造化常理。夜来天地混沌,形色俱泯,人亦耳目无所睹闻,众窍俱翕,此即良知收敛凝一时。天地既开,庶物露生,人亦耳目有所睹闻,众窍俱辟,此即良知妙用发生时。可见人心与天地一体,故上下与天地同流。今人不会宴息,夜来不是昏睡,即是忘思魇寐。"曰:"睡时功夫如何用?"先生曰:"知昼即知夜矣。日间良知是顺应无滞的,夜间良知即是收敛凝一的,有梦即先兆。"

又曰:"良知在夜气发的方是本体,以其无物欲之杂也。学者要使事物纷扰之时,常如夜气一般,就是通乎昼夜之道而知。"

先生曰:"仙家说到虚,圣人岂能虚上加得一毫实?佛氏说到无,圣人岂能无上加得一毫有?但仙家说虚,从养生上来;佛氏说无,从出离生死苦海上来:却于本体上加却这些子意思在,便不是他虚无的本色了,便于本体有障碍。圣人只是还他良知的本色,更不着些子意在。良知之虚,便是天之太虚;良知之无,便是太虚之无形。日月风雷山川民物,凡有貌象形色,皆在太虚无形中发用流行,未尝作得天的障碍。圣人只是顺其良知之发用,天地万物,俱在我良知的发用流行中,何尝又有一物超于良知之外,能作得障碍?"

或问:"释氏亦务养心,然要之不可以治天下,何也?"先生曰:"吾儒养心,未尝离却事物,只顺其天则自然,就是功夫。释氏却要尽绝事物,把心看做幻相,渐入虚寂去了,与世间若无些子交涉,所以不可治天下。"

或问"异端",先生曰："与愚夫愚妇同的,是谓同德。与愚夫愚妇异的,是谓异端。"

先生曰："孟子不动心,告子不动心,所异只在毫厘间。告子只在不动心上著功,孟子便直从此心原不动处分晓。心之本体原是不动的,只为所行有不合义,便动了。孟子不论心之动与不动,只是集义,所行无不是义,此心自然无可动处。若告子只要此心不动,便是把捉此心,将他生生不息之根反阻挠了。此非徒无益,而又害之。孟子集义工夫,自是养得充满,并无馁歉;自是纵横自在,活泼泼地:此便是浩然之气。"

又曰："告子病源从'性无善无不善'上见来。性无善无不善,虽如此说,亦无大差;但告子执定看了,便有个无善无不善的性在内。有善有恶又在物感上看,便有个物在外。却做两边看了,便会差。无善无不善,性原是如此,悟得及时,只此一句便尽了,更无有内外之间。告子见一个性在内,见一个物在外,便见他于性有未透彻处。"

朱本思问:"人有虚灵,方有良知。若草木瓦石之类,亦有良知否?"先生曰:"人的良知,就是草木瓦石的良知。若草木瓦石无人的良知,不可以为草木瓦石矣。岂惟草木瓦石为然,天地无人的良知,亦不可为天地矣。盖天地万物与人原是一体,其发窍之最精处,是人心一点灵明。风、雨、露、雷、日、月、星、辰、禽、兽、草、木、山、川、土、石,与人原只一体。故五谷禽兽之类,皆可以养人;药石之类,皆可以疗疾:只为同此一气,故能相通耳。"

先生游南镇,一友指岩中花树问曰:"天下无心外之物,如此花树,在深山中自开自落,于我心亦何相关?"先生曰:"你未看此花时,此花与汝心同归于寂。你来看此花时,则此花颜色一时明白起来。便知此花不在你的心外。"

问:"大人与物同体,如何《大学》又说个厚薄?"先生曰:"惟是道理,自有厚薄。比如身是一体,把手足捍头目,岂是偏要薄手足,其道理合如此。禽兽与草木同是爱的,把草木去养禽兽,又忍得。人与禽兽同是爱的,宰禽兽以养亲,与供祭祀,燕宾客,心又忍得。至亲与路人同是爱的,如箪食豆羹,得则生,不得则死,不能两全,宁救至亲,不救路人,心又忍得。这是道理合该如此。及至吾身与至亲,更不得分别彼此厚薄。盖以仁民爱物,皆从此出;此处可忍,更无所不忍矣。《大学》所谓厚薄,是良知上自然的条理,不可逾越,此便谓之义;顺这个条理,便谓之礼;知此条理,便谓之智;终始是这条理,便谓之信。"

又曰:"目无体,以万物之色为体;耳无体,以万物之声为体;鼻无体,以万物之臭为体;口无体,以万物之味为体;心无体,以天地万物感应之是非为体。"

问"夭寿不贰",先生曰:"学问功夫,于一切声利嗜好俱能脱落殆尽,尚有一种生死念头毫发挂带,便于全体有未融释处。人于生死念头,本从生身命根上带来,故不易去。若于此处见得破,透得过,此心全体方是流行无碍,方是尽性至命之学。"

一友问:"欲于静坐时将好名、好色、好货等根逐一搜寻,扫除廓清,恐是剜肉做疮否?"先生正色曰:"这是我医人的方子，真是去得人病根。更有大本事人，过了十数年，亦还用得著。你如不用，且放起，不要作坏我的方子。"是友愧谢。少间曰："此量非你事，必吾门稍知意思者为此说以误汝。"在坐者皆悚然。

一友问"功夫不切"，先生曰："学问功夫，我已曾一句道尽，如何今日转说转远，都不著根？"对曰："致良知盖闻教矣，然亦须讲明。"先生曰："既知致良知，又何可讲明？良知本是明白，实落用功便是。不肯用功，只在语言上转说转糊涂。"曰："正求讲明致之之功。"先生曰："此亦须你自家求，我亦无别法可道。昔有禅师，人来问法，只把麈尾提起。一日，其徒将麈尾藏过，试他如何设法。禅师寻麈尾不见，又只空手提起。我这个良知就是设法的麈尾，舍了这个，有何可提得？"少间，又一友请问"功夫切要"，先生旁顾曰："我麈尾安在？"一时在坐者皆跃然。

或问"至诚前知"，先生曰："诚是实理，只是一个良知。实理之妙用流行就是神，其萌动处就是几，诚神几曰圣人。圣人不贵前知。祸福之来，虽圣人有所不免。圣人只是知几，遇变而通耳。良知无前后，只知得见在的几，便是一了百了。若有个前知的心，就是私心，就有趋避利害的意。邵子必于前知，终是利害心未尽处。"

先生曰："无知无不知，本体原是如此。譬如日未尝有心照物，而自无物不照。无照无不照，原是日的本体。良知本无知，今却要有知；本无不知，今却疑有不知，只是信不及耳！"

先生曰："惟天下至圣，为能聪明睿智，旧看何等玄妙,今看来原是人人自有的。耳原是聪,目原是明,心思原是睿智,圣人只是一能之尔。能处正是良知,众人不能,只是个不致知,何等明白简易!"

问:"孔子所谓'远虑',周公'夜以继日',与'将迎'不同。何如?"先生曰:"远虑不是茫茫荡荡去思虑,只是要存这天理。天理在人心,亘古亘今,无有终始;天理即是良知,千思万虑,只是要致良知。良知愈思愈精明,若不精思,漫然随事应去,良知便粗了。若只着在事上茫茫荡荡去思,教做远虑,便不免有毁誉得丧人欲搀入其中,就是将迎了。周公终夜以思,只是戒慎不睹、恐惧不闻的功夫,见得时,其气象与将迎自别。"

问:"'一日克己复礼,天下归仁。'朱子作效验说,如何?"先生曰:"圣贤只是为己之学,重功夫不重效验。仁者以万物为体,不能一体,只是己私未忘。全得仁体,则天下皆归于吾。仁就是八荒皆在我闼意,天下皆与,其仁亦在其中。如在邦无怨,在家无怨,亦只是自家不怨,如'不怨天,不尤人'之意。然家邦无怨,于我亦在其中,但所重不在此。"

问:"孟子'巧力圣智'之说,朱子云:'三子力有余而巧不足。'何如?"先生曰:"三子固有力,亦有巧,巧力实非两事。巧亦只在用力处,力而不巧,亦是徒力。三子譬如射:一能步箭,一能马箭,一能远箭;他射得到,俱谓之力,中处俱可谓之巧。但步不能马,马不能远,各有所长,便是才力分限有不同处;孔子则三者皆长。然孔子之和,只到得柳下惠而极;清,只到得伯夷而极;任,只到得伊尹而极。何曾加得些子？若谓三子力有余而巧不足，则其力反过孔子了。巧力只是发明圣知之义，若识得圣知本体是何物，便自然了。”

先生曰："'先天而天弗违'，天即良知也；'后天而奉天时'，良知即天也。"

"良知只是个是非之心，是非只是个好恶，只好恶就尽了是非，只是非就尽了万事万变。"又曰："是非两字，是个大规矩，巧处则存乎其人。"

"圣人之知，如青天之日；贤人如浮云天日；愚人如阴霾天日；虽有昏明不同，其能辨黑白则一。虽昏黑夜里，亦影影见得黑白，就是日之余光未尽处；困学功夫，亦只从这点明处精察去耳！"

问："知譬日，欲譬云，云虽能蔽日，亦是天之一气合有的，欲亦莫非人心合有否？"先生曰："喜怒哀惧爱恶欲，谓之七情。七者俱是人心合有的，但要认得良知明白。比如日光，亦不可指着方所；一隙通明，皆是日光所在，虽云雾四塞，太虚中色象可辨，亦是日光不灭处，不可以云能蔽日，教天不要生云。七情顺其自然之流行，皆是良知之用，不可分别善恶，但不可有所着；七情有着，俱谓之欲，俱为良知之蔽；然才有着时，良知亦自会觉，觉即蔽去，复其体矣！此处能勘得破，方是简易透彻功夫。"

问："圣人生知安行，是自然的，如何有甚功夫？"先生曰："知行二字即是功夫，但有浅深难易之殊耳。良知原是精精明明的。如欲孝亲，生知安行的，只是依此良知，实落尽孝而已；学知利行者，只是时时省觉，务要依此良知尽孝而已；至于困知勉行者,蔽锢已深,虽要依此良知去孝,又为私欲所阻,是以不能,必须加人一己百、人十己千之功,方能依此良知以尽其孝。圣人虽是生知安行,然其心不敢自是,肯做困知勉行的功夫。困知勉行的,却要思量做生知安行的事,怎生成得！”

问：“乐是心之本体,不知遇大故于哀哭时,此乐还在否？”先生曰：“须是大哭一番方乐,不哭便不乐矣。虽哭,此心安处,即是乐也,本体未尝有动。”

问：“良知一而已：文王作《彖》,周公系《爻》,孔子赞《易》,何以各自看理不同？”先生曰：“圣人何能拘得死格？大要出于良知同,便各为说何害？且如一园竹,只要同此枝节,便是大同。若拘定枝枝节节,都要高下大小一样,便非造化妙手矣。汝辈只要去培养良知。良知同,更不妨有异处。汝辈若不肯用功,连笋也不曾抽得,何处去论枝节？”

乡人有父子讼狱,请诉于先生,侍者欲阻之。先生听之,言不终辞,其父子相抱恸哭而去。柴鸣治入问曰：“先生何言,致伊感悔之速？”先生曰：“我言舜是世间大不孝的子,瞽瞍是世间大慈的父。”鸣治愕然请问。先生曰：“舜常自以为大不孝,所以能孝。瞽瞍常自以为大慈,所以不能慈。瞽瞍只记得舜是我提孩长的,今何不曾豫悦我,不知自心已为后妻所移了,尚谓自家能慈,所以愈不能慈。舜只思父提孩我时如何爱我,今日不爱,只是我不能尽孝,日思所以不能尽孝处,所以愈能孝。及至瞽瞍底豫时,又不过复得此心原慈的本体。所以后世称舜是个古今大孝的子，瞽瞍亦做成个慈父。"

先生曰："孔子有鄙夫来问，未尝先有知识以应之，其心只空空而已；但叩他自知的是非两端，与之一剖决，鄙夫之心便已了然。鄙夫自知的是非，便是他本来天则，虽圣人聪明，如何可与增减得一毫？他只不能自信，夫子与之一剖决，便已竭尽无余了。若夫子与鄙夫言时，留得些子知识在，便是不能竭他的良知，道体即有二了。"

先生曰："'烝烝乂，不格奸'，本注说象已进进于义，不至大为奸恶。舜徵庸后，象犹日以杀舜为事，何大奸恶如之。舜只是自进于义，以乂薰烝，不去正他奸恶。凡文过掩慝，此是恶人常态，若要指摘他是非，反去激他恶性。舜初时致得象要杀己，亦是要象好的心太急，此就是舜之过处，经过来，乃知功夫只在自己，不去责人，所以致得克谐，此是舜动心忍性，增益不能处。古人言语，俱是自家经历过来，所以说得亲切；遗之后世，曲当人情。若非自家经过，如何得他许多苦心处？"

先生曰："古乐不作久矣。今之戏子，尚与古乐意思相近。"未达，请问。先生曰："《韶》之九成，便是舜的一本戏子。《武》之九变，便是武王的一本戏子。圣人一生实事，俱播在乐中。所以有德者闻之，便知他尽善尽美，与尽美未尽善处。若后世作乐，只是做些词调，于民俗风化绝无关涉，何以化民善俗？今要民俗反朴还淳，取今之戏子，将妖淫词调俱去了，只取忠臣孝子故事，使愚俗百姓人人易晓，无意中感激他良知起来，却于风化有益。然后古乐渐次可复矣。"曰："洪要求元声不可得，恐于古乐亦难复。"先生曰:"你说元声在何处求?"对曰:"古人制管候气,恐是求元声之法。"先生曰:"若要去葭灰黍粒中求元声,却如水底捞月,如何可得? 元声只在你心上求。"曰:"心如何求?"先生曰:"古人为治,先养得人心和平,然后作乐。比如在此歌诗,你的心气和平,听者自然悦怿兴起。只此便是元声之始。《书》云'诗言志',志便是乐的本。'歌永言',歌便是作乐的本。'声依永,律和声',律只要和声,和声便是制律的本。何尝求之于外?"曰:"古人制候气法,是意何取?"先生曰:"古人具中和之体以作乐。我的中和,原与天地之气相应;候天地之气,协凤凰之音,不过去验我的气果和否,此是成律已后事,非必待此以成律也。今要候灰管,先须定至日。然至日子时恐又不准,又何处取得准来?"

先生曰:"学问也要点化,但不如自家解化者,自一了百当。不然,亦点化许多不得。"

"孔子气魄极大,凡帝王事业,无不一一理会,也只从那心上来。譬如大树,有多少枝叶,也只是根本上用得培养功夫,故自然能如此,非是从枝叶上用功做得根本也。学者学孔子,不在心上用功,汲汲然去学那气魄,却倒做了。"

"人有过,多于过上用功,就是补甑,其流必归于文过。"

"今人于吃饭时,虽然一事在前,其心常役役不宁,只缘此心忙惯了,所以收摄不住。"

"琴瑟简编,学者不可无;盖有业以居之,心就不放。"

先生叹曰："世间知学的人，只有这些病痛打不破，就不是善与人同。"崇一曰："这病痛只是个好高不能忘己尔。"

问："良知原是中和的，如何却有过不及？"先生曰："知得过不及处，就是中和。"

"所恶于上，是良知；毋以使下，即是致知。"

先生曰："苏秦、张仪之智也，是圣人之资。后世事业文章，许多豪杰名家，只是学得仪、秦故智。仪、秦学术善揣摸人情，无一些不中人肯綮，故其说不能穷。仪、秦亦是窥见得良知妙用处，但用之于不善尔。"

或问"未发已发"，先生曰："只缘后儒将未发已发分说了，只得劈头说个无未发已发，使人自思得之。若说有个已发未发，听者依旧落在后儒见解。若真见得无未发已发，说个有未发已发，原不妨原有个未发已发在。"问曰："未发未尝不和，已发未尝不中；譬如钟声，未扣不可谓无，即扣不可谓有，毕竟有个扣与不扣，何如？"先生曰："未扣时原是惊天动地，即扣时也只是寂天寞地。"

问："古人论性，各有异同，何者乃为定论？"先生曰："性无定体，论亦无定体，有自本体上说者，有自发用上说者，有自源头上说者，有自流弊处说者。总而言之，只是一个性，但所见有浅深尔。若执定一边，便不是了。性之本体原是无善无恶的，发用上也原是可以为善，可以为不善的，其流弊也原是一定善一定恶的。譬如眼有喜时的眼，有怒时的眼，直视就是看的眼，微视就是觑的眼。总而言之，只是这个眼，若见得怒时眼，就说未尝有喜的眼，见得看时眼,就说未尝有觑的眼,皆是执定,就知是错。孟子说性,直从源头上说来,亦是说个大概如此。荀子性恶之说,是从流弊上说来,也未可尽说他不是,只是见得未精耳。众人则失了心之本体。"问:"孟子从源头上说性,要人用功在源头上明彻;荀子从流弊说性,功夫只在末流上救正,便费力了。"先生曰:"然。"

先生曰:"用功到精处,愈着不得言语,说理愈难。若着意在精微上,全体功夫反蔽泥了。"

"杨慈湖不为无见,又着在无声无臭上见了。"

"人一日间,古今世界都经过一番,只是人不见耳。夜气清明时,无视无听,无思无作,淡然平怀,就是羲皇世界。平旦时,神清气朗,雍雍穆穆,就是尧、舜世界。日中以前,礼仪交会,气象秩然,就是三代世界。日中以后,神气渐昏,往来杂扰,就是春秋、战国世界。渐渐昏夜,万物寝息,景象寂寥,就是人消物尽世界。学者信得良知过,不为气所乱,便常做个羲皇已上人。"

薛尚谦、邹谦之、马子莘、王汝止侍坐,因叹先生自征宁藩已来,天下谤议益众,请各言其故。有言先生功业势位日隆,天下忌之者日众;有言先生之学日明,故为宋儒争是非者亦日博;有言先生自南都以后,同志信从者日众,而四方排阻者日益力。先生曰:"诸君之言,信皆有之,但吾一段自知处,诸君俱未道及耳。"诸友请问。先生曰:"我在南都已前,尚有些子乡愿的意思在。我今信得这良知真是真非,信手行去,更不着些覆藏。我今才做得个狂者的胸次,使天下之人都说我行不掩言也罢。"尚谦出,曰:"信得此过,方是圣人的真血脉。"

先生锻炼人处,一言之下,感人最深。一日,王汝止出游归,先生问曰:"游何见?"对曰:"见满街人都是圣人。"先生曰:"你看满街人是圣人,满街人到看你是圣人在。"又一日,董萝石出游而归,见先生曰:"今日见一异事。"先生曰:"何异?"对曰:"见满街人都是圣人。"先生曰:"此亦常事耳,何足为异?"盖汝止圭角未融,萝石恍见有悟,故问同答异,皆反其言而进之。洪与黄正之、张叔谦、汝中丙戌会试归,为先生道途中讲学,有信有不信。先生曰:"你们拿一个圣人去与人讲学,人见圣人来,都怕走了,如何讲得行。须做得个愚夫愚妇,方可与人讲学。"洪又言:"今日要见人品高下最易。"先生曰:"何以见之?"对曰:"先生譬如泰山在前,有不知仰者,须是无目人。"先生曰:"泰山不如平地大,平地有何可见?"先生一言剪裁,剖破终年为外好高之病,在座者莫不悚惧。

癸未春,邹谦之来越问学,居数日,先生送别于浮峰。是夕,与希渊诸友移舟宿延寿寺,秉烛夜坐。先生慨怅不已,曰:"江涛烟柳,故人倏在百里外矣!"一友问曰:"先生何念谦之之深也?"先生曰:"曾子所谓以能问于不能,以多问于寡,有若无,实若虚,犯而不较,若谦之者,良近之矣!"

丁亥年九月,先生起复征思、田。将命行时,德洪与汝中论学。汝中举先生教言,曰:"无善无恶是心之体,有善有恶是意之动,知善知恶是良知,为善去恶是格物。"德洪曰:"此意如何?"汝中曰:"此恐未是究竟话头。若说心体是无善无恶,意亦是无善无恶的意,知亦是无善无恶的知,物是无善无恶的物矣。若说意有善恶,毕竟心体还有善恶在。"德洪曰:"心体是天命之性,原是无善无恶的。但人有习心,意念上见有善恶在,格致诚正,修此正是复那性体功夫。若原无善恶,功夫亦不消说矣。"是夕侍坐天泉桥,各举请正。先生曰:"我今将行,正要你们来讲破此意。二君之见正好相资为用,不可各执一边;我这里接人原有此二种。利根之人直从本源上悟入。人心本体原是明莹无滞的,原是个未发之中。利根之人一悟本体,即是功夫,人己内外,一齐俱透了。其次不免有习心在,本体受蔽,故且教在意念上实落为善去恶。功夫熟后,渣滓去得尽时,本体亦明尽了。汝中之见,是我这里接利根人的;德洪之见,是我这里为其次立法的。二君相取为用,则中人上下皆可引入于道。若各执一边,眼前便有失人,便于道体各有未尽。"既而曰:"已后与朋友讲学,切不可失了我的宗旨:无善无恶是心之体,有善有恶是意之动,知善知恶的是良知,为善去恶是格物,只依我这话头随人指点,自没病痛。此原是彻上彻下功夫。利根之人,世亦难遇,本体功夫,一悟尽透。此颜子、明道所不敢承当,岂可轻易望人! 人有习心,不教他在良知上实用为善去恶功夫,只去悬空想个本体,一切事为俱不着实,不过养成一个虚寂。此个病痛不是小小,不可不早说破。"是日德洪、汝中俱有省。

　　先生初归越时,朋友踪迹尚寥落,既后四方来游者日进。癸未年已后,环先生而居者比屋,如天妃、光相诸刹,每当一室,常合食者数十人;夜无卧处,更相就席;歌声彻昏旦。南镇、禹穴、阳明洞诸山远近寺刹,徙足所到,无非同志游寓所在。先生每临讲座,前后左右环坐而听者常不下数百人,送往迎来,月无虚日;至有在侍更岁,不能遍记其姓名者。每临别,先生常叹曰:"君等虽别,不出在天地间,苟同此志,吾亦可以忘形似矣!"诸生每听讲出门,未尝不跳跃称快。尝闻之同门先辈曰:"南都以前,朋友从游者虽众,未有如在越之盛者。此虽讲学日久,孚信渐博,要亦先生之学日进,感召之机申变无方,亦自有不同也。"此后黄以方录。

黄以方问:"博学于文,为随事学存此天理;然则谓行有余力,则以学文,其说似不相合。"先生曰:"《诗》、《书》、六艺皆是天理之发见,文字都包在其中。考之《诗》、《书》、六艺,皆所以学存此天理也。不特发见于事为者方为文耳。余力学文,亦只博学于文中事。"

或问"学而不思"二句,曰:"此亦有为而言,其实思即学也。学有所疑,便须思之。思而不学者,盖有此等人只悬空去思,要想出一个道理,却不在身心上实用其力,以学存此天理。思与学作两事做,故有罔与殆之病。其实思只是思其所学,原非两事也。"

先生曰:"先儒解格物为格天下之物,天下之物如何格得? 且谓一草一木亦皆有理,今如何去格? 纵格得草木来,如何反来诚得自家意? 我解格作正字义,物作事字义,《大学》之所谓身,即耳目口鼻四肢是也。欲修身,便是要目非礼勿视,耳非礼勿听,口非礼勿言,四肢非礼勿动。要修这个身,身上如何用得工夫? 心者身之主宰,目虽视而所以视者心也,耳虽听而所以听者心也,口与四肢虽言动而所以言动者心也,故欲修身在于体当自家心体,常令廓然大公,无有些子不正处。主宰一正,则发窍于目,自无非礼之视;发窍于耳,自无非礼之听;发窍于口与四肢,自无非礼之言动:此便是修身在正其心。然至善者,心之本体也。心之本体,那有不善?如今要正心,本体上何处用得功?必就心之发动处才可著力也。心之发动不能无不善,故须就此处著力,便是在诚意。如一念发在好善上,便实实落落去好善;一念发在恶恶上,便实实落落去恶恶。意之所发,既无不诚,则其本体如何有不正的?故欲正其心在诚意。工夫到诚意,始有着落处。然诚意之本,又在于致知也。所谓人虽不知,而己所独知者,此正是吾心良知处。然知得善,却不依这个良知便做去,知得不善,却不依这个良知便不去做,则这个良知便遮蔽了,是不能致知也。吾心良知既不能扩充到底,则善虽知好,不能著实好了;恶难知恶,不能著实恶了,如何得意诚?故致知者,意诚之本也。然亦不是悬空的致知,致知在实事上格。如意在于为善,便就这件事上去为;意在于去恶,便就这件事上去不为。去恶固是格不正以归于正,为善则不善正了,亦是格不正以归于正也。如此,则吾心良知无私欲蔽了,得以致其极,而意之所发,好善去恶,无有不诚矣!诚意工夫,实下手处在格物也。若如此格物,人人便做得,‘人皆可以为尧、舜’,正在此也。”

先生曰:“众人只说格物要依晦翁,何曾把他的说去用?我着实曾用来。初年与钱友同论做圣贤,要格天下

之物,如今安得这等大的力量?因指亭前竹子,令去格
看。钱子早夜去穷格竹子的道理,竭其心思,至于三日,
便致劳神成疾。当初说他这是精力不足,某因自去穷格。
早夜不得其理,到七日,亦以劳思致疾。遂相与叹圣贤是
做不得的,无他大力量去格物了。及在夷中三年,颇见得
此意思乃知天下之物本无可格者。其格物之功,只在身
心上做,决然以圣人为人人可到,便自有担当了。这里意
思,却要说与诸公知道。"

门人有言邵端峰论童子不能格物,只教以洒扫应对
之说。先生曰:"洒扫应对就是一件物,童子良知只到此,
便教去洒扫应对,就是致他这一点良知了。又如童子知
畏先生长者,此亦是他良知处。故虽嬉戏中见了先生长
者,便去作揖恭敬,是他能格物以致敬师长之良知了。童
子自有童子的格物致知。"又曰:"我这里言格物,自童子
以至圣人,皆是此等工夫。但圣人格物,便更熟得些子,
不消费力。如此格物,虽卖柴人亦是做得,虽公卿大夫以
至天子,皆是如此做。"

或疑知行不合一,以"知之匪艰"二句为问。先生曰:
"良知自知,原是容易的。只是不能致那良知,便是'知之
匪艰,行之惟艰'。"

门人问曰:"知行如何得合一?且如《中庸》,言'博学
之',又说个'笃行之',分明知行是两件。"先生曰:"博学
只是事事学存此天理,笃行只是学之不已之意。"又问:
"《易》'学以聚之',又言'仁以行之',此是如何?"先生曰:
"也是如此。事事去学存此天理,则此心更无放失时,故

曰'学以聚之'，然常常学存此天理，更无私欲间断，此即是此心不息处，故曰'仁以行之'。"又问："孔子言知及之，仁不能守之，知行却是两个了？"先生曰："说及之已是行了，但不能常常行，已为私欲间断，便是仁不能守。"又问："心即理之说，程子云'在物为理'，如何谓心即理？"先生曰："在物为理，在字上当添一心字，此心在物则为理。如此心在事父则为孝，在事君则为忠之类。"先生因谓之曰："诸君要识得我立言宗旨。我如今说个心即理是如何，只为世人分心与理为二故，便有许多病痛。如五伯攘夷狄，尊周室，都是一个私心，便不当理。人却说他做得当理，只心有未纯，往往悦慕其所为，要来外面做得好看，却与心全不相干。分心与理为二，其流至于伯道之伪而不自知。故我说个心即理，要使知心理是一个，便来心上做工夫，不去袭义于义，便是王道之真。此我立言宗旨。"又问："圣贤言语许多，如何却要打做一个？"曰："我不是要打做一个，如曰'夫道，一而已矣'，又曰'其为物不二，则其生物不测'，天地圣人皆是一个，如何二得？"

"心不是一块血肉，凡知觉处便是心，如耳目之知视听，手足之知痛痒，此知觉便是心也。"

以方问曰："先生之说格物，凡《中庸》之慎独及集义、博约等说，皆为格物之事。"先生曰："非也。格物即慎独，即戒惧。至于集义、博约工夫只一般，不是以那数件都做格物底事。"

以方问"尊德性"一条，先生曰："道问学即所以尊德性也。晦翁言'子静以尊德性诲人，某教人岂不是道问学处多了些子',是分尊德性、道问学作两件。且如今讲习讨论,下许多工夫,无非只是存此心,不失其德性而已。岂有尊德性,只空空去尊,更不去问学? 问学只是空空去问学,更与德性无关涉? 如此,则不知今之所以讲习讨论者,更学何事!"问"致广大"二句,曰:"尽精微即所以致广大也,道中庸即所以极高明也。盖心之本体自是广大底,人不能尽精微,则便为私欲所蔽,有不胜其小者矣。故能细微曲折无所不尽,则私意不足以蔽之,自无许多障碍遮隔处,如何广大不致?"又问:"精微还是念虑之精微,是事理之精微?"曰:"念虑之精微即事理之精微也。"

先生曰:"今之论性者纷纷异同,皆是说性,非见性也。见性者无异同之可言矣。"

问:"声色货利,恐良知亦不能无。"先生曰:"固然。但初学用功,却须扫除荡涤,勿使留积,则适然来遇,始不为累,自然顺而应之。良知只在声色货利上用功,能致得良知,精精明明,毫发无蔽,则声色货利之交,无非天则流行矣。"

先生曰:"吾与诸公讲致知格物,日日是此,讲一二十年俱是如此。诸君听吾言,实去用功,见吾讲一番,自觉长进一番。否则,只作一场话说,虽听之亦何用?"

先生曰:"人之本体常常是寂然不动的,常常是感而遂通的。未应不是先,已应不是后。"

一友举"佛家以手指显出,问曰:'众曾见否?'众曰:'见之。'复以手指入袖,问曰:'众还见否?'众曰:'不见。'佛说还未见性。此义未明"。先生曰:"手指有见有不见,尔之见性常在。人之心神只在有睹有闻上驰骛,不在不睹不闻上着实用功。盖不睹不闻是良知本体,戒慎恐惧是致良知的工夫。学者时时刻刻常睹其所不睹,常闻其所不闻,工夫方有个实落处。久久成熟后,则不须著力,不待防检,而真性自不息矣。岂以在外者之闻见为累哉!"

问:"先儒谓:鸢飞鱼跃,与必有事焉同一活泼泼地。"先生曰:"亦是。天地间活泼泼地,无非此理,便是吾良知的流行不息。致良知便是必有事的工夫。此理非惟不可离,实亦不得而离也:无往而非道,无往而非工夫。"

先生曰:"诸公在此,务要立个必为圣人之心,时时刻刻,须是一棒一条痕,一掴一掌血,方能听吾说话句句得力。若茫茫荡荡度日,譬如一块死肉,打也不知得痛痒,恐终不济事。回家只寻得旧时伎俩而已,岂不惜哉!"

问:"近来妄念也觉少,亦觉不曾着想定要如何用功,不知此是工夫否?"先生曰:"汝且去着实用功,便多这些着想也不妨,久久自会妥帖。若才下得些功,便说效验,何足为恃?"

一友自叹:"私意萌时,分明自心知得,只是不能使他即去。"先生曰:"你萌时这一知处,便是你的命根。当下即去消磨,便是立命工夫。"

"夫子说'性相近',即孟子说'性善',不可专在气质上说。若说气质,如刚与柔对,如何相近得?惟性善则同耳。人生初时,善原是同的。但刚的习于善则为刚善,习于恶则为刚恶;柔的习于善则为柔善,习于恶则为柔恶;

便日相远了。"

先生尝语学者曰："心体上着不得一念留滞,就如眼着不得些子尘沙。些子能得几多? 满眼便昏天黑地了。"又曰："这一念不但是私念,便好的念头,亦着不得些子。如眼中放些金玉屑,眼亦开不得了。"

问："人心与物同体,如吾身原是血气流通的,所以谓之同体。若于人便异体了。禽兽草木益远矣,而何谓之同体?"先生曰："你只在感应之几上看,岂但禽兽草木,虽天地也与我同体的,鬼神也与我同体的。"请问。先生曰:"你看这个天地中间,甚么是天地的心?"对曰:"尝闻人是天地的心。"曰:"人又甚么教做心?"对曰:"只是一个灵明。""可知充天塞地中间,只有这个灵明,人只为形体自间隔了。我的灵明,便是天地鬼神的主宰。天没有我的灵明,谁去仰他高? 地没有我的灵明,谁去俯他深? 鬼神没有我的灵明,谁去辩他吉凶灾祥? 天地鬼神万物离却我的灵明,便没有天地鬼神万物了。我的灵明离却天地鬼神万物,亦没有我的灵明。如此,便是一气流通的,如何与他间隔得!"又问:"天地鬼神万物,千古见在,何没了我的灵明,便俱无了?"曰:"今看死的人,他这些精灵游散了,他的天地万物尚在何处?"

先生起行征思、田,德洪与汝中追送严滩,汝中举佛家实相幻想之说。先生曰:"有心俱是实,无心俱是幻;无心俱是实,有心俱是幻。"汝中曰:"有心俱是实,无心俱是幻,是本体上说工夫。无心俱是实,有心俱是幻,是工夫上说本体。"先生然其言。洪于是时尚未了达,数年用功,始信本体工夫合一。但先生是时因问偶谈,若吾儒指点人处,不必借此立言耳!

尝见先生送二三耆宿出门,退坐于中轩,若有忧色。德洪趋进请问。先生曰:"顷与诸老论及此学,真圆凿方枘,此道坦如道路,世儒往往自加荒塞,终身陷荆棘之场而不悔,吾不知其何说也!"德洪退,谓朋友曰:"先生诲人,不择衰朽,仁人悯物之心也。"

先生曰:"人生大病,只是一傲字。为子而傲必不孝,为臣而傲必不忠,为父而傲必不慈,为友而傲必不信:故象与丹朱俱不肖,亦只一傲字,便结果了此生。诸君常要体此人心本是天然之理,精精明明,无纤介染着,只是一无我而已;胸中切不可有,有即傲也。古先圣人许多好处,也只是无我而已,无我自能谦。谦者众善之基,傲者众恶之魁。"

又曰:"此道至简至易的,亦至精至微的。孔子曰:'其如示诸掌乎!'且人于掌,何日不见? 及至问他掌中多少文理,却便不知。即如我良知二字,一讲便明,谁不知得? 若欲的见良知,却谁能见得?"问曰:"此知恐是无方体的,最难捉摸。"先生曰:"良知即是易,其为道也屡迁,变动不居,周流六虚,上下无常,刚柔相易,不可为典要,惟变所适。此知如何捉摸得? 见得透时便是圣人。"

问:"孔子曰:'回也非助我者也。'是圣人果以相助望门弟子否?"先生曰:"亦是实话。此道本无穷尽,问难愈多,则精微愈显。圣人之言,本自周遍,但有问难的人胸中窒碍,圣人被他一难,发挥得愈加精神,若颜子闻一知十,胸中了然,如何得问难? 故圣人亦寂然不动,无所发挥,故曰非助。"

邹谦之尝语德洪曰:"舒国裳曾持一张纸,请先生写'拱把之桐梓'一章。先生悬笔为书,到'至于身而不知所以养之者',顾而笑曰:'国裳读书中过状元来,岂诚不知身之所以当养? 还须诵此以求警?'一时在侍诸友皆惕然。"

嘉靖戊子冬,德洪与王汝中奔师丧,至广信,讣告同门,约三年收录遗言。继后同门各以所记见遗。洪择其切于问正者,合所私录,得若干条。居吴时,将与《文录》并刻矣,适以忧去未遂。当是时也,四方讲学日众,师门宗旨既明,若无事于赘刻者,故不复萦念。去年同门曾子才汉得洪手抄,复傍为采辑,名曰遗言,以刻行于荆。洪读之,觉当时采录未精,乃为删其重复,削去芜蔓,存其三之一,名曰《传习续录》,复刻于宁国之水西精舍。今年夏,洪来游蕲,沈君思畏曰:"师门之教久行于四方,而独未及于蕲。蕲之士得读遗言,若亲炙夫子之教;指见良知,若重睹日月之光。惟恐传习之不博,而未以重复之为繁也。请哀其所逸者增刻之,若何?"洪曰:"然师门'致知格物'之旨开示来学,学者躬修默悟,不敢以知解承,而惟以实体得,故吾师终日言是,而不惮其烦;学者终日听是,而不厌其数;益指示专一则体悟日精,几迎于言前,神发于言外,感遇诚也。今吾师之殁,未及三纪,而格言微旨,渐觉沦晦,岂非吾党身践之不力,多言有以病之耶? 学者之趋不一,师门之教不宣也。"乃复取逸稿,采其语之不背者,得一卷;其余影响不真,与《文录》既载者,皆削之,并易中卷为问答语,以付黄梅尹张君增刻之。庶几读者不以知解承,而惟以实体得,则无疑于是录矣!

嘉靖丙辰夏四月,门人钱德洪拜书于蕲之崇正书院。

附录朱子晚年定论

《定论》首刻于南、赣。朱子病目静久,忽悟圣学之渊薮,乃大悔中年注述误己误人,遍告同志。师阅之,喜己学与晦翁同,手录一卷,门人刻行之。自是为朱子论异同者寡矣。师曰:"无意中得此一助!"隆庆壬申,虬峰谢君廷杰刻师《全书》,命刻《定论》附《语录》后,见师之学与朱子无相谬戾,则千古正学同一源矣。并师首叙与袁庆麟跋凡若干条,洪僭引其说。

朱子晚年定论

阳明子序曰:

洙、泗之传,至孟氏而息;千五百余年,濂溪、明道始复追寻其绪;自后辨析日详,然亦日就支离决裂,旋复湮晦。吾尝深求其故,大抵皆世儒之多言有以乱之。

守仁早岁业举,溺志词章之习,既乃稍知从事正学,而苦于众说之纷挠疲痰,茫无可入,因求诸老、释,欣然有会于心,以为圣人之学在此矣!然于孔子之教间相出入,而措之日用,往往缺漏无归;依违往返,且信且疑。其后谪官龙场,居夷处困,动心忍性之余,恍若有悟,体验探求,再更寒暑,证诸《五经》、《四子》,沛然若决江河而放诸海也。然后叹圣人之道坦如大路,而世之儒者妄开窦迳,蹈荆棘,堕坑堑,究其为说,反出二氏之下。宜乎世之高明之士厌此而趋彼也!此岂二氏之罪哉?间尝以语同志,而闻者竟相非议,目以为立异好奇;虽每痛反深抑,务自搜剔斑瑕,而愈益精明的确,洞然无复可疑；独于朱子之说有相抵牾，恒疚于心，切疑朱子之贤，而岂其于此尚有未察？及官留都，复取朱子之书而检求之，然后知其晚岁固已大悟旧说之非，痛悔极艾，至以为自诳诳人之罪，不可胜赎。世之所传《集注》、《或问》之类，乃其中年未定之说，自咎以为旧本之误，思改正而未及，而其诸《语类》之属，又其门人挟胜心以附己见，固于朱子平日之说犹有大相谬戾者，而世之学者局于见闻，不过持循讲习于此。其于悟后之论，概乎其未有闻，则亦何怪乎予言之不信，而朱子之心无以自暴于后世也乎？

予既自幸其说之不谬于朱子，又喜朱子之先得我心之同，然且慨夫世之学者徒守朱子中年未定之说，而不复知求其晚岁既悟之论，竞相呶呶，以乱正学，不自知其已入于异端；辄采录而哀集之，私以示夫同志，庶几无疑于吾说，而圣学之明可冀矣！

正德乙亥冬十一月朔，后学余姚王守仁序。

答黄直卿书

为学直是先要立本。文义却可且与说出正意，令其宽心玩味；未可便令考校同异，研究纤密，恐其意思促迫，难得长进。将来见得大意，略举一二节目渐次理会，盖未晚也。此是向来定本之误。今幸见得，却烦勇革。不可苟避讥笑，却误人也。

答吕子约

日用工夫，比复何如？文字虽不可废，然涵养本原而

察于天理人欲之判，此是日用动静之间，不可顷刻间断底
事。若于此处见得分明，自然不到得流入世俗功利权谋
里去矣。熹亦近日方实见得向日支离之病，虽与彼中证
候不同，然忘己逐物，食外虚内之失，则一而已。程子说
"不得以天下万物挠己，己立后自能了得天下万物"，今自
家一个身心不知安顿去处，而谈王说伯，将经世事业别作
一个伎俩商量讲究，不亦误乎！相去远，不得面论；书问
终说不尽，临风叹息而已。

答 何 叔 京

前此僭易拜禀博观之敝，诚不自揆。乃蒙见是，何幸
如此！然观来谕，似有未能遽舍之意，何邪？此理甚明，
何疑之有？若使道可以多闻博观而得，则世之知道者为
不少矣。熹近日因事方有少省发处，如"鸢飞鱼跃"，明道
以为与"必有事焉勿正"之意同者，乃今晓然无疑。日用
之间，观此流行之体，初无间断处，有下工夫处。乃知日
前自诳诳人之罪，盖不可胜赎也。此与守书册，泥言语，
全无交涉；幸于日用间察之，知此则知仁矣。

答 潘 叔 昌

示喻"天上无不识字底神仙"，此论甚中一偏之弊。
然亦恐只学得识字，却不曾学得上天，即不如且学上天
耳。上得天了，却旋学上天人，亦不妨也。中年以后，气

血精神能有几何？不是记故事时节。熹以目昏，不敢着力读书。闲中静坐，收敛身心，颇觉得力。间起看书，聊复遮眼，遇有会心处，时一喟然耳！

答 潘 叔 度

熹衰病，今岁幸不至剧，但精力益衰，目力全短，看文字不得；冥目静坐，却得收拾放心，觉得日前外面走作不少，颇恨盲废之不早也。看书鲜识之喻，诚然。然严霜大冻之中，岂无些小风和日暖意思？要是多者胜耳！

与 吕 子 约

孟子言"学问之道，惟在求其放心"；而程子亦言"心要在腔子里"。今一向耽着文字，令此心全体都奔在册子上，更不知有己；便是个无知觉不识痛养之人，虽读得书，亦何益于吾事邪？

与 周 叔 谨

应之甚恨未得相见，其为学规模次第如何？近来吕、陆门人互相排斥，此由各徇所见之偏，而不能公天下之心以观天下之理，甚觉不满人意。应之盖尝学于两家，未知其于此看得果如何？因话扣之，因书谕及为幸也。熹近日亦觉向来说话有大支离处，反身以求，正坐自己用功亦未切耳。因此减去文字工夫,觉得闲中气象甚适。每劝学者且亦看《孟子》"道性善"、"求放心"两章,着实体察收拾为要;其余文字,且大概讽诵涵养,未须大段着力考索也。

答 陆 象 山

熹衰病日侵,去年灾患亦不少,比来病躯方似略可支吾。然精神耗减,日甚一日,恐终非能久于世者。所幸迩来日用工夫颇觉有力,无复向来支离之病。甚恨未得从容面论。未知异时相见,尚复有异同否耳?

答 符 复 仲

闻向道之意甚勤。向所喻义利之间,诚有难择者;但意所疑,以为近利者,即便舍去可也。向后见得亲切,却看旧事,又有见未尽舍未尽者,不解有过当也。见陆丈回书,其言明当,且就此持守,自见功效;不须多疑多问,却转迷惑也。

答 吕 子 约

日用工夫,不敢以老病而自懈。觉得此心操存舍亡,只在反掌之间。向来诚是太涉支离。盖无本以自立,则事事皆病耳。又闻讲授亦颇勤劳,此恐或有未便。今日正要清源正本，以察事变之几微，岂可一向汩溺于故纸堆中，使精神昏弊，失后忘前，而可以谓之学乎？

与 吴 茂 实

近来自觉向时工夫，止是讲论文义，以为积集义理，久当自有得力处，却于日用工夫全少检点。诸朋友往往亦只如此做工夫，所以多不得力。今方深省而痛惩之，亦欲与诸同志勉焉。幸老兄遍以告之也。

答 张 敬 夫

熹穷居如昨，无足言者。自远去师友之益，兀兀度日。读书反己，固不无警省处，终是旁无强辅，因循汩没，寻复失之。近日一种向外走作，心悦之而不能自已者，皆准止酒例戒而绝之，似觉省事。此前辈所谓“下士晚闻道，聊以拙自修”者，若充扩不已，补复前非，庶其有日。旧读《中庸》“慎独”、《大学》“诚意”、“毋自欺”处，常苦求之太过，措词烦猥；近日乃觉其非，此正是最切近处，最分明处。乃舍之而谈空于冥漠之间，其亦误矣。方窃以此意痛自检勒，懔然度日，惟恐有怠而失之也。至于文字之间，亦觉向来病痛不少。盖平日解经最为守章句者，然亦多是推衍文义，自做一片文字；非惟屋下架屋，说得意味淡薄，且是使人看者将注与经作两项工夫，做了下梢，看得支离，至于本旨，全不相照。以此方知汉儒可谓善说经者,不过只说训诂,使人以此训诂玩索经文。训诂经文不相离异,只做一道看了,直是意味深长也。

答 吕 伯 恭

道间与季通讲论,因悟向来涵养工夫全少,而讲说又多,强探必取寻流逐末之弊;推类以求,众病非一,而其源皆在此,恍然自失,似有顿进之功。若保此不懈,庶有望于将来。然非如近日诸贤所谓顿悟之机也。向来所闻诲谕诸说之未契者,今日细思,吻合无疑。大抵前日之病,皆是气质躁妄之偏,不曾涵养克治,任意直前之弊耳。

答 周 纯 仁

闲中无事,固宜谨出,然想亦不能一并读得许多。似此专人来往劳费,亦是未能省事随寓而安之病。又如多服燥热药,亦使人血气偏胜,不得和平,不但非所以卫生,亦非所以养心。窃恐更须深自思省,收拾身心,渐令向里,令宁静闲退之意胜,而飞扬燥扰之气消,则治心养气、处世接物自然安稳,一时长进,无复前日内外之患矣。

答 窦 文 卿

为学之要,只在着实操存,密切体认,自己身心上理会。切忌轻自表襮,引惹外人辩论,枉费酬应,分却向里工夫。

答 吕 子 约

闻欲与二友俱来而复不果,深以为恨。年来觉得日前为学不得要领,自做身主不起,反为文字夺却精神,不是小病。每一念之,惕然自惧,且为朋友忧之。而每得子约书,辄复恍然,尤不知所以为贤者谋也。且如临事迟回,瞻前顾后,只此亦可见得心术影子。当时若得相聚一番,彼此极论,庶几或有剖决之助。今又失此机会,极令人怅恨也!训导后生,若说得是,当极有可自警省处,不会减人气力。若只如此支离,漫无绝纪,则虽不教后生,亦只见得展转迷惑,无出头处也。

答 林 择 之

熏哀苦之余,无他外诱,日用之间,痛自敛饬,乃知敬字之功亲切要妙乃如此。而前日不知于此用力,徒以口耳浪费光阴,人欲横流,天理几灭。今而思之,怛然震悚,盖不知所以措其躬也。

又

此中见有朋友数人讲学,其间亦难得朴实头负荷得者。因思日前讲论,只是口说,不曾实体于身,故在己在人，都不得力。今方欲与朋友说日用之间，常切点检气习偏处、意欲萌处，与平日所讲相似与不相似，就此痛着工夫，庶几有益。陆子寿兄弟近日议论，却肯向讲学上理会。其门人有相访者，气象皆好。但其间亦有旧病。此间学者却是与渠相反，初谓只如此讲学，渐涵自能入德。不谓末流之弊只成说话，至于人伦日用最切近处，亦都不得毫毛气力。此不可不深惩而痛警也！

答 梁 文 叔

近看孟子见人即道性善，称尧、舜，此是第一义。若于此看得透，信得及，直下便是圣贤，便无一毫人欲之私做得病痛。若信不及孟子，又说个第二节工夫，又只引成觊、颜渊、公明仪三段说话教人如此，发愤勇猛向前，日用之间，不得存留一毫人欲之私在这里，此外更无别法。若于此有个奋迅兴起处，方有田地可下功夫。不然，即是画脂镂冰，无真实得力处也。近日见得如此，自觉颇得力，与前日不同，故此奉报。

答 潘 叔 恭

学问根本在日用间，持敬集义工夫，直是要得念念省察。读书求义，乃其间之一事耳。旧来虽知此意，然于缓急之间，终是不觉有倒置处，误人不少。今方自悔耳！

答 林 充 之

充之近读何书？恐更当于日用之间为人之本者深加省察，而去其有害于此者为佳。不然，诵说虽精，而不践其实，君子盖深耻之。此固充之平日所讲闻也。

答 何 叔 景

李先生教人，大抵令于静中体认大本未发时气象，分明即处事应物，自然中节。此乃龟山门下相传指诀，然当时亲炙之时，贪听讲论，又方窃好章句训诂之习，不得尽心于此；至今若存若亡，无一的实见处，辜负教育之意。每一念此，未尝不愧汗沾衣也。

又

熹近来尤觉昏愦无进步处。盖缘日前偷堕苟简，无深探力行之志，凡所论说，皆出入口耳之余，以故全不得力。今方觉悟，欲勇革旧习，而血气已衰，心志亦不复强，不知终能有所济否？

又

向来妄论"持敬"之说，亦不自记其云何。但因其良心发见之微，猛省提撕，使心不昧，则是做工夫底本领。本领既立，自然下学而上达矣。若不察良心发见处，即渺渺茫茫，恐无下手处也。中间一书论"必有事焉"之说，却尽有病，殊不蒙辨诘，何邪？所喻多识前言往行，固君子之所急。熹自来所见亦是如此。近因反求未得个安稳处，却始知此未免支离，如所谓因诸公以求程氏，因程氏以求圣人，是隔几重公案，曷若默会诸心，以立其本，而其言之得失，自不能逃吾之鉴邪？钦夫之学所以超脱自在，见得分明，不为言句所桎梏，只为合下入处亲切。今日说话虽未能绝无渗漏，终是本领。是当非吾辈所及，但详观所论，自可见矣。

答 林 择 之

所论颜、孟不同处，极善极善！正要见此曲折，始无窒碍耳。比来想亦只如此用功。熹近只就此处见得向来未见底意思，乃知存久自明，何待穷索之语，是真实不诳语。今未能久，已有此验，况真能久邪？但当益加勉励，不敢少弛其劳耳！

答 杨 子 直

学者堕在语言，心实无得，固为大病；然于语言中，罕见有究竟得彻头彻尾者。盖资质已是不及古人，而工夫又草草，所以终身于此，若存若亡，未有卓然可恃之实。

近因病后,不敢极力读书,闲中却觉有进步处。大抵孟子所论求其放心,是要诀尔!

与田侍郎子真

吾辈今日事事做不得,只有向里存心穷理,外人无交涉。然亦不免违条碍贯,看来无着力处,只有更攒近里面,安身立命尔。不审比日何所用心? 因书及之,深所欲闻也。

答 陈 才 卿

详来示,知日用工夫精进如此,尤以为喜。若知此心此理端的在我,则参前倚衡,自有不容舍者,亦不待求而得,不待操而存矣。格物致知,亦是因其所已知者推之,以及其所未知:只是一本,原无两样工夫也。

与 刘 子 澄

居官无修业之益,若以俗学言之,诚是如此;若论圣门所谓德业者,却初不在日用之外,只押文字,便是进德修业地头,不必编缀异闻,乃为修业也。近觉向来为学,实有向外浮泛之弊;不惟自误,而误人亦不少。方别寻得一头绪,似差简约端的,始知文字言语之外,真别有用心处,恨未得面论也。浙中后来事体,大段支离乖僻,恐不止似正似邪而已,极令人难说,只得惶恐,痛自警省! 恐未可专执旧说以为取舍也。

与 林 择 之

熹近觉向来乖谬处不可缕数,方惕然思所以自新者,而日用之间,悔吝潜积,又已甚多。朝夕惴惧,不知所以为计。若择之能一来辅此不逮,幸甚! 然讲学之功,比旧却觉稍有寸进。以此知初学得些静中功夫,亦为助不小。

答 吕 子 约

示喻日用工夫如此,甚善! 然亦且要见一大头脑分明,便于操舍之间有用力处;如实有一物,把住放行在自家手里,不是谩说求其放心,实却茫茫无把捉处也。

子约复书云:"某盖尝深体之,此个大头脑本非外面物事,是我元初本有底。其曰'人生而静',其曰'喜怒哀乐之未发',其曰'寂然不动',人汩汩地过了日月,不曾存息,不曾实见此体段,如何会有用力处? 程子谓:'这个义理,仁者又看做仁了,智者又看做智了,百姓日用不知,此所以君子之道鲜。'此个亦不少,亦不剩,只是人看他不见,不大段信得此话。及其言于勿忘勿助长间认取者,认乎此也。认得此,则一动一静皆不昧矣! 恻隐羞恶辞让是非,四端之著也,操存久则发见多;忿懥忧患好乐恐惧,不得其正也,放舍甚则日滋长。记得南轩先生谓'验厥操舍,乃知出入'，乃是见得主脑，于操舍间有用力处之实话。盖苟知主脑不放下，虽是未能常常操存，然语默应酬间历历能自省验，虽其实有一物在我手里，然可欲者是我底物，不可放失；不可欲者非是我物，不可留藏：虽谓之实有一物在我手里，亦可也。若是谩说，既无归宿，亦无依据；纵使强把捉得住，亦止是袭取，夫岂是我元有底邪？愚见如此，敢望指教。"朱子答书云："此段大概，甚正当亲切。"

答 吴 德 夫

承喻仁字之说，足见用力之深。熹意不欲如此坐谈，但直以孔子、程子所示求仁之方，择其一二切于吾身者，笃志而力行之，于动静语默间，勿令间断，则久久自当知味矣。去人欲，存天理，且据所见去之存之。工夫既深，则所谓似天理而实人欲者次第可见。今大体未正，而便察及细微，恐有放饭流啜，而问无齿决之讥也。如何如何！

答 或 人

中和二字，皆道之体用。旧闻李先生论此最详，后来所见不同，遂不复致思。今乃知其为人深切，然恨已不能尽记其曲折矣。如云"人固有无所喜怒哀乐之时，然谓之未发，则不可言无主也"，又如先言慎独，然后及中和，此亦尝言之。但当时既不领略，后来又不深思，遂成蹉过，孤负此翁耳!

答 刘 子 澄

日前为学,缓于反己追思,凡多百可悔者。所论注文字亦坐此病,多无着实处。回首茫然,计非岁月工夫所能救治,以此愈不自快。前时犹得敬夫、伯恭时惠规益,得以自警省;二友云亡,耳中绝不闻此等语。今乃深有望于吾子澄。自此惠书,痛加镌诲,乃君子爱人之意也。

朱子之后,如真西山、许鲁斋、吴草庐亦皆有见于此,而草庐见之尤真,悔之尤切。今不能备录,取草庐一说附于后。

临川吴氏曰:"天之所以生人,人之所以为人,以此德性也。然自圣传不嗣,士学靡宗,汉、唐千余年间,董、韩二子依稀数语近之,而原本竟昧昧也。逮夫周、程、张、邵兴,始能上通孟氏而为一。程氏四传而至朱,文义之精密,又孟氏以来所未有者。其学徒往往滞于此而溺其心。夫既以世儒记诵词章为俗学矣,而其为学亦未离乎言语文字之末。此则嘉定以后朱门末学之敝,而未有能救之者也。夫所贵乎圣人之学,以能全天之所以与我者尔。天之与我,德性是也,是为仁义礼智之根株,是为形质血气之主宰。舍此而他求,所学何学哉?假而行如司马文正公,才如诸葛忠武侯,亦不免为习不著,行不察;亦不过为资器之超于人,而谓有得于圣学则未也。况止于训诂之精,讲说之密,如北溪之陈,双峰之饶,则与彼记诵词章之俗学,相去何能以寸哉？圣学大明于宋代,而踵其后者如此,可叹已！澄也钻研于文义,毫分缕析,每以陈为未精,饶为未密也。堕此科臼中垂四十年,而始觉其非。自今以往,一日之内子而亥,一月之内朔而晦,一岁之内春而冬,常见吾德性之昭昭,如天之运转,如日月之往来,不使有须臾之间断,则于尊之之道殆庶几乎！于此有未能,则问于人,学于己,而必欲其至。若其用力之方,非言之可喻,亦味于《中庸》首章、《订顽》终篇而自悟可也。”

　　《朱子晚年定论》,我阳明先生在留都时所采集者也。揭阳薛君尚谦旧录一本,同志见之,至有不及抄写,袖之而去者。众皆惮于翻录,乃谋而寿诸梓,谓:“子以齿,当志一言。”惟朱子一生勤苦,以惠来学,凡一言一字,皆所当守;而独表章是、尊崇乎此者,盖以为朱子之定见也。今学者不求诸此,而犹踵其所悔,是蹈舛也,岂善学朱子者哉？麟无似,从事于朱子之训余三十年,非不专且笃,而竟亦未有居安资深之地,则犹以为知之未详,而览之未博也。戊寅夏,持所著论若干卷来见先生。闻其言,如日中天,睹之即见;象五谷之艺地,种之即生;不假外求,而真切简易,恍然有悟。退求其故而不合,则又不免迟疑于其间。及读是编,始释然,尽投其所业,假馆而受学,盖三月而若将有闻焉。然后知向之所学,乃朱子中年未定之论,是故三十年而无获。今赖天之灵,始克从事于其所谓定见者,故能三月而若将有闻也。非吾先生,几乎已矣！敢以告夫同志,使无若麟之晚而后悔也。若夫直求本原于言语之外,真有以验其必然而无疑者,则存乎其人之自力,是编特为之指迷耳。

　　正德戊寅六月望,门人雩都袁庆麟谨识。